U0362575

基于设计的学校教育

使命、行动与成就

[美]格兰特·威金斯　　[美]杰伊·麦克泰格　著
Grant Wiggins　Jay McTighe

闫寒冰　主译

华东师范大学出版社
·上海·

图书在版编目（CIP）数据

基于设计的学校教育：使命、行动与成就/（美）格兰特·威金斯，（美）杰伊·麦克泰格著；闫寒冰译.—上海：华东师范大学出版社，2022
ISBN 978-7-5760-2432-6

Ⅰ.①基… Ⅱ.①格…②杰…③闫… Ⅲ.①学校教育—教育改革—研究 Ⅳ.①G4

中国版本图书馆 CIP 数据核字（2022）第 046341 号

基于设计的学校教育：使命、行动与成就

著　　者　［美］格兰特·威金斯　［美］杰伊·麦克泰格
主　　译　闫寒冰
责任编辑　彭呈军
审读编辑　张艺捷
责任校对　邱红穗
封面设计　卢晓红

出版发行　华东师范大学出版社
社　　址　上海市中山北路 3663 号　邮编 200062
网　　址　www.ecnupress.com.cn
电　　话　021-60821666　行政传真 021-62572105
客服电话　021-62865537　门市（邮购）电话 021-62869887
地　　址　上海市中山北路 3663 号华东师范大学校内先锋路口
网　　店　http://hdsdcbs.tmall.com

印　刷　者　常熟高专印刷有限公司
开　　本　787 毫米×1092 毫米　1/16
印　　张　19.75
字　　数　311 千字
版　　次　2022 年 6 月第 1 版
印　　次　2024 年 12 月第 4 次
书　　号　ISBN 978-7-5760-2432-6
定　　价　68.00 元

出版人　王　焰

上海市版权局著作权合同登记　图字：09 - 2018 - 788 号

目录

第一部分　学校教育的愿景

序

《基于设计的学校教育》是《追求理解的教学设计》的姊妹篇,它所基于的教育追求与办学理念与《追求理解的教学设计》一脉相承。只不过,《追求理解的教学设计》是在教师的课程设计层面探讨方法论,而《基于设计的学校教育》是从学校系统规划的层面来探讨方法论。

当初《追求理解的教学设计》这本书出版之前,我有幸先拿到了书稿清样,在历时两个月的研读过程中,我发现我们在过去20多年来课改实践中所想所做能从这本书中寻找到一种契合和共鸣,得到一种启发和激励,我相信它将为当下广大中小学教师开展新课改下的教学设计提供有益助力。一线校长与教师们的反馈也证实了我的预判,《追求理解的教学设计》出版之后,很多锐意变革的学校都将它作为校本研修的教材,并从中得到有益启发。

在基础教育课程与教学改革的征途上,教师的理念与教学能力非常重要,但同样重要或者说更为重要的是这种能力的培育与发展,这需要一种持续追求教育创新的土壤——那就是学校的使命、愿景、变革路径与教师发展支持。作为姊妹篇,《基于设计的学校教育》正是聚焦于此,它通过学校变革的系统规划,为追求理解的教学设计奠定良好的变革环境。

首先,我感到,这本书所聚焦的问题,与当下我们一线实践者(包括校长和教师)所遇到的问题较为相似。在我国基础教育提出以核心素养为目标的课程改革以来,大家正努力将理论和观念转化为实施策略和行动方案,转化为广大教师的文化自觉和教学能力。在这个艰巨的任务中,我们会发现许多问题横亘在教师面前:"知识本位"的教学如何转向"核心素养为本位"的教学?学科教师如何从只关注"课时——知识点"找到通向学科核心素养的路径?如何实现超越"具体知识",把握知识背后的学科观念、学科方法和学科价值？如何从孤立的"课时主义"和"具体细节的教学"走向"把丰富的学科内容和教学活动统摄起来"的"大概念教学"？大概念教学目标、评价和过程如何设计？我在本书的绪论里读到，作者描述所面临的"至关重要却鲜被问及的问题"：多年来，为什么有那么多爱岗敬业、勤劳能干的教育工作者们都经常忽略促进学生理解这样的目标？为什么大多数学生没有按照我们期望的方式来理解和完成任务？为什么老师们那么容易被灌输教学、应试教育或趣味活动所诱导而偏离更有价值的智慧目标？为什么那么多学生觉得学校很无聊，不值得他们努力学习，我们又是为什么对于学生的这种体验视而不见？作者的结论是：我们认为成功的改革取决于每一位教育工作者能否打破长期以来的习惯和态度，几个世纪以来，这些习惯和态度已经阻碍了学校教育进入一个新时代。

毫无疑问，今天教育工作者的责任就是让所有进入学校的孩子的生命价值能够得到焕发，要达到这样的目的，就需要教育工作者坚守人学习的本质和人学习的基本规律，然后重新设计今天的学校教育，这是学校变革的底层逻辑。我们需要学校从管理者到一线教师打破对传统的舒适路径依赖，革故鼎新，有破有立，创造和重塑适应新时代教育变革的新路径。在这个意义上，这本书能给我们很多的启发。

其次，这本书给出了一个学校变革的基本逻辑，那就是先确定学校的使命和学生的学习原则，然后由此确定学校的愿景。在这样的前提下，再对影响学校变革的关键要素，包括课程、评估、教学、教师角色、政策、结构、资源使用进行系统下的具体设计和持续改进等。这种自上而下而又以终为始的逻辑，是我们当前学校规划与落实中特别需要的。

我们常常发现有的学校，理念与愿景只存在于报告和文本形态的规划中，实际工作还是沿袭着看似规范，但实则与改革方向背道而驰的传统行为习惯。本书以近一半的篇幅论述的是学校除了一个指导全校改革、面向理解的使命之外，还需要一个务实的规划，在这里我们要把规划理解为"灵活而务实的过程"而不是文本形态的规划。"这个规划必须是自认不足的，能够根据反馈和其他结果不断调整个体教学和学校教育。""必须确保在规划执行过程中能够持续探究什么是有效的，什么是无效的，从而引导及时有效的实践修正."真正改变"几乎没有相关机制能够帮助教育工作者获得所需的反馈"的现状,以便可以系统调整学校教育,形成"故障排除指南和针对目标达成情况的持续性反思".

本书所说的规划"灵活而务实的过程"其实是学校不断改进的机制,它包含不间断的三个循环:一是在学校的使命和达成共识的学习原则基础上,建立一个越来越清晰、越来越强大的愿景来描绘希望达到的样子。二是根据使命,对学校目前所处的位置进行持续、明确的评估。三是基于愿景与现实、目标与结果之间的差距进行定期分析,及时调整。当满足以上条件时,作者认为就能克服惯性。从以上的论述中,我们可以发现这本书所提供的思维与行动逻辑,对于重新反思学校实践、构思未来规划行动有着重要的启示。

再次,学校是教育变革的基本单元,真正的变革一定发生在学校"内部",发生在师生充分互动的教学过程中。然而,如何推动和保障教师主导的教学发生真正的变革,需要学校整个体系的变革,它对一所学校而言是更为复杂、更为基础、更为系统的工作。我个人觉得引导和推动教师将课堂变革与专业发展结合起来,在学校营造共同研究——协同改进的文化氛围下,通过确立共同愿景——理解学生学情和需求——共同备课、研课精心设计教学——课堂变革实践与改进,这个路径是最为高效的。

在这本书中,在整体的规划逻辑下,对学校变革相关的各个要素进行了明确阐述,并辅以相关案例,有的案例很精彩也容易借鉴。在看这些案例时,可以进一步理解《追求理解的教学设计》所倡导的理念,同时,又可以在高度相关的情境下"以例释理",帮助我们更好地回答"为什么"和"如何做"的问题,增强改革信心,启迪改革路径。

与《追求理解的教学设计》一样,这本书的产出过程也是基于研究者与若干学校管理者、学术领导者(等同于我们的教研组长、学科组长)的共同研究与开发。研究与实践的双轮驱动决定这本书的前沿引领与实践指导价值。虽然美国的学校变革场景与管理机制与我国有较大差异,但基于学的本质的规律研究,使这本书中的方法有更多的普适意义,很值得我国的教育工作者去研读和借鉴。希望本书能帮助更多的一线学校结合自身的改革实践,深化对教育规律、办学规律、教研策略的研究,完成从理论进步到实践操作的落地行动,特别是在真正贴近教师的教学实践、紧扣教学流程再造的关键环节,丰富和创新核心素养落地的具体路径和方法上取得突破。

尹后庆

2022.4.25

译者序

我主译的《追求理解的教学设计》在2017年3月出版后受到很多中小学教师的喜爱,入选了该年度"影响教师的100本书"的TOP10。很多学校将它作为校本研修的教材统一购买并组织学习,我本人也应邀去一些学校做了历时多天的工作坊,很多教师通过工作坊的共学、共研、共创,生成了以培养核心素养为指向的大单元设计,破解了新课程改革以来一直感到困惑的教学设计路径问题。有老师在学习了这本书后,反馈说"《追求理解的教学设计》,让我们审视每一天、每一节课的价值,让每次付出更有方向感和成就感"。这样的深度理解,是让人颇感欣慰的。与此同时,我也发现,那些真正能将追求理解的教学设计应用于现实课堂的实践,都不仅仅是依赖教师个体层面的理解与能力,更与学校层面的整体教学理念、课改执行力,以及持续有效的教研活动分不开。学校层面到底该怎么做才能促进育人模式的变革?针对这一问题,很多学校都没有明确的答案。这也使我萌生了要翻译《追求理解的教学设计》的姊妹篇《基于设计的学校教育》的念头。

《追求理解的教学设计》关注的是如何支持教师开发出追求持久性理解的单元设计,而《基于设计的学校教育》关注的则是如何支持学校管理者、学科带头人、教学教研骨干理解使命和学习原则,建立发展愿景、开展持续评估并依据愿景与现实之间的差距采取行动,在采取行动这一部分,教师的职责重塑与教研活动的组织成为重要关切。

由于研究与工作的原因,我接触到全国很多学校的信息化变革、校本课程开发与校本教研组织等工作,深知若干学校在规划自身发展时,还缺乏与教育变革相一致的思维模式与有效"章法";在开展教研活动时,还缺乏有效的设计与良好的氛围;教师在自主实践时,还缺乏对自身职责的认同和持续改进的动力。这些,都是阻碍新课程改革落地的"拦路虎"与"绊脚石",而这本书恰恰可以提供"清障"方略,有效支持学校变革。

谈及此书的内容特色,我想用三个词来概括,"以终为始"、"系统施策"和"实践智慧"。

第一个关键词是"以终为始"。这本书前半部分,是从预期结果出发,给学校提供了一套从使命到愿景,再到具体行动的可行方法论,为学校开展教育教学变革提供了明确的方向与阶梯。这个阶梯就是一个使命驱动的学校变革逻辑,而这个逻辑是与"逆向教学设计"一脉相承的,并且,面向逆向教学的案例、理解与思维方法是一直贯穿在这本书中的。

第二个关键词是"系统施策"。这本书面向学校教育变革的各个关键要素,包括课程、评估、教学、教职工角色、政策、结构和资源使用等,条分缕析、有理有据地提出了具体的努力方向与实施策略。这些分析与策略是具体的,也是系统性的,与上位的使命、学习原则与愿景是相辅相承的。总的来讲,这本书更像是提供给学校各层次管理者的一套有解读、有实例、有方法的管理支架。

第三个关键词是"实践智慧"。与《追求理解的教学设计》一书一样,这本书不同于悬浮在云端的理论与观点,它有大量的实践经验做支撑,并基于这些经验对于管理策略有着一次又一次的迭代,所以呈现在读者面前的是经过实践检验了的方法路径,这对于一线的实践者而言,难能可贵。本书的作者格兰特·威金斯和杰伊·麦克泰格都是贯通理论与实践的学者,他们同样也是《追求理解的教学设计》一书的作者。大量的学校指导实践成就了这本书的撰写,相信书中的很多来自一线的感想、困惑、质疑会让读者们产生强烈的共鸣,而相应的案例解读与理念剖析,又会让读者们拨开迷雾,从自身的经验中生发出理性的深度认同。同时,这本书的每一章后面都有一个"行动建议",完全可以理解成为校本研修的活动设计指南,具有很强的指导性与可操作性。

翻译工作是折磨人的,对于这一点我一直知道,但实在是因为遇到了一本值得推介的书,才再次"入坑"。翻译工作的进度也常因教学、研究、管理各项工作的挤压一再拖延,但每去一所学校开展工作坊,想到这些学校后续必然会面临着组织变革与教研推进的难题,就再一次下定决心要早一点儿将这本书推到老师们面前。当然,虽然在发展学生素养与能力的大方向上,国内外是一致的,学校变革的关键要素也是一致的,但在具体的情境中,国内外还是有一定差异的,比如说学校校本课程的适用范围与国外就是不一样的。对此,本书做了尊重原著的翻译,并相信一线的实践者会根据现实情境进行迁移和转化。

本次书稿的翻译难度更大,首轮翻译时,宫玲玲、迟佳惠翻译了绪论、第一章;李玉翻译了第二章;郑东芳、李笑樱、单俊豪翻译了第三章;段春雨翻译了第四章;李帅帅翻译了第五章;袁滟翻译了第六章;袁春雪翻译了第七章;赵一儒翻译了第八章、第十一章;王诗蓓翻译了第九章;朱珊珊翻译了第十章;常宇翻译了第十二章。李玉同学协助我承担了第一轮译稿的翻译及互校的组织工作,所有同学都参与了一轮互校;第二轮校稿中,单俊豪负责了绪论到第三章的审校,李笑樱负责了第四章到第七章的审校,李玉负责了第八章到第十二章的审校;第三轮校稿时,张中尧完成了三校中第四章至第七章的校译工作,其余章节为本人校译。接下来,本人对已完成的书稿进行了三轮终审校对与定稿工作。

一轮一轮地反复审校,一层一层地攀升理解,最终使我在其中生长出一种突破认知疆域的幸福感,使我对课程改革的路径理解从课堂教学层面提升到教研组织与学校管理层面,值此书付梓之时,希望将此书之于我的幸福感,传递给更多在课改道路上不断前行的老师们。

闫寒冰

2021 年 12 月 25 日

致谢

在这本书的写作过程中,我们有幸得到了很多人的帮助,使这本书的理念和素材不断得以发展和完善。在这里,我们要特别对他们致以诚挚的感谢。

首先,我们感谢开展追求理解的教学设计(UbD)培训的核心成员:约翰·布朗(John Brown)、安·坎宁汉姆-莫里斯(Ann Cunningham-Morris)、马塞拉·恩伯格(Marcella Emberger)、朱迪丝·希尔顿(Judith Hilton)、埃弗里特·克莱恩(Everett Kline)、伊丽莎白·卢瑟福(Elizabeth Rutherford)、艾略特·瑟福(Elliott Seif)、珍妮·史密斯(Janie Smith)和艾丽森·祖玛达(Allison Zmuda),感谢他们的热情以及不吝分享的智慧和经验。我们特别感谢艾丽森和约翰提供的宝贵建议,感谢艾略特花了大量时间精心讨论和修订整个课程。他们温和而又坚定地推动着我们不断修订早期的、不够完善的版本,并在本书成稿后给了我们很好的反馈。

我们衷心地感谢那些与我们一同奋斗的、数以千计的教育工作者们,他们的提问、讨论、建议和富有创造性的方法对本书的发展和完善非常重要。在这里,我们要特别感谢几个人:弗兰克·柴平(Frank Champine)、苏珊·克莱顿(Susan Clayton)、艾伦·迪诗特(Alan Dichter)、帕梅拉·弗朗西斯(Pamela Francis)、伊莱恩·戈尔曼(Elaine Gorman)、安迪·格林(Andy Greene)、彼得·希尼(Peter Heaney)、多萝西·卡塔斯库斯(Dorothy Katauskus)、玛西娅·克莱默(Marcia Kramer)、安·刘易斯(Ann Lewis)、金·马歇尔(Kim Marshall)、希尔德·麦吉汉(Hilde McGeehan)、罗恩·托马斯(Ron Thomas)、黛安·瓦诺斯达尔(Diane VanAusdall)和马克·怀斯(Mark Wise),他们给我们提供了非常大的帮助。我们要特别谢谢安迪,作为肯德伍德(Candlewood)中学的校长,安迪的工作非常繁忙,但他还是持续不断地为本书的修订提供反馈并贡献素材。

说真的，如果读者们在阅读此书时有所受益，那一定要归功于我们与许多学校和地区长期开展合作，因而创新生成了很多富有见解且现实可用的工具。在这里我们没有办法一一提及所有学校，但仍要特别向以下学校表示感谢，他们为本书提供了实用的案例与工具。这些学校是：巴尔的摩县公立学校（Baltimore County Public Schools，MD）、肯德伍德中学（Candlewood Middle School，NY）、大岛公立学校（Grand Island Publick School，NE）、希腊中央学校（Greece Central Schools，NY）、希斯代尔乡镇 86 学区高中（Hinsdale Township High School District，IL）、蒙哥马利县公立学校（Montgomery County Public Schools，MD）、纳努埃特公立学校（Nanuet Public Schools，NY）、新希望—索尔布雷斯学区（New Hope—Solebury School District，PA）、纽约市第 9 学区圣查尔斯社区学校（District ♯9 in New York City, St. Charles Community Schools，IL）、圣塔玛尼教区学校（St. Tammany Parish Schools，LA）、州立学院区学区（State College Area Schools District，PA）、特克斯伯里学校（Tewksbury，NJ）、弗吉尼亚海滩城市公立学校（Virginia Beach City Public Schools，VA）和西温莎-平原学校（West Windsor—Plainsboro Schools，NJ）。

如果没有课程开发协会（ASCD）的安·坎宁汉姆—莫里斯的支持，《基于设计的学校教育》这本书就不会诞生。安协助撰写了本书的初始版本，并在过去几年持续推动其不断发展。

我们也感谢达特·拉塞尔（Darcie Russell）和她的编辑同事们所提出的有价值的问题与建议，以及她们对本书的持续打磨。最后，再次感谢我们的家人容忍那些无休止的电话，甚至在马里兰州和新泽西州往返的旅行途中，我们还花费了许多时间来修订书稿。格兰特（Grant）要特别感谢丹尼斯（Denise）对本书前四章的实质性贡献和编辑工作，感谢她容忍他不停的质疑和脑洞大开，感谢她那么愉快地帮助他想深想透，并澄清书中的关键问题。我们相信戴西（Daisy）、丹尼斯（Denise）和所有的孩子都理解我们的工作——再次感谢！

绪论

要成就伟业，我们不仅要行动，还要有梦想；不仅要计划，还要有信念。 1

——阿纳托尔·法朗士（Anatole France）

当前关于教育和学校改革的书很多。那么，这本书能提供什么新颖实用的东西呢？简单地说，这本书为学校改革提供了一个清晰且有力的方法——基于设计的学校教育，以及实现使命的实用战略。虽然许多人都写过关于使命的文章，但很少有人能说清楚如何通过变革学校教育及其组织结构来履行使命。这正是本书要做的——通过使命来激活学校教育和它的组织结构。

学校应该追求怎样的使命？不论细节描述如何，学校教育都应该使学习者能够取得有价值的智力成就，体现在：(1)他们有能力理解所学知识并将其迁移到有价值的任务中；(2)他们有成熟的思维习惯。那么，怎样才能实现真正的改革呢？为此，我们辨析出日常教学中那些无视使命的各种行为，并从使命出发逆向推导出实现使命所需的课程、评估、职责描述和政策。如果忽略理解和迁移，不持续关注这种意义下的教学，那么学校教育将被不相干的实践与结构所局限，永远陷入一种漫无目的的、未加检验的习惯操作之中。

在整本书中，我们都在用建筑做类比：如果"学校教育"是一个已经存在的建筑物，应该如何翻新它？我们设想在下面所示的六根柱子上进行建造或翻新：

● **一个明确且持续关注所有学校教育的长期使命**：使学习者能够获得有价值的智力成就，这体现在他们理解所学知识并将其迁移到有价值任务中的能力以及他们成熟的思维习惯。

● **一个课程和评估框架**：用以明确整体使命，同时完成具有明确、长期目标 2 的学业项目，确保在完成课程规划与教学时不再使用灌输的方法。

- **一套明确的学习原则和教学设计原则**：这套原则是基于研究与专家智慧形成的，它将成为所有教学方法与教学设计的参考依据。

- **与使命及学习原则相一致的结构、政策、职责说明、实践以及资源使用。**

- **一整套致力于持续探索愿景和现实差距的改革战略。**换句话说，一个持续的、及时的、强大的反馈和调节系统，它能使所有的教师和学生在必要时改变路线，达到预期效果。

- **一套与战略相关联的战术，以及一个简单明了的计划过程，**用以从使命和预期结果出发"逆向"精心策划学校教育和改革的关键工作。

这本书解释了以上要素，说明了它们的基本原理，以及使这些改革目标明确且现实可行的工具和过程。简言之，这本书摆脱了单一的目标、无休止的抱怨以及天真的幻想。我们提供的行动计划不是由模糊的价值观或随意的批判所驱动的，而是由包含了学校教育实践和结构的真实使命所驱动的。本书还包含一个克服长期不良习惯的计划。

我们的挑战并不是要创造一所不受现实影响的理想学校（许多改革都有这种倾向），或者假定学校目前的核心功能已经足以胜任这项任务（实际上并非如此），而是要从"使学生在有价值的任务中有想法、有创造、有成果"的长期目标出发，倒推着建立学校的管理模式。我们确实提供新的理念，但是更重要的是，本书通过一套通用的方法来建构并明晰学校的目标，明确达到目标所需的条件，并努力根除与这些目标背道而驰的盲点和习惯。

逻辑很简单：如果我们的使命是 X，那么随之产生的课程、教学以及学校组织会是怎样的？我们把这种从使命出发的工程称为《基于设计的学校教育》（*SCHOOLING BY DESIDN*）。

教育的要点可以用一句话来描述：**通过引发学生的深刻思考和有效理解来达成有价值的成就，并实现迁移。**任何教育，无论是学习内容还是思想体系，从一开始就应该帮助学习者从两种意义上获得"理解"：（1）使他们不断从功课中**获取理解**；（2）帮助学生**应用知识**，不仅在学校中应用，还要应用到新情境中——这就是知识迁移。这两个目标应该同时进行，而不是在学生们先学会了所有可能"值得知道的东西"之后，再进行知识迁移。当理解成为目的时，我们最重视的思维习惯就会被培养出来。因此，学校管理模式的成就应该通过学生真正完成的事情来判定,而不是看他们的功课表现。学校的要点在于让学生**在学校内**能够理解所学,以便更好地在**学校外**生活;让学生学习如何有效地、深刻地将**现在**的知识用于应对**以后**的挑战。

课程,是学校教育的关键载体。本书的核心就是一个课程再造的规划,通过这一规划使学校课程既能满足学校目标,又能削弱我们"灌输式教学"的习惯。坦率地说,传统课程和它的教学观已经失效好几个世纪了。学习内容和活动清单不是课程规划,教具的进步永远不能保证思维习惯和真正能力的发展。掌握学习内容不是学校的终极目标,它只是成功教育的**副产品**。达到国家标准也不是教育革新的主要成果。我们可以用建筑来类比一下:这些标准就像改革蓝图必须遵守的建筑规范,但它们不是蓝图本身。简言之,如果没有基于使命和有效学习原则的课程、评估和教学框架,学校教育就是随意的,学校改革也是混乱的。

学生能够成功**运用**所学知识——这是所有教育实践、政策体系都必须遵循的使命,这就是本书使用**逆向设计**这个词的实际含义。学校改革必须以学校使命为指引,并将这一使命落实在相应的政策、体系和实践中。

前面讲了好多关于理解和有价值学习的重要性,这些论述可能会让你感到困惑:**教育者难道不都是想让学生理解所教的东西,并能在生活中加以运用吗?**是,也不是。确实,在各种规划和使命陈述中,我们都在说重视理解和特别的思维习惯,但当我们看看课程是如何规划的,学校是怎么开展评估的,教室中每天都发生了什么,我们就会发现那些关于思考、意义和迁移的目标早就被抛到脑后去了。于是乎,总是**先**由教师讲授基本"内容",然后再通过容易评分的纸笔测试评估学生对这些"内容"的掌握情况。因此,真正的知识应用,以及与之相关的习惯经常被牺牲掉了。

教师们对理解和迁移缺乏持续关注,某种程度上是有情可原的。我们使用的教科书强化了灌输知识和脱离情境的倾向。高利害考试(主要采用一种脱离情境的选择-反馈模式)的压力加强了学校教学对离散知识和技能的关注。各级政府基于大规模有效测试的结果来定义的狭义"成功"阻碍了追求深入理解和知识迁移的教学。尽管有这些明显的原因,我们仍认为微妙的心理和社会力量的影响较大,这些力量长期阻碍我们聚焦于所期待的使命。

在这本书后面,隐藏着至关重要却鲜被问及的问题:多年来,为什么有那么多爱岗敬业、勤劳能干的教育工作者经常忽略促进学生理解这样的目标？为什么大多数学生没有按照我们期望的方式来理解和完成任务？为什么老师们那么容易被灌输教学、应试教育或趣味活动所诱导而偏离更有价值的智慧目标？为什么那么多学生觉得学校很无聊，不值得他们努力学习？又是为什么我们对于学生的这种体验视而不见？简单说来：我们认为成功的改革取决于每一位教育工作者能否打破长期以来的习惯和态度。几个世纪以来，这些习惯和态度已经阻碍了学校教育进入一个新时代。

我们的批评是针对整体组织的，不是针对个人。许多教师，出于善意，错误地认为他们的工作就是针对低层次知识和离散技能的教学和应试（尽管大多数州的内容标准都不是这么说的）。这种误解不仅是由几个世纪所形成的"教学"和"考试"制度所带来的教学习惯和思考模式所致，也是依赖典型课程和教科书的必然结果。

灵活而务实的过程

除了一个指导学校改革的、面向理解的使命，我们还需要一个务实的规划，这个规划必须是自认不足的，能够根据反馈和其他结果不断调整个体教学和学校教育。我们必须确保在规划执行过程中能够持续探究什么是有效的，什么是无效的，从而引导及时有效的实践修正。现在，几乎没有相关机制能够帮助教育工作者获得所需的反馈，以便可以系统调整学校教育。我们缺少故障排除指南和针对目标达成情况的持续性反思。

因此，改革进程必须包含不间断的三个循环：

● 在我们的使命和达成共识的学习原则基础上，建立一个越来越清晰、越来越强大的愿景来描绘我们希望达到的样子。

● 根据使命，对我们目前所处的位置进行持续、明确的评估。

● 基于愿景与现实、目标与结果之间的差距进行定期分析，及时调整。

当满足以上条件时，我们就能克服为改变而改变的想法及惯性；我们的工作要致力于缩小实际与期望结果之间的差距。我们对差距分析得越多，我们的愿景也就越清晰；我们的愿景越清晰；就越值得期待也越可行；愿景越可行；我们对当前的结果就越不满意……我们认为，所有岗位上的教育工作者都必须把这类工作视为工作的核心。

总之，尽管有成千上万的书涉及学校领导力和教育改革主题，但我们提出了一种更为折中但又高度聚焦的方法。我们要求读者以一种逆向设计的方式，与我们一起思考：追求理解的学习和聚焦使命的长期目标对学校教育的要求是什么。如果想让教师、学校和组织更关注理解、更忠于使命，应该采取怎样的行动和规划？如果想让教师、学校和系统能够基于理解、聚焦使命，那么，教师、改革领导者和区域管理者必须成功完成怎样的**关键任务**？

全书概述

这本书分为两部分。第一部分（第一章到第七章）阐述了学校教育的**愿景**，以及其对课程和教师角色的启示。第二部分（第八章到第十二章）提出了一项达到此学校教育愿景的**规划**。事实上，这本书围绕逆向设计的逻辑，给出一个明确而强大的使命和学习指导原则，从预期结果出发倒推出学校教育各方面的关键特征——课程、评估、教学、教职工的角色、政策、体系和资源使用。图 A 呈现了本书涉及的各个组成部分。

第一章首先探讨了教育使命的重要性及其对学校教育各方面的影响。我们认为，所有的使命都反映了一个共同的目标：在每门学科中发展**理解和迁移**能力，发展成熟高效的成年人所具有的**关键思维习惯**。第二章描述了有助于使命达成的课程本质。第三章描述了这种新课程框架的具体内容，并列举了许多相关的例子。第四章提出了一套明确的、与使命相关的学习原则。第五、六、七章结合使命详细说明了学校或学区的教师和学术领导者的一般角色和特定的工作职责。

在第二部分，第八章到第十一章，我们描述了一个用于规划改革进程的、实用的三级逆向设计过程，每一级都有对应的策略。第十二章着眼于学校变革现实，强调变革的主要目标是改变习惯。

此外，本书许多章的结尾都设置了"行动建议"板块，结合章节中提到的观点，为教育工作者们提供了具体的行动步骤。

和《追求理解的教学设计》一样,《基于设计的学校教育》不提供也不可能提供一个快速的解决方案。我们不相信会有完美的领导方法,正如我们不相信没有教师参与修订的课程一样。学校践行使命是需要花费很多心力的,我们在这里提供的是能够支持学校的、更为周到、持续和有效的计划。

图 A　基于设计的学校教育——关键要素

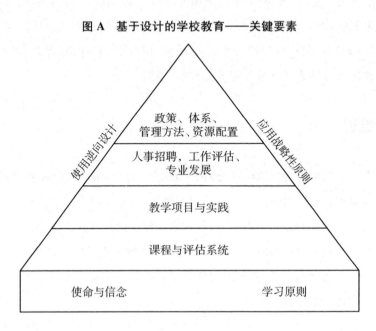

第一部分

学校教育的愿景

第一章 学校教育的使命是什么?

确实会有一些优秀的老师,虽然对学校目标没有明确概念,但对什么是好的 教学却有直观感受,总能出色地完成教育工作。然而,如果要制定一个教育计划并且持续提升教学质量,仅靠直觉是不行的,非常有必要对要达到的目标形成明确的概念。这些教育目标将成为选择教学材料、规划教学内容、制定和实施教学步骤,以及实施测验和考试的标准。

——拉尔夫·泰勒(Ralph Tyler)《课程与教学的基本原则》(*Basic Principles of Curriculum and Instruction*)

这本书名为《基于设计的学校教育》,是指我们为了实现一个与学习有关的使命,通过设计来推动学校发展。**设计,**其目的在于达成精确的目标,就如词典①给我们的解释一样:

- 制定计划;规划。
- 为一个特定的目标或效果而去创造。
- 有目标或目的;打算。
- 制定或执行计划。
- 在心中设定一个目标。
- 有目的或创造性地安排内容和细节。
- 计划;项目。
- 合理的目的;意图。
- 深思熟虑的目标。

---

① 译者注:此处指英文词典对于 design 或 produce a design 的解释。

因此,学校的使命是我们设计(并持续调整)学校教育的长远目标。有目的地设计意味着计划实现一个清晰而明确的目标,并致力于使学习者达到明确的学习效果。最好的学校教育体现为根据严谨的目标组织教学、安排教学步骤和细节,以达到我们所追求的那种学习。使命正是描述了我们所要的那种学习是怎样的。只有根据使命来组织学校教育,才能确保达到它。用我们的话来说,就是必须根据使命来逆向设计学校。

这种观点既不新也不另类。新英格兰学校和学院协会(NEASC)在一流高中认证标准中就凸显了这一观点:

学生学习的使命与期望

学校的使命描述了学校作为一个学习者社区的本质追求。以学校的使命陈述为基础建立起对学生学习的期望,学校以这些期望为基本目标,不断评估教学和学习过程的有效性。学校的每一个组成部分必须聚焦于让每个学生都达到学校预期的目标。

1. 学校要制定使命陈述和对学生学习的期望,使命要得到教职工、学校董事会和其他学校管理机构的认可和支持。

2. 学校使命的陈述应代表学校对学生学习的基本价值观和信念的认识。

3. 学校制定学校层面的学术、师生、社会学习方面的期望时要满足下面两点:

● 可测量。

● 反映学校使命。

4. 在学校使命中,关于学术方面的每点期望,都应该标注相应的判断成功的标准。

5. 学校要评估学校的发展是否达成师生和社会的期望。

6. 学校的使命陈述和对学生学习的期望,应指导学校的程序、政策和决议,并应体现在学校文化之中。

7. 学校应使用各种数据定期审查学校使命和对学生学习的期望,以确保它们反映学生需要、社区期望、学区使命以及州和国家标准。[公立中学委员会(Commission on Public Secondary Schools),2005,第3页]

当讨论基于设计的学校教育时,我们参考了旨在引导学校建设、特别是引导学校和教学革新的一系列简单问题:

- 学校的使命是什么,设置它的理由是什么,成功的毕业生会是什么样的,能运用他们所学的知识很好地完成任务吗?
- 如果学校的使命是这样的,课程和评估又是什么样子?
- 如果课程和评估是这样的,教学会是什么样子?
- 在一个能引发使命相关的学习的系统中,教师和管理者的工作、学校体系、政策和行动又是什么样子?

换言之,使命意味着什么,需要我们做什么? 这一使命需要什么样的学校教育? 这就是本书的逻辑:通过规划来开展学校教育,而不是依靠习惯或一时冲动。

学校教育的要点

学校的特定使命是什么? 学校致力发展的学习是什么样的? 当然,纵观历史,一千个教育工作者会给出一千种不同的答案。但是,如果我们问一个更实际的问题,范围就缩小了很多:一般来说,我们如何将学校长期以来所说的可实现的教育成就进行分类呢? 这个问题只会产生少数几种分类,我们总结如下:

- 为高等教育所准备的学术成就和才智。
- 成熟的思维习惯和态度。
- 艺术和审美的能力与敏感性。
- 身心的健康发展。
- 成熟的社会、公民及道德行为等品质。
- 个人技能发展和专业方向。

再具体一点儿,数百份使命陈述显示,三个占主导地位的长期目标是:"终身学习""批判性和创造性思维"和"对社会做出贡献":

斯图尔特(LaVace Stewart)小学的使命是与家长、社区建立伙伴关系,让不同的学生在一个培育性的、无风险的环境中发展成为具有高期望值的终身学习者，以使他们在不断变化的社会里成为负责任的、对社会有贡献的公民。

布莱梅（Bremen）高中致力于培养这样的学生：

● 具有创造力和批判性思维；

● 自尊、自信，具有尊重自己和他人的品质；

● 能够平衡学业成绩和课外活动；

● 能够适应不断变化的技术世界；

● 拥有一种大众公认的生活技能，具有团队问题解决能力，是社交圈中的活跃分子；

● 从有能力的学生过渡到对社会有贡献的、负责任的公民；

● 了解教育的价值和终身学习的必要性。

西温莎-平原 West Windsor-Plainsboro 区域学区非常重视优良传统的培养，其使命是把我们的学生培养成充满激情的、自信的终身学习者，让他们有能力和力量来实现自己的愿望并能为多元和变化的世界做出贡献。

孟菲斯（Memphis）市立学校的使命是让所有孩子在 21 世纪成为成功的公民和工作者。这包括培养他们理解阅读、清晰书写、精确计算、思考、推理和使用信息解决问题的能力。

这些陈述可以被概括为一句话：学校的存在是为了使学生在智力上有所发展，形成面向未来的自我导向能力，实现人生意义，提高生产力，并对社会做出贡献。

一些读者可能会有异议："教育中有太多的影响、价值和目标难以协调，哪里能产生一致的使命呢。"还有人会提出别的意见："这会让我丧失职业自由！"我们认为，这两种立场都把事情弄混了，我们的**观点**是教育应该有清晰而明确的目标，但不等于说具体的使命陈述和学校政策都是没有缺陷的。我们并不是主张所有学校都应该有同样的使命，同时我们也承认达成一致并不容易。我们想表述的是，不论教学内容还是教育哲学，任何学校教育的观点都应是有意义的、有用的，并且是从明确和长远目标中逆推出来的一致的学习。我们也不主张狭隘地用一个目标或一种教学法来陈述学校使命。我们认为，**任何一个有效的使命**

陈述都应该总结出教育将帮助学生达到的长期目标是什么,期待学生在课堂之外取得的有价值成就又是什么。使命是对少数优先考虑结果的追求,以此为基础,将推导出一系列具体教学法。

之所以从一个长期承诺的视角来考虑使命陈述这件事,是基于一个非常实际的原因。我们仔细考察了很多学校,发现所有传统学校(无论是公立还是私立,无论是小学、中学,还是高等学府)都有这样的问题:除了一节一节具体的课之外,几乎看不到**任何**跨越特定课堂的、长期的、持续的、可以保证长期智力成果的努力。我们所说的学校教育应有目标,是指无论教学内容与教学活动及他们之间的关系是怎样的,都应该有一个长期的、有价值的学习目标,这一学习目标融入课程和评估之中,对所有学生、教师和社区都是公开透明的。

专注于理解、迁移和思维习惯

在《追求理解的教学设计》一书中(威金斯和麦克泰格,2005),我们提出可以从两个基本方面来思考理解,而这两个方面塑造了学校教育使命的概念。一方面,当我们学会运用强有力的思想使课业相关联并有意义,我们就达到了理解;另一方面,当我们能够将所学知识有效迁移到新情景和新问题中,我们就达到了理解。

因此,我们主张学校的存在是为了发展和深化学生对学科中重要思想和过程的理解,使他们能够以有意义和有效的方式迁移学习,培养终身的思维习惯。为完成这一使命,课程体系、学科课程、单元设计和课堂教学必须依据我们追求的意义和迁移来逆向构建。否则,将无法达成这一使命。

无论要学习什么,其要点都是将它变成自己的,并在将它们融合到一些新的能力和观点之中后才算圆满。做教师的都有这样一个常识:如果我们真的懂了什么,就能将它和学校里的其他学习及我们的生活建立各种各样有意义的联系——从而应用所学。当我们"理解"了一个学科,就意味着我们收获的不仅仅是这个学科所呈现的书面知识及相关的一系列技能。我们已经能够掌握学科思维和相关的学科实践;我们可以把一些他人看来无联系或无趣的事情变得有意义;我们可以挖掘先前学过的知识,并灵活地把它们应用到我们遇到的各种稀奇古怪的挑战中(比如处理一位专业的外交官、爵士音乐家、空手道教练或骨科医生可能遇到的问题）。简言之，理解绝不是被动占有信息或是熟练呈现技能，而是表现出明智、果断和高效的能力。因此，所有的学习都必须经过设计，以培养我们的判断力和在具体情境中明智的行动力。

事实上，关注理解是实现我们之前总结的不同类目标的唯一途径。学校教育的重点不仅是获取技术专长。学校是为了培养学生某些有价值的习惯、态度和行为，培养超越学科知识的素养，包括批判性思维、公民责任和终身学习等。这里不需要过多地解读"理解"这个词，但需要指出的是，我们认为没有这些思维习惯的帮助，一个人不可能做到真正的理解（见科斯塔和卡利克，2000；帕金斯，1992）。实际上，当课程和评估将那些我们渴求的思维习惯变成获取学术成功和预期成就的必需品时，我们所寻求的思维习惯才可以说真的被落实和发展了。如果教育仅仅是为了获取知识，要的仅仅是短期成功，那就会绕过这些关键的习惯培养。

14

总之，只有确保我们在使命和项目目标陈述中所提到的思维习惯、性格特征和智力能力在核心课程和评估中得以体现，我们才能最大限度地保障长期教育目标，使这些目标永远不受"灌输式教学"的影响。只有把**内容**学习仅仅作为培养表达和迁移能力的一种**手段**，才有可能达到培养习惯和态度的目的，而这正是学校教育存在的价值。

什么是关注理解的教育？

面对同一学习内容，让我们来看一下常见的学习单元与关注理解的教学法之间的差异。下面这个案例是关于中学数学中的一个普通主题："集中趋势的度量"——平均数、中位数和众数。请注意案例中第二个版本是如何关注意义的形成、迁移及在不缩减学习内容的情况下培养学生有价值的思维习惯的。

就这个主题，我们从一本主流教科书中选取了一种常见的处理方法（伯顿等，1998）：

1. 先解释平均值、中位数和众数的定义，并针对每个概念举一些示例。"当我们想把一组数据汇总成一个值时，可以在三种集中趋势的度量方法中选择一种"。（第 248 页）

2. 根据所介绍的三种度量方法，分别对同一个示例数集进行思考和图形化处理。

3. 书中提供了15个问题供学生独立练习（例如：在表格中填写一个数集的三种度量值）。

4. 书中提供了三个所谓的应用题，例如，"8个慢跑者分别跑了以下里程（单位：英里）：8、5、6、4、8、8、7和10。请确定'慢跑路程（英里）'的平均数、中位数和众数"。（第247—249页）

书中以一种离散的方式呈现学习内容，所教的、所测的并没有基于某种明显更大一点的目标。书中几乎没有提到集中趋势度量的潜在价值和重要用途，只在一个名为"商业链接"的侧边栏中有一点提示：

电视广告商经常利用观众收入的中位数来决定在某一特定节目中宣传什么产品。那么为什么选用观众的收入中位数比选用相同群体的收入平均数更好呢？（第248页）

15

编者还对此做出了解释：

由于数据中会出现极端值（如，与其他数据相比高30倍），这会使得均值比众数或中位数要大得多。所以某些情况下平均数并不是衡量数据的最好选择，中位数和众数可能更合适。（第248页）

文章对"更好地表示数据"的含义，或者如何表示数据才能**准确**反映目的和受众没有做任何解释。简而言之，书中没有提出或考虑"为什么""那又怎样"之类的问题。书中所提供的测试问题，其实际目的只是让学生学会用相应的度量方法进行计算，而且，在题目中，这些度量方法还都是独立呈现的。这里丝毫没有关注该概念迁移的现实问题：学生应该在什么时候，以及**为什么**使用或不使用某种衡量趋势的方法？人们什么时候**需要**用到这些概念？我们如何更好地判断某一情况下需要选用**哪种**度量方法？

在追求理解的课程设计中将如何考虑这些问题，如何完成知识迁移呢？让

我们来看一看:

1. 先用一个基本问题引入(考虑跨越多个主题,而不仅仅是集中趋势的度量),比如:**回答是否公平的问题时,什么答案是"有效"和"可靠"的,如何用数学方法来确定它?** 讨论以下问题:**如何理解我们所说的"公平"的解决方案和"不公平"的解决方案?举例说明什么是"公平"与"不公平"?**

2. 要求学生头脑风暴,研究与公平有关的各种问题和挑战:多数与超级多数的投票问题;比较越野赛(计算前五名选手的终点成绩)与跳水比赛(计算平均得分,但要去掉一个最高分和一个最低分)中的得分;累进所得税和递减所得税;政治中均值和中位数的误用;确定全国最好的大学足球队的最佳标准等。简而言之,呈现一些需要相关数学知识来解决的现实问题。

3. 引入平均数、中位数和众数作为可能有帮助的工具;做一些与之相关的教科书中的练习。对知识和技能进行测验(但要明确的是,这更像是一个为解决问题顺便进行的测验,而不是问题解决本身)。

16　　4. 为了理解这一知识,学生需要完成一个包括三部分的最终评估:

- 根据单元所学,制定"最公平的学校评分制度",并说明其合理性。
- 总结:三种衡量集中趋势的方法什么时候最有用/最没用/最具误导性?
- 反思:现在,你对本单元基本问题的回答是什么?

看到对比了吗?在第二个案例中,面对同样的学习内容,用了一种迥然不同的方法来处理,这些学习内容只是学生在相关情境中解决问题的**方法**而已。而且,最后的评估表明,深入理解和应用这些学习内容才是学习目的。我们之前提到过的思维习惯和长期目标也在这个过程中得以培养和落实;为了完成这些任务,学生**必须**要进行批判性和创造性的思考,他们正在获得终身学习的实践体验。

想象一下,如果其他学习单元也都这样做,你就会看到持续关注理解产生的效果。概括一下这个案例,会让我们看得更清晰:

1. 从一个与现实相关的基本问题开始教学(需要考虑很多相关的问题)。

2. 让学生集思广益,做一些与问题相关的初步研究。将学习内容作为可能有助于问题解决的有用资源介绍给学生。只在需要的时候做相应的讲解和练习,以帮助学生应对挑战。

3. 围绕着需要迁移的最终评估任务来设计教学框架。测验的方式仅能为一些离散的知识和技能提供补充的证据。接着，考虑学生怎样才能更好地完成任务，从这里入手逆向设计教学。

4. 围绕其他基本问题设计单元的其他内容。

如何进行课程设计和顺序安排？

要想让课程由关注理解的单元组成，并且连贯、协调，我们需要重新考虑学科内容的本质及与之有关的更大的使命。下面我们用两个学校的使命陈述来举例说明这一点，注意他们是如何将学科专业知识纳入更大的智力目标中的：

> 萨勒姆高中(Salem High School)是一个以学生为中心的共同体，提供严谨的课程体系以培养学生的批判性和创造性思维。学校为学生提供个性化、可靠的学习环境，学生将展现高阶的推理能力、服务学校和社区的奉献精神，以及对不同个体的包容意识。每名从萨勒姆高中毕业的学生，都将成为拥有终身责任感、奉献精神及学习能力的人。

17

> 卢米斯查菲中学(Loomis Chaffee School)的使命是促进来自不同文化和社会背景的孩子们在精神、心智和身体方面的健康发展并鼓励他们承担完善自我和维护大众利益的责任。学校课程的目标是培养有能力、有远见的人才，为高等教育和终身学习打好基础。通过课程学习和社区生活，卢米斯查菲中学也教育学生服务于国家和全球文明。从各方面来看，学校的目标正如它的创始人所希望的那样，"打造一个使孩子们为创造更美好、更宏伟的生活而获得最佳灵感的精神家园"。

上述的这些使命描述了学习者特定的、长远的智力成就，而与学术内容有关的知识和技能只是被视作促进学生发展的催化剂而非教育的最终目标。学生们终将离开学校，他们不仅仅要会学习，还要有钻研精神；不仅要知识渊博，还能够利用他们所接受的教育来达成自己的目标；不仅要学会技能，还要养成在必要时判断是否及何时使用这些技能的思维习惯。同样，即使使命中涉及学术目标，教学的重点也并非仅仅是掌握内容。

一些读者可能没想到,许多州立内容标准文件中也呈现了相同的观点,尤其在这些文件前言中涉及目标的那部分。这里有两个典型的例子,分别来自新泽西州和加利福尼亚州。《新泽西核心课程内容标准》数学标准的愿景聚焦于实现这样一个目标:

> 目标:让所有新泽西的学生具备在 21 世纪工作与生活中取得成功所需要的数学技能、理解力和态度。(Rosenstein, Caldwell 和 Crown, 1996,第 10 页)

如果老师们在教学中秉承这种追求,学生们将对自己参与的活动富有兴趣与激情,他们会去学习重要的数学概念,而不是简单记忆和程序化练习。(改编自新泽西数学联盟,1994 年)

加州历史和社会科学课程的愿景:

> 作为历史社会科学领域的教育者,我们希望我们的学生认识到社会、经济和政治问题的复杂性。我们希望他们有能力区分什么是重要的,什么是不重要的……我们希望他们尊重他人的权利。我们希望他们作为公民发挥积极作用,并知道在民主社会里如何应对工作变化。我们希望他们了解民主制度的价值、重要性和脆弱性……我们希望他们培养一种敏锐的道德和公民意识。我们希望他们深切关注他们的社区、他们的民族和他们自身的生活质量。(历史-社会科学课程框架及标准委员会,2005,第 2 页)

甚至各州也认可:学校的目标和每门课程的标准都不是简单地掌握学科知识并取得好成绩。我们的目标是让学生在离开学校后能改善生活和改变社会,成为一个卓有成效、善于思考、贡献社会的成年人。这些标准不仅陈述了短期的与内容相关的目标,还描绘了关于学校教育要取得成功的长期愿景。

这些科目都是"学科",像空手道、瑜伽、国际象棋或数学一样——学生们通过"做中学"掌握这门学科。正如著名的 SCANS(1991)报告的作者所描述的那样,

SCANS 认为，教师和学校必须尽早开始帮助学生了解所学知识和真实情境应用之间的关系。我们不可能在幼儿园学到生活中所需要的一切，但我们可以尽早开始学习。

在研究了认知科学的发现后，我们认为最有效的教学方法是"在情境中教"。"把学习目标放在真实的环境中比坚持让学生先抽象地学习他们今后将要应用的内容更好。"SCANS 提出了认知科学的三个原则，以指导所有学校开展真实情境下的学习：

● 学生不需要在学习问题解决技能之前就学习基本的概念知识，两者是同时进行的，它们不是独立的，而是相辅相成的。

● 学习应该从仅仅掌握知识信息转向鼓励学生认识和解决问题。

● 真正的专业基础知识与能力是不能被隔断着传授的，学生需要相应的实践来练习使用这些技能。在能力得到支持的环境下，才能更好地学习基础知识。

当阅读和数学被包含在某个或多个能力中时，它们就变得不那么抽象了；也就是说，当这些知识位于一个系统中或被镶嵌在一个技术问题中时，阅读和数学会变得更为具体。当学生在某个能力情境中被传授技能时，学生将更快地学习技能，并更有可能在实际情况下应用。再举一个例子，个人品质，如自尊和责任，最好是在团队合作中发展。在教授基础知识与能力之间做出选择是错误的；如果学生同时学习它们，通常会更快地掌握。总之， *19*
"学会知识"与"学会应用"不可分离，"知识与它的应用总在一起"。

这种方法在许多学习场景中都很常见：法学院的学生在一年级就开始分析真实的案例，小提琴学习者在开始学习演奏的数周后就会学习如何演出，外语学生上来就专注于听力和口语的练习，木匠学徒一开始就在真正的建筑里工作，滑雪初学者第一天就要学习在山坡上滑短滑雪板。我们认为，在历史和生物学中也应如此，不过是旧的偏见与所谓的习惯阻碍了我们去发现这一点。

因此，我们需要一种新的规划来帮助我们设计出一种从开始就更有目的性、更注重迁移的教学方法。当前的很多教育是将教育等同于一系列长长的知识和技能清单,并且认为这些**终归**是有用的;关注理解的教育与此不同,它帮助学习者从一开始就看到为什么这部分内容很重要(即可以帮助他们解决哪些真实的任务和问题),如何应用它们,以及如何及时地将学习进行迁移。这种方法与体育和艺术教练(以及优秀的语言艺术课教师)的相似之处在于,它是一种“总-分-总”的方法:我们先来考虑一个更大的表现挑战(比如说参加比赛并了解它的要求),明确所需要的技能和知识,并去练习它,然后马上在真实情境中应用。前文提到的数学案例展示了另外两个实用策略:一是使用基本问题来帮助学生“发现”重要的内容思想;二是聚焦于如何助力学习者达成重要表现。

更具体地说,因为使命陈述和学术标准通常强调迁移性目标,我们要确保本校的规划、教学和评估是从每个学科的迁移性目标逆推出来的,还要确保大多数评估不应仅仅是对回忆的测试和“外挂式”①测试。这种在学科中“做中学”的评估,涉及到“测试”学生是否能够应用先前的学习来解决新挑战或不熟悉问题的能力。正如加德纳(Gardner,1999)提到的:

> 一个人理解某一概念、技能、理论或知识领域,要达到他或她在新环境中能够恰当应用的程度……这个构想需要一个针对理解的严苛测试来配合:向学生提出一个他们从未遇到过的主题或演示,看他们在这些情况下的理解程度。(第119页)

换句话说,迁移要求学生学习如何快速和频繁地整合他们的知识和技能以及各种成熟的思维习惯,在“他们从未遇到过的情况下”顺利地完成任务。学校教育必须从这种迁移入手来逆向设计,就像体育和医学训练一样,迁移练习从**一开始就要贯穿**整个教与学过程。

20　　同样,我们普遍认同玛德琳·亨特(Madeline Hunter,1971年)在30多年前说过的一句话:“我们可以将知识迁移准确地概括为将学习的内容应用于新的场景,它可以被看作所有正规教学和学校教育的最终产物。(第2页)”甚至“文化素养”(Cultural Literacy)的提出者赫希(Hirsch,Kett和Trefil,1988)也提醒我

---

① 译者注:Plug-in,意味着这种测试与主体任务与学习没有很好地整合在一起。

们文化素养的意义在于迁移："在现代生活中,我们需要综合的知识,使我们能够应对新观点、新事件和新挑战。(第 11 页)"

重要的认识：对内容的看法

前面的分析提醒我们,教育的目标不能仅从内容知识的目标派生出来。让"内容"成为教学、学习和评估的重点,会阻碍教育进步。与使命相关的长期学习目标决定了怎么教、怎么学,以及怎么评。内容和方法是**达到目标的手段**。连贯且有效的学校教育需要所有的教育决策都要从**内容之外**的价值来考虑。只有这样,我们才有办法决定要保留什么,削减什么,学习应该怎样组织,不应该怎样组织。

事实上,这是 60 年前的拉尔夫·泰勒(Ralph Tyler)的核心观点,但这一观点在教育改革中经常被忽视:

> 目标陈述是为了说明教学能给学生带来哪些变化,从而使教学活动能够以一种可能达到这些目标(亦即,把这些改变带给学生)的方式进行规划和发展。因此,很明显,根据内容标题来进行目标陈述……并不是指导课程进一步发展的良好基础。(第 45—46 页)(这段在文中加了重点标识)

学校教育的关键是要改变学习者的思维和行为,而不是让他们仅仅成为知识渊博的人。正如泰勒(Tyler)所言,目标陈述应该指向行为变化,而通过内容标题来组织和整理课程是没道理的。因此,毫无疑问,如果书本成为事实上的课程,而"过完书本"成为事实上的目标,那就没有办法将内容学习与长期的教育目标联系起来——甚至没办法在两者之间确定明确的优先级。在缺乏明确表现性目标的情况下,如果要引发某些有效和有价值的表现,我们是没有办法跳出教科书来决定应该强调什么,应该略过什么的,也没有任何依据来批评过分的说教和孤立的教学。

因此,众所周知的"泰勒理论"应该被视为一种为确保学校的教育目标达成而不断发展和质疑学校的过程。

在这里,我们提供了泰勒(1950)方法的要素,每一个要素都可以支撑我们书 *21*

中的论点：

> 开发任何课程和教学计划都必须回答四个基本问题：
>
> 1. 学校应该努力达到什么教育目标？（学校的使命是什么？）
>
> 2. 为学生提供怎样的教育体验最有可能达到这些目标？（什么类型的学习最有可能实现使命？）
>
> 3. 怎样有效组织这些教育体验？（为了让学校教育最大程度上有效地实现使命，课程和评估应该是什么样子？）
>
> 4. 我们如何确定这些目标正在逐步实现？（我们应该通过什么过程来获得反馈，并调整系统使达成使命的可能性达到最大？）（第1页）

为什么使命很重要？

那么，怎么做才更合理呢？建立并致力于实现一个有价值的教育目标——通过真实的成就和思维习惯来反映学生的理解——然后设计组织、政策和实践来促进理解的达成。

然而，正如读者所知，学校在设计和运行过程中，很少考虑要达成学生理解和实现终身学习这一长远目标。让我们把自己从常规教学中抽离出来，仔细观察一下：传统学校教育的学习内容较为离散；教师之间互相隔离；教师只使用与特定内容相关的教科书，而较少考虑学校层面的目标；没有任何机制来确保评估和成绩能反映与任务相一致的实践。简而言之，我们看到了一个精心设计但却是由孤立的内容与活动组成的混合体——而不是目标明确的学校教育。从学习者的角度看，在过去的十二年里，如果不考虑那些在板报或者网站上出现的信息，学校是没有使命的。

如果学校缺乏自觉的使命感及严肃的责任意识，就不能清晰地解释关于"学习者和教师的目标是什么"这类简单的问题。很少有学校教师可以很好地回答"短期课程的长期目标：为什么我们要研究这个"这一历史悠久的问题。

为了验证我们的观点，各位读者可以单独或在小组中问学生四个简单问题，这样可以对我们所描述的基础性问题有更好的认识：

- 我们现在在做什么？

- 我们为什么要这么做？

- 这与我们在过去几天或几周内所做的事情有什么联系？

- 它对我们学习的长期目标和优先成就会起什么作用？

对各种层次的学生来说，都很难对这些问题给出令人满意的答案。事实上，如果学生们在学校里长期进行漫无目的的学习，那他们怎么可能回答出来这些问题呢？学生们不能很好地回答这些问题，这意味着他们很少明确地意识到学习的优先成就和长期目标。

我们也鼓励老师们根据他们所教的每一个单元，对同样的问题做出回答，然后将他们的答案与那些教同样科目或年级的同事进行比较。我们预测，这个练习将说明我们很少思考自己的教学如何与他人的教学联系起来，来为整体的使命服务。

在学校层面，我们可以根据当前各个科目的时间分配，来看看学校里实际的学习优先级。问问自己下面这些问题——或者做得更好一点儿，针对时间利用问题进行一个正式调研，询问这些问题：

- 学校的现实优先成就是什么？这主要看哪些目标和行动能够在课堂内外得到最多的时间分配。

- 我们在学校里度过的每分每秒是专注于完成任务还是专注于深度理解？或者，老师们是否花了大量时间来"教"，但学生除了"学习教师所教的"之外没有别的目标？

接下来是关于愿景的问题：

- 如果每一天都关注学校的使命，我们会如何利用课堂内外的时间？如果我们关注的重点是知识迁移和重要的思维习惯，又会如何利用课堂时间呢？

事实上，比没有明确的优先成就和缺乏长期目标更糟糕的是，许多教师似乎认为那些更大的目标与他们的工作无关。我们应该如何理解"我们必须要把书教完"这个熟悉的说法呢？在很大程度上，我们多年来在《追求理解的教学设计》及目前的《基于设计的学校教育》这两本书上所投入的所有精力，都试图去说明，为什么"无须为更大的教育目标承担义务"的这一常见观点是非常错误的（不管这个观点多么常见和深入人心）。

阐明并践行使命

更糟糕的是,我们倾向于用实际的实践和结果来混淆我们的宏伟目标[阿吉瑞思(Argyris, 1993)所言,倡导的理论和行动的理论之间存在不可避免的差距]。因此,在探索逆向设计的简单逻辑时,改革要比我们想象的困难得多。它要求我们学会发现我们的盲点、无意识的坏习惯,还要探索言行之间的差距——如果不这么做,我们就很难做出必要的变化,我们必须致力于解决这些问题。

基于设计的学校教育是在不断面对"如果……那么……"之类的探询中向前发展的:**如果**这是我们的使命,**那么**它们在实践中如何呈现? **如果**我们要真正以注重知识迁移、培养负责任的公民和实现学生终身学习为目标,**那么**日常的教学和学习会是什么样子,我们教什么内容? **如果**我们所有人都致力于这些目标了,**那么**如何教,又**如何**评呢?

因此,这些探询在某种程度上是在寻求一个更加清晰也更为坚定的"愿景"。愿景,就是**如果**我们达成了目标,就能够看到的景象。在这种意义上,愿景是将本来抽象的使命陈述转变成具体的政策与实践的必要组成部分。换句话说,一个愿景不是一个绝望的、永远不会实现的理想主义梦想,而是一个我们所努力建造的世界的图景——相当于建筑师的蓝图,或者是运动员对即将到来的表演的想象。这张由宾夕法尼亚州州立大学学区提供的图片(图表 1.1)更加清晰地说明了这个问题。

如果我们试着早一点呈现使命陈述,我们就可以看到这些设想的潜在价值:怎样教授和评估语言艺术,才能使学生成为更有激情和自信的读者呢? 我们需要制定什么样的社会研究评估,来判断我们的学生是否对历史有批判精神? 如果我们成功地使学习数学的学生把数学运用到了他们的日常生活或是终身学习中,课堂上和评估会变成什么样呢? 总的来说,我们有望看到学生的能力在没有持续干涉和提醒的情况下,通过不断的教学和评估来超越教学内容和所学知识。作为课程的一部分,我们有望看到学生们**在学校里**就能够应用所学,为解决**当今的**学校问题和社会问题而参与实践并做出贡献。因此,基于案例/基于问题的课程将成为常态,而不是个例——这和在医学、法律和工程领域中的情况一样。我们这么说不是为了政治正确①,而是这样的使命陈述就意味着需要这样的教学。

图表 1.1 州立大学附属高中毕业生的特点

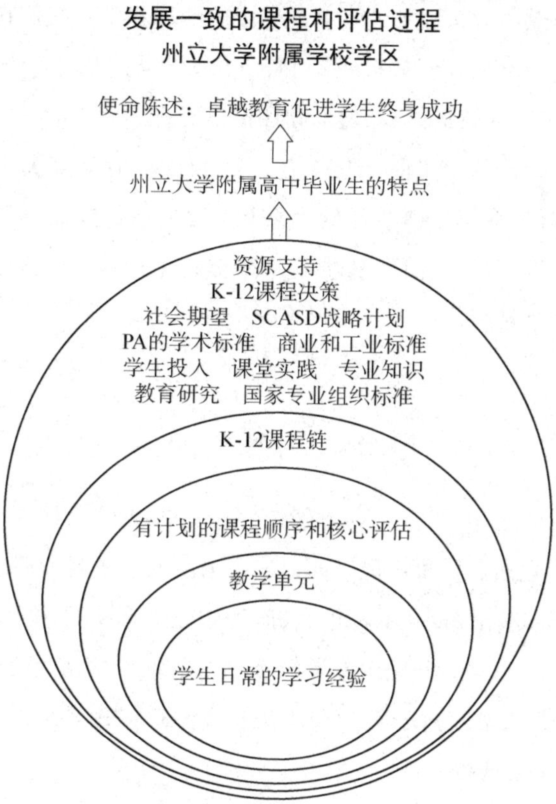

发展一致的课程和评估过程
州立大学附属学校学区

使命陈述:卓越教育促进学生终身成功

州立大学附属高中毕业生的特点

资源支持
K-12课程决策
社会期望　SCASD战略计划
PA的学术标准　商业和工业标准
学生投入　课堂实践　专业知识
教育研究　国家专业组织标准

K-12课程链

有计划的课程顺序和核心评估

教学单元

学生日常的学习经验

州立大学附属高中毕业生的特点:
- 一个负责任和有参与性的公民
- 一个清晰且有效率的沟通者
- 一个可以批判性地、创造性地思考的有能力的问题解决者
- 一个可以独立工作、协同工作、富有成效的人
- 一个在日益多元化社会中表现出对自己和他人尊重的人
- 一个使用不断发展技术的人
- 一个行为健康、知识渊博的实践者
- 一个明智的消费者和个人与家庭资源的有效管理者
- 一个对生态环境负责任的人
- 一个艺术参与者

来源:改编自 Pamela L. Francis 的概念;SCASD K-12 课程委员会许可使用。

---

① 译者注:政治正确是在近代思想及政策研究中的专业名词,广义指在言论、行为上,不顾客观事实,迎合主流价值观、道德和舆论导向。也可以指那些无视事实,站在道德制高点上全力支持主流价值观的人。

关于"如果……我们将会看到什么"的问题的答案。我们接下来会问一些关键的经验上的问题:当前的现实是什么?我们的学生现在有多少热情,取得了哪些成效?我们现在的课程关注批判性思维的情况如何?我们在学科教学中培养终身学习者的情况如何?最后,我们将解决愿景与现实间不可避免的差距:根据使命,我们该怎样改进课程、教学和评估以提升结果?

再来回顾一个改革的流程。先设定一个目标,然后得到关于现状及改进方法的反馈,然后再采取行动缩小差距。这个流程是从各方面开展所有变革的引擎;如果要从本质而非从表面出发进行变革,就得采用这样的方法。本书将在后续章节中详述这个过程。

机构目标

没有对使命的承担,就没有真正意义上的学校;有的只是一个从事自由职业的教师们的聚集之所。如果不能共同追求一个由预期成就所形成的清晰且有价值的使命,那么我们不仅缺乏共同的目标,还缺乏一套标准来(1)评价学校范围内学习的最佳开展形式;(2)确定教学内容的优先级,而不是不加选择地赶进度;(3)判断哪些孤立的实践对于教师和团队来说是最有用和最没用的,为践行使命,哪些实践必须要改变。

如果没有这样一个清晰的目标,整个学校怎能积极地、投入地攻坚克难?关于目标和目标行为这一通用主题的阐述没有人比史蒂芬・柯维(Stephen Covey)讲述得更清晰,柯维(1989)在《高效能人士的七个习惯》一书中,认为有无目标的区别在于只是单纯的忙碌还是变得更有效率:

> 在忙碌的生活中,是非常容易陷入活动的陷阱的……有可能是忙碌,非常忙,但是没有成效……当我们真正知道对于我们来说什么是至关重要的,我们的生活该有多么不同啊。时刻记住这一点,我们就会每天都进行自我管理,做最重要的事情。如果梯子没有靠在正确的墙上,我们走的每一步都会使我们更快地到达错误的地方。我们可能很忙,我们可能很有效率,但是只有我们以终为始时,我们才会真正有成效。(第98页)

"以终为始"就是我们所说的"逆向设计"。我们来举一个简单的有关驾驶的例子：想要开车到达一个遥远的地方。为了让我们的旅行更有成效，我们必须从目的地开始"逆向"制定路线（而不是从地址列表开始，对目的地和怎么到达目的地没有概念）。然后我们可以考虑我们距离目的地多远（而不仅仅是说我们离开家多远），并且对是否偏离航线有清晰的认知。不弄清目的地——也就是预期成效，我们就不能"通过设计"去真正规划或实现结果。我们所能做的，就只是相信无论我们最终到哪里，旅程都会是愉快的。有一句古老的格言很贴切："如果你不知道你要去哪里，那么走哪条路都行。"

所以，任何航线都可以变得平稳、省时、有"效率"。但是只有当我们确定了令人向往的目的地时，谈论"成效"才有意义。许多学校可能是有效率的，能够平稳运行的，拥有令人心情愉悦的工作场所。然而这都与学校的目标、使命无关。据我们的观察，典型的教师或校长更像是一位认真的导游，他们期望通过基于内容的、节奏紧凑的旅行来达到长期目标。相比之下，建筑师、电影制作人、厨师、律师、医生和程序员完全专注于实现非常明确的效果，并且不断调整计划和行动，以确保达到所需要的产品、表现或结果。

思考什么是长期成就并不容易，这点从一些学校所谓的使命陈述中可窥一斑。请看下面的例子，并考虑其中缺少的什么：

东部高中（East High School）邀请学生参加到丰富而严谨的大学预科课程项目之中，将表现、应用及服务型学习的机会整合到日常教学结构中，学生真正具有自主选课的权利。此外，该项目将有意义的服务型学习体验和创业学习纳入每个年级。以国际本科课程为载体，多样且严谨的学术项目将为有天赋的学生提供户外体验和严格挑战，为他们的远大志向与未来成功奠定基础。

西部中学（West Middle School）将在家庭和社会之间建立伙伴关系，致力于构建一个充满信任、尊重以及理解的积极安全的学习环境。每个学生都将获得发展智力、社会、情感和身体潜能的教育机会。

这两个案例都没有描述明确的学习结果或期望成效。每个陈述都主要说明学校和教职工将提供什么，而不是学校要成就什么。这和灌输式教学差不多：过分强调投入，但没有明确的目标和对预期成果的承诺；不清楚应该专门向学习者输入什么。

因此，"基于设计的学校教育"的困难之处包括对使命以及使命意味着什么的思考，而且需要全体教职工共同致力于辨析和缩小愿景与现实之间的（不断变化的）差距，还要重组教育结构以更好地实现它。

对于使命的集体承诺与真正的专业化

基于设计的学校教育反映了逆向设计的含义；也就是说，由我们所期望的结果来决定内容重点、评估和教学方法。

鉴于所追求的优先成就，我们的挑战不仅仅在于需要分析出哪些**内容**是适合或不适合的，还包括哪些**教学法**和**评估**是适合的还是不适合的。在教学中，过程和内容是随着目标动态变化的。我们对教与学的个人习惯、适应程度及个人信念不能成为选择方法的主要来源或标准。课程和评估也是如此：如果没有从长期学习目标出发的课程设计和评估，我们依然会被过度围绕内容而不是使命去设计课程的错误习惯所困扰——评估也会是如此。

目前，几乎没有学校以协调一致的方式来追求共同使命。事实上，许多学校的文化和运作方式都反映在一位资深校长的评论中。我们正在和他讨论学校和部门在目标上达成共识的必要性，他说这是不可能的。当我们说："你是校长，你可以通过教职工会议去做一些事情，让教师们达成共识。"他讽刺地说："校长？不，我不是校长。我只是在教育商厦里向个体户出租铺面而已。"

如果每一个老师，即便是勤奋和高素质的老师，都可以自由地按照自己的意愿进行教学和评估，那么学校的理念就没有意义了。一个有使命责任的机构的重点是，不管我们之间存在什么分歧，我们都要负责任地以协调一致的方式来达成一些约定的成效。在一所学校做老师，这就意味着我们同意在一些基本目标和方法层面达成共识。协同无私地共同实现这些目标才是真正专业化的表现。

我们认为，教育者都是有良好意愿的，但有时候太天真。我们倾向于认为自己正在为学校里的孩子做着最好的事情（尽管我们从来没有验证过这个假设）。

相比之下,运动教练或者乐队队长却从不这么想,他们总能依据公共的和广泛认可的目标和榜样获得反馈,不断地做出调整。

但是教师们也有很多无奈。在相互隔离的房间中上课,单凭着自己的习惯 与信念,脱离教学的长期效果和对结果的冷静分析,在这样情况下,教师们是被画地为牢了。教师们可以简单地讲授学科内容,或者开展最有趣的活动,而不必担心那些超出能力或与内容无关的过高的目标。更糟糕的是,一些教师,尤其是一些中学或大学的教师,相信学术自由赋予了他们完全的自主权来决定教什么、怎么教,以及收集什么证据。

但是,即使我们能有效地实现个人目标,这一成就也与履行和达成机构目标相距甚远。许多学校和学院在不知不觉中缺乏效能感的一个关键原因是,日常的教学计划与实施很少接受面向长期机构目标的检查。在几乎所有的学校,都没有有效的反馈机制或验证过程来比较个人的短期行动与长期的机构目标。事实上,许多教育工作者都这样:在没有外部客观标准的情况下,很少去验证教学内容、教学方式或者评估方式是否正确。要想削减这种失调的状况,履行使命并实现长期目标,我们需要一些当前大多数学校和学院都不需要的东西:一个治理系统和一套标准,用以确定与使命相关的成就对我们的要求。

我们后面还会讨论,这种观点与教师应该享有创新自由的观点并不相悖。事实上,我们认为**只有**采用明确的目标和结果来评价实践(无论是传统的实践,还是创新的实践)时,才有可能实现有效创新。事实上,"基于设计的学校教育"的基本问题是:我们在哪些地方**必须**达成一致? 又在哪些地方可以乐见不同? 考虑到达成一致的共同责任,我们应该如何探索创新以激发更好的表现? 考虑到可以有异见的自由领域,我们又应该以使命之名尝试分享哪些创新? 很少有老师会深入地考虑这些问题(或者被管理者询问过),然而这些问题的答案是使学校目标更加重要,使教师的工作职责更加清晰的关键。(我们在后面的章节中将讨论教师和领导者的工作职责问题。)

学校使命和州立标准

"但州立标准不就是我们的使命吗?"不完全是。的确,它们代表了具体的责任,反映了我们目标的一部分。但具体内容领域的标准很少明确解决学校教育的长期目标,也未曾尝试去包含每一个重要的教育目标。除了这些通常具有高度影响力的介绍性声明外,许多州立标准都采用了长篇大论的方式,其中通常包含无用的内容、过程和表现指标的混合体。无论是好是坏,这些标准都是被有意地构建为每个独立学科核心内容的解析汇编,而不是想象着如何将这些列表规划成一个连贯的、聚焦目标的课程,或是应该如何以最佳的方式来教授。

事实上,很多州的标准文件已经针对教师过分依赖他们熟悉的标准列表提出了明确说明。例如,在新泽西文件中出现如下警告(新泽西教育部,2004a):

> 虽然我们已经为不同学科开发了《新泽西州核心课程内容标准》和累积进度指标,但采用这种熟悉的方法主要是为了组织交流的方便简洁。**其实,我们针对本州学生所要达到的成就还可以用更综合的术语来描述,还可以更准确地反映学生们未来将如何应用所学。** 因为学生可以通过多种方式获得知识和技能,而跨越内容领域的学习,充分地利用这些资源取得更高层次的结果才是最富有成效的事情……**虽然这些标准是按着各个分立的学科来组织的,但这并不意味着每个标准只能通过特定内容的课程来达到。** 学习的本质是一种整合的方式,需要通过学校围墙之外的经历,例如社区服务、导师带学和结构化的学习体验等来强化。(引言)

正如我们之前所说,标准应该被认为是新建筑必须满足的建筑规范。它不代表期望结果的蓝图或模型。标准是在建筑或教育中都要遵守的规则,而不是成功的愿景。符合标准是必要的,但还不够,达到标准不是设计的目的。建筑师和承包商并不把所有的工作都集中在落实建筑规范上,教育工作者也不应如此。关键是要尊重标准,同时不断地追求卓越教育的愿景。

我们认为有必要更好地帮助教师和管理者理解标准(及其内在的局限),以及如何将它们转变为课程,尤其是转变为高质量的校本评估。这恰恰是在学校层面关注使命的新课程框架必须要做的,我们在后两章中讨论这一点。

许多教师错误地认为,我们面临着一个两难的境地:要么按照内容标准教学,要么追求更有价值的长期智力目标。这种错误的认识,是源于我们未能编写出既体现使命又符合学科内容的课程。为了了解这是如何发生的，让我们回到前面提到的一个来自加利福尼亚的社会研究课（历史-社会科学课程框架和标准 30 委员会，2005）的使命陈述，以了解怎样在践行使命的同时应用标准：

> 作为历史社会科学领域的教育者，我们希望我们的学生认识到社会、经济和政治问题的复杂性。我们希望他们有能力去区分什么是重要的，什么是不重要的。（第2页）

如果这个使命实现了，我们将会看到什么？我们可以想象学生们会做什么来反映这一成就呢？这里有几个例子。我们将看到在美国史和世界史方面的校本评估，要求学生在极少的提示和暗示下，做好这些任务：

- 根据历史事件的重要性进行排序，并解释为什么要这么排。
- 解释关键事件的复杂原因，而不只是关注一个或某个最明显的原因。
- 解释为什么某些历史解释过于简单化。
- 创造思维导图，展示一个历史时期或一个阶段的社会、经济和政治联系，并口头解释。

我们会看到这些任务为学生（在有指导或没有指导的情况下）提供了大量机会，让他们自行确定有关历史事件的重要结论、论点、原因和影响。要完成这些任务，学生需要使用教科书以外的资源，因为教科书通常只是告诉学生什么是重要的，而不是帮助他们看到知识的复杂性和内在关联。

正因为教科书有如上缺点，越来越多的州（如纽约和格鲁吉亚）开始在标准后面附加"迷你"版的愿景陈述（通常称为"表现指标"或"成功指标"），帮助教师不再致力于"讲完全部知识"，而更加关注如何应用这些知识达到预期成就。以下是佐治亚州"语言艺术标准"的一个例子（佐治亚州教育厅，2007b），我们可以从中看到八年级学生所要达到的标准：

> 学生表现出理解力，并能对各种文学和信息文本进行合理解释。
>
> 对于文学文本，学生能识别不同体裁的特征，并通过以下方法提供阅读证据：

a. 确定文学作品中的主题概念,并说明作者的写作目的。

b. 比较两种或两种以上体裁的特征。

c. 分析一个角色的特征、情感或动机,并从文本中找出支持证据。

d. 比较来自不同历史时期的文学人物在面对相似情况或冲突时的动机和反应。

e. 从不同的方面评价重复或相似的主题,区分不同的主题。

f. 评价情节的结构要素(如:次要情节、高潮),情节的发展,以及冲突的解决(或尚未解决)方式。

g. 分析和评价风格、形式、修辞和图像的影响,以发现其中的文学意义:

i. 风格(如头韵、拟声词、内韵、韵式、韵律)

ii. 修辞(如明喻、暗喻、拟人、夸张、象征、意象)

h. 分析和评价作者如何使用词语创设文风和气氛,并用文章中的细节来说明(8 年级 ELA 标准)

这些指标的加入是为了帮助教师认识到内容标准不是也永远不会是重点。在一篇名为"课程常见问题"的文件中,佐治亚州教育部门(2007a)明确表示,此文件的目的就是为了阐明期望的表现:

4. 什么是表现标准,为什么它是对以往课程中所使用的内容标准的改进?

表现标准比以前课程中使用的内容标准要深入得多。**表现标准**包含了**内容标准**,内容标准只是简单地告诉老师什么是学生应该了解的概念(也就是说,老师期待学生掌握什么概念),表现标准通过三个额外的项目在内容标准的基础上进行了拓展:**建议的任务,学生作品范例,以及老师对这项工作的评价**。

表现标准为评价、教学和学生工作提供了明确的期望。他们定义了证明达到标准的工作水平,让老师知道"怎样好才是足够好"。

部门和年级团队的目标

逆向设计的逻辑及对愿景的强调,使总体目标更加具体、更具强制性,这说明学校所有课程也都应有明确的长期目标和指标。在部门和团队层面上,制定目标说明和收集与目标相关的成就证据尤其重要,这就是实践层面的关键点。如果不这样做,在学科日常的计划、教学和评价中,使命要么是徒有其名,要么就会被忽视。

在大学里,位于密尔沃斯(Milwaukee)的阿尔维诺学院(Alverno College)可能最著名的一个例子,整个大学都聚焦于发展整合且跨学科的长期成就。在过去的 30 年里,阿尔维拉大学的教职工已形成了一个"以能力为基础的本科教育"框架,其中包括八大能力:(1)沟通,(2)分析,(3)解决问题,(4)评价决策,(5)社会互动,(6)发展全球视野,(7)有效公民,(8)参与审美。每个学术项目都要在这八大目标下确定自己的优先目标。各院系的教职工致力于开发项目和评价,以实现与每一个目标相关的成果。每位教职工都有两个不同的角色:一个是学术部门的成员,另一个是八个能力委员会(这些委员会负责研究相关能力并开发相关评价)的成员。这种结构确保了重要的能力点始终处于可掌控的范畴,并且院系目标总是与更大的使命相关联。

现在让我们看一下阿尔维诺学院的院系层面的使命。这里有历史系和生物系的两个例子:

> 历史系——我们整个系的老师坐下来一起讨论,"**凭借所掌握的历史知识,历史系的毕业生应该能够做什么?**"。 为了回答这个问题,我们反问自己:对我们来说,以历史的思维进行思考和行动意味着什么?诸如此类的内部讨论形成了以下高级目标:
>
> 学生——
> ● 确定影响过去人们看法和行为的文化基础假设,并确定影响自身看法和行为的因素。
> ● 识别和批判历史学界过去用来建立一致解释的理论、概念和假

设……

● 为自己对历史的解释负责,在各种个人和专业场合公开阐述并维护自己的观点。(2001b, p. 2)

生物团队(科学系)——我们相信,不管学生具体的职业目标是什么,我们系的毕业生应该在生物学方面有以下成就。

学生——

● 准确地解释生物信息,并说明对科学分析局限性的理解。

● 在生物数据收集和分析方面具备熟练的图书检索、数据分析和计算机技能。

● 设计、实施,并有效地解释生物实验。

● 将生物学概念应用于环境和社会问题。(2001,第 3 页)

这些例子向我们展示了如何将内容相关的短期目标与素养相关的长期目标联系起来。我们不仅要说明学习的知识是什么,还必须说明什么是成功的、长期的知识应用和思考。换句话说,我们必须根据学习者应用知识的想法和表现来制定目标。教师和学生必须将知识学习视为实现更长远目标的手段,而不是目标本身。

以下是来自纽约的斯卡斯代尔高中(Scarsdale High School)的课程理念和目标陈述的一个例子,这个例子更加明显地说明了这一点:

社会研究课程的主要目的是把学生培养成为具有成熟思想的人,在日益复杂、文化多元和不断变化的世界中,他们将能够通过扎实的学识和技能成功地发挥作用。社会研究课程必须为学生提供理解知识所需的框架,处理信息所需的技能,以及理解和欣赏来自不同背景文化的人的能力……

我们进一步认识到,学生只能通过"做中学"来理解历史,也就是说,学生必须积极参与教育过程,研究初始和二手数据,辩论、扮演角色、辨别和思考关键问题,通过批判性思考的过程得出自己的结论,才能达到我们的预期目标:让我们的学生在国际社会中具有交流实力,为他们提供过好个人生

活和公共生活的能力。（Scarsdale High School）

接着上面这段话的是一个具体的，关于知识、能力和价值观的通用目标清单。

一个目的明确的机构可以将数百个看似离散的任务、活动和目标转变成一些关键的任务目标和成就。高成效的学校注重这些目标，并据此开发最有可能实现这些目标的方法和途径。换句话说，拥有一个使命并重视它，会让我们永远不会忘记作为教师或学习者的首要任务，不会混淆"紧急"和"重要"（来自柯维①的至理名言）。

所以，在任何有效的教育机构中，都有一些关键的要素指导着具体行动和结构：

● 面向学习者成就的长期目标（使命）。

● 不同形式的明确表现和指标，通过这些不同的形式，学生的成就可以在学科或跨学科的领域中展现出来，而从中获得的评估证据可以去对标愿景的实现程度。

● 关于如何运用方法（内容、方法和资源）开展活动，以达到预期结果的指导原则。

熟悉《追求理解的教学设计》（Wiggins 和 McTighe，2005）的读者可以认识到以上三个要素反映了逆向课程设计的关键阶段：**确定预期结果**；根据这些结果，**确定所需证据**；并确定必要的**学习和教学**，以生成取得成果的证据。

使命如果得不到落实，就会成为陈词滥调。那么，如何通过开发课程来落实使命呢？如何开展校本评估才能确保形成那些指向成功表现的关键思维习惯？不用劝导或灌输，我们如何让长期的智力目标变得更真实、更必要，并与内容标准挂钩？我们将在第二章讨论这些挑战。

---

① 译者注：史蒂芬·柯维（Stephen Richards Covey），美国著名的管理学大师，著有《高效能人士的七个习惯》。其中的一个习惯是"要事第一"，他把身边的事情分为重要而紧急、重要而不紧急、紧急而不重要、不紧急而不重要的四类，而高效能人士就是要有毅力将时间和精力向"重要而不紧急"的事情上分配，久而久之，就会变得游刃有余，提高效能。

行动建议

● 找到贵校或贵学区当前的使命陈述。在教研会议或在培训期间分发该陈述，并与教师们进行讨论。讨论时可以考虑如下问题：

◇ 我们在多大程度上认同这个使命陈述？

◇ 学生和家长知道这个使命吗？他们是否理解并认同它？

◇ 是否缺失了重要的教育目标？应该添加或更改什么？

◇ 这个使命在多大程度上影响我们的日常工作？

◇ 为达成这个使命我们做了些什么？需要什么证据来回答这个问题？

◇ 我们能做哪些改变使此使命更可实现？

35 ● 让**每个**老师在学生们独立或合作学习时提出以下问题：我们为什么要研究这个？我们正在做什么？我们为什么要这么做？这与我们过去几天和几周所做的事情有什么关系？这对我们的长期目标和学习重点有什么帮助？要求教师们汇总学生的回答，并在之后的教研会议中分享和讨论，这些回答说明了什么？

● 通过一个名为"描绘毕业生形象"的练习来引导教职工。这一练习是这样开展的：以个体为单位，要求教职工思考几年后他们所在学校（如中小学校、大学）的理想毕业生是什么样子，并通过书面方式形象地记录他们的观点。换句话说，我们希望从毕业生身上看到哪些方面的知识、技能和品性？他们应该是什么样子？他们应该如何行动和生活？然后，四个或五个教职工组成一个小组，让他们分享交流各自的描述，并尽可能地达成一致意见。把这些意见记录在大白纸上，然后把这些大白纸挂起来，供各组成员走动浏览，这样整个团队就能看到所有的想法。将这些想法综合起来，就为集体使命的形成提供了一个良好的开端。

● 分析州/国家标准（包括其导言部分）来辨析长期目标和思维习惯。

第二章 学校课程应该做什么？

形式服从于功能——这句话被误解了。形式和功能应该是一体的，其内在 36
是精神统一的。

——弗兰克·劳埃德·赖特（Frank Lloyd Wright）①

在第一章，我们提到课程应当源于使命。课程（Curriculum）从字面上理解是"运行课程"以达到最佳的预期效果。换句话说，任何一门课程都是从预先确定好的目标中产出的。只有当我们清楚地知道应该取得什么样的结果时，我们才能设计出最好的"课程"去实现它。课程是实现我们目标的一种手段，因此要从目标中逆推出来。美国新英格兰院校协会（New England Association of Schools and Colleges，NEASC）②认证标准在标准2中强调了这一点：

> 课程（Curriculum）是学校履行其使命宣言和满足学生学习期望的正式计划，它包括了课上教学（Coursework）、课外活动和其他经由学校批准的教

---

① 译者注：弗兰克·劳埃德·赖特（Frank Lloyd Wright），工艺美术运动（The Arts & Crafts Movement）美国派的主要代表人物。美国的最伟大的建筑师之一，在世界上享有盛誉。赖特师从摩天大楼之父、芝加哥学派（建筑）代表人路易斯·沙利文（Louis Sullivan, 1856. 9. 3 - 1924. 4.14）后自立门户成为著名建筑学派"田园学派"（Prairie School）的代表人物，代表作包括建立于宾夕法尼亚州的流水别墅（Fallingwater House）和世界顶级学府芝加哥大学内的罗比住宅（Robie House）。赖特与瓦尔特·格罗皮乌斯（Walter Gropius）、勒·柯布西耶（Le Corbusier）、密斯·凡·德·罗（Ludwig Mies Van der Rohe）并称四大现代建筑大师。

② 译者注：美国新英格兰院校协会（New England Association of Schools & Colleges，NEASC）成立于1885年，是美国成立最早的教育认证机构，总部设在波士顿，是被美国教育部认可的六大认证机构之一。NEASC主要负责评估认证美国康涅狄格州、马萨诸塞州等州的基础教育、初等教育和高等教育的学校和院校，服务于包括哈佛大学、麻省理工学院、耶鲁大学、康涅狄格大学等在内的2 000多所公立和私立学校、学院和大学，同时在世界67个国家开展业务。

育体验。课程是与学校理念、学生学习期望及其教学实践息息相关的。这种联系的强弱取决于专业人员对课程进行全面且持续地评估的承诺和参与程度。(公立中学委员会,2005,第4页)①

这听起来很容易懂:从表现性目标(这是"输出")衍生出课程内容及其必要的教学活动(这是"输入")。按理来说,课程是为了回答下面这个问题而出现的:"如果这些目标是学习者应该在学校完成,并且准备在将来要实现的,那么学习计划应该是什么样的,什么样的学习方法和教学策略才最有可能帮助我们实现这些目标?"我们还曾说过,学校教育的主要目标是培养学生的理解——即有意义的学习和迁移的能力——以及这种理解所允许和产生的相关思维习惯。因此,课程框架必须突出强调理解和思维习惯是学校教育目标的核心。

但是正如读者们所知道的,高等院校、中小学校和学区里的典型课程并不是这样开发的。多年以来,课程是围绕着各个学科领域内的重要主题和层次结构来构建的,如南北战争、细胞组成、除法计算,以及小说要素等。然后,我们在这些"内容"之前放一些动词,就称之为一门课程:如"了解南北战争""识别细胞组成""应用除法计算"和"描述并运用小说要素"。即使前面有动词,这样的内容列表也绝非课程,而只是一些内容清单。

我们在这一章和下一章中的主张是,这种众所周知的课程构想和编写方式存在根本性缺陷。而这种典型的课程编写方法正可以解释:为什么灌输式教学会占主导地位,为什么思维习惯会被忽视,以及为什么以理解为中心的目标在学校教育中未被注意。我们通常从离散内容(或最喜爱的活动,教科书和其他可用资源)中得出课程,而不是从与理解相关的表现性目标来编写课程。掌握内容成为了课程目的本身,代替了那些为迎接与学校使命相关的价值挑战而形成的工具和流程。围绕内容来编写课程,而不去追求理解所预期的表现——采用这样的方法,死记硬背、惰性知识和缺乏迁移只能是常态,而非个例。

课程并不是景点列表,而是一份有吸引力和有效的行程路线。它并不是被教授的"输入"列表,而是一份促使学生产生能够反映预期理解和思维习惯"输

---

① https://www.neasc.org/cps

出"的计划。总而言之,课程之所以为课程,它必须是实现表现性目标的计划,并详细说明学习者是如何通过**与内容相关**的任务来完成重要的理解,而不仅仅只是一份关于教学内容的计划。

在本章,我们将更详细地解释为什么传统的课程编写是开展有效学校教育和改革的主要障碍,并且,我们提供了一个可行的备选方案:将课程构建在不同基础之上、不同类别之中,考虑使命核心追求和项目长期目标,确定课程的预期输出。简而言之,我们提出的这个转变就是:课程改革的关键是从迁移目标和有意义的任务出发逆向编制课程,这些任务要求学生能够明智地运用所学内容(即完成任务所需的关键思习惯,比如批判性思维和坚韧的意志)。让我们使用一下经常与课堂改革相关联的短语,所编写的课程必须有助于学生在学科中"做中学",而不仅仅是学习学科的即有发现。我们必须开始做体育教练和艺术教练们早已开始做的事情:根据"比赛"的要求来编写学校课程,而不是呈现相互割裂的练习列表。我们必须向教师提供建筑师提供给施工者那样的材料:一份蓝图,旨在说明局部如何与整体相关联,以及怎样推导出一份工作计划,以确保"建筑物"最终成为所预想的结果。

38

必要的材料:一份塑造课程的蓝图

一个复杂的学校教育和一栋错综复杂的建筑物很相似,如果没有一份蓝图,就不能很好地建成。任何一份蓝图都要实现两个重要功能:一是它超越口头或视觉模型,允许我们更具细节地设想预期结果的内部是如何互相关联的;二是它使我们能够从中得出一个合乎逻辑且有效的工作规划。建筑师设计蓝图是为了使承包商、分包商和工人们都能够合理地规划并成功完成建筑施工。其目标是确保所有离散的工作合起来时能够一致且连贯地实现大的图景。

为学生设计和构建学校课程与此相比并没有什么不同。从学校使命来逆推,需要一个对等于建筑师蓝图的规划,每个人都可以从中构想出最终结果,并可以制定一个源于且支持共同长期目标的、一致连贯并且合乎逻辑的工作规划。我们当前所了解的、或所编写的课程往往就缺乏这样的规划。从学校的使命出发来逆推课程,能将所有教职工团结在共同的事业周围,而事实上,几乎所有的课程都没有做到这一点。如目前所写,绝大多数课程都在鼓励和帮助教师去做最糟糕的事情:完全按照自己的方式去编写,各做各的,很少甚至不去考虑学校的长期和综合性目标。由于这种方式强调的是与其他内容相互隔离的短期内容目标,专注于内容的掌握而非关联性的理解,因此我们不可能产生一个统一且持久的"课程建设"。

问题不在于个人在所谓的课程中选择哪些内容和活动。因为独立来看,这些选择很可能被教师们在课堂上证明是合理的。问题在于我们赋予课程这个词的内涵——这种文档类型决定了里面应该放什么内容,而学校和学区就是基于这个内涵来进行"课程编写"的。

在当前的学校框架中所开发的、典型的、基于内容的课程注定要失败的。为了更清楚地说明原因,让我们来沿用建筑、蓝图和施工这些隐喻。思考一下,如果施工方(分包商和工人)只能在许多设计师实时指导的情况下才能"施工",住房会改造成什么样子?

● 这里没有蓝图,只有一些画在餐巾纸背面的粗略草图,和一个罗列着许多可能会用到的建筑材料和施工活动的长长的清单。

● 这里有几十个来了又走的分包商。新的代替者来接管,但却没有尽到继续前人工作的义务。他们彼此说着不同的语言,并且彼此独立地工作。每个人对餐巾纸上的草图都有许多怪异的解释,而且团队之间对于草图真正的含义以及工作应该采取的做法,彼此意见并不统一,但又没有尝试去解决这些分歧。

● 分包商与他们的工人不想着和其他施工者合作,他们各自为建筑物的各个部分制定计划,而且他们在不同的地点建造房间,却希望当他们带着所完成的部分返回时,这些部分自然会以某种方式适合于整体。但可悲的是,那些接替的工人们只想着他们自己的工作能够顺利完成,而并不真的在意这些零散的部分是否合适。

● 工程进度仅仅是根据餐巾纸上的草图和材料清单。建筑商很少甚至从未停下来去考虑将会住在这间房子里的客户是谁,这些客户的需求和喜好是什么。没有人会去跟客户讨论,除非需要客户去做一些工作的时候。当有人建议在施工的时候,与客户协商过后的蓝图会更有效,一些分包商和工人根本听不进去,还抱怨他们的专业水准和创造力受到了羞辱。

● 分包商们主要依靠他们自己对建筑物应当是怎样的职业意识，而不是通过与客户合作的方式，梳理出客户的需求和喜好，并从成本和效益等方面对客户进行指导。一些分包商对于哪些建筑功能可能会是好的有着自己的想法，然后他们就开始去建造它们。

● 一些分包商认为当他们在施工现场堆放完工具和材料，并向客户指出每种工具和材料的用途后，他们的工作就完成了。

● 建筑工人们很少一边工作一边对其进行测量，因此，当他们的零件与其他零件不匹配时，他们经常会感到沮丧。

● 没有人能够确定建筑规范的标准是什么，一些老员工甚至不关心这些。分包商们甚至无法预测他们所做的是否会通过建筑检验。他们会怪罪于那些建筑检查员，一旦他们的建筑检验未通过，便咒骂建筑规范标准过严。

● 一些分包商明知所用的材料不符合标准但仍然继续使用它们，只是因为这些材料是该区域内的建筑公司唯一能够买到并交付到施工现场的材料。

● 有一个进度指南，用于确保所有材料能按任意日程去使用，无论天气是否有利于开工，施工是否合乎逻辑或是否满足客户需求。

● 在建筑施工临近结束时，当客户抱怨施工不符合他们的需求和喜好时，分包商则会反驳说他们已经做了该做的工作，除此之外的任何事都不是他们的责任。

● 一座三层楼的建筑，每一层都有其独立的建筑师，但他们从来没协商过。

唉，我们相信这个隐喻准确地描述了学校教育的"施工"情况，因为学校教育就是在没有根据使命进行深思熟虑规划的情况下开展的。教师"分包商"只是提供了教学内容长长的清单，并将其分发到不同的教室，使得这些内容相互隔离地去形成一个整体。作为"工人"的教师很少与其他楼层（即其他年级）的教师"工人"进行讨论，甚至更少地与其他区域（即其他学科领域）的教师交流。国家标准就像建筑规范一样是很少为人所知，其中，国家统考代表着对建筑工程的总结性验收。（哦，还有，建筑检验是即时就可知道结果，而外部测试结果往往会延迟到几周或几个月之后才会到达！）

至此，必须明确的观点是：就像建筑一样，一个考虑周全且精心设计的蓝图和一个旨在实现预期结果的工作计划，这些在学校教育中是必不可少的。模糊的愿望,高涨的精力,良好的意图,长长的"材料"清单(即教学内容和活动),以及一个有着零碎的建筑施工程序的个人作为(即教学策略),这些本身是不能取得最终成功的。为了践行使命我们必须要有一个详细地计划来回答以下这些与目标相关的问题:**哪种类型和质量的表现和产品意味着使命的实现?我们需要在课堂教学中观察到什么才能算作是实现使命?**目前,绝大多数课程编写的方法均忽略了对长期目标的需求分析,而这种分析是至关重要的。教师们没有从实现使命出发去倒推每门课程的教学大纲。因此,许多教师最终都会在离散和孤立的课程中去"灌输"各个年级的学习内容,就像参与随意 DIY(Do It Yourself)项目的房主一样。

这也就难怪学校的大量课程文档会经常在课程主管和教师们的书架上堆满尘土!因为这些文档只是概述或说明了一些相互离散且孤立的主题和活动,而没有为教师们提供一个条理清晰、有效的,且能实现使命的计划(指导教师将教科书作为资源来使用,将离散的内容整合到目标明确的工作之中)。

教育研究者罗伯特·马扎诺(Robert Marzano,2003)[①]从大量相关研究的元分析中得出如下结论:"既有保障又切实可行的课程是在学校层面上影响学生成就的首要因素。"(第 23—24 页)现有课程存在这么多不足,就难怪学校及其改革总是让人失望了。

聚焦使命的课程蓝图

那么一份新型的课程蓝图应该是什么样的呢?我们需要采取什么样的方法来构建和编写课程,以避免产生那些相互孤立的、过长的内容及活动清单呢? 一份教育蓝图,像建筑师的蓝图一样,首先必须是要基于一个愿景——对理想的描绘和关于梦想的物理模型。简而言之,我们首先需要知道的是我们成功地达到预期目标实际上是什么样的。其实就是我们使命的愿景。所以,参照许多使命

41

---

① 译者注:罗伯特·马萨诺(Robert J. Marzano)是美国教育研究者。他对基于标准的评估、认知、高产教学策略和学校领导等课题进行了教育研究和理论研究,包括为 K‐12 学校的教师和行政人员制定实用的方案和工具。著有《教学的艺术与科学:有效教学的综合框架》《培育智慧才能:学习的维度教师手册》等。

陈述中所出现的"批判性思维"这样的例子,我们必须先设想一下:"如果学生在历史、数学、科学、阅读等学科上都具有批判性思维,他们将能够处理如下的挑战……而且他们的作品和表现将显示出这样的特点……"无论这些问题的答案是什么,课程设计都应当尊重愿景,使其具有更大的实现可能性。

建筑模型之后需要有蓝图:它是极其丰富而又紧凑的文档,详细说明了基础设施是如何相互关联地形成一个整体的。这份蓝图不仅为我们提供了实现目标的各种不同角度的视图,还总结了各种诸如铺设管道、供暖、木工等分立的工作在最终的结果中是如何汇集在一起的。因此,任何成功的学校教育设计都必须从等同于建筑蓝图的课程文档开始,而这个课程文档要从预期结果出发逆向设计。课程文档必须显示出学习者应该如何应用知识来呈现有意义的表现,以及个体教师的工作应该如何汇集在一起。

在具体实践中,这种设计方法意味着在考虑课程的内容和顺序之前,我们必须为每个学科的批判性思维设计**评估框架**。这个评估框架必须允许迁移、意义建构或是追求理解。为什么要从评估开始呢? 因为在决定如何教之前,首先需要知道从学生预期的输出结果来看,我们最终要**实现的使命**是什么样子的。只有这样,课程才能制订出实现如此表现的最佳路径(即工作计划)来。我们用一个简单的类比来说明这个问题,只有当你对构成奥运会十项全能运动的各个项目有通透了解时,你才可能为运动员设计出可以"摘金夺银"的训练方案。总而言之,明确最终的预期表现(即追求理解教学中的预期结果),是确保教学针对性和目的性的唯一方法,毫无目的和不加选择地灌输内容是行不通的。

由于这个观点与教师们所习惯的观点不一样,所以让我们从不同的方面再来解释一下:

● 课程的目标不是对知识"走马观花",而是从一开始就要学着去应用和探究这些知识。因此,课程与有效的、重复发生的表现性评估任务的设计是分不开的。

● 如果课程目标是自主迁移和意义建构,那么课程必须设计成从一开始就给予学生自主迁移和意义建构的实践,并通过评估来清晰地说明,"自主迁移和意义建构"才是真正的目标。

● 学术课程必须要像法律、设计、医学、音乐、田径和早期识字等课程一样,从一开始就将熟练的表现作为目标。

　　　这种基于表现的课程不仅需要先期就明确关键评估和示例，而且还需要一个全新的框架，以确保在课程、单元和单课中，将短期工作聚焦于与使命有关的长期成就。简而言之，我们需要一个新的课程文档模板，以便让教师开始像教练（而非内容提供者）那样去思考。

　　　这个基于成就的课程（accomplishment-based curriculum）理念并不是全新的。事实上，在技术教育和艺术方面，这种基于表现和能力的课程（performace-based，competency-based）已经存在许多年了。美国教师联合会（American Federation of Teachers，AFT）著名的前任主席阿尔伯特·舒克（Albert Shanker）在20年之前就指出，美国童子军（Boy Scouts of America，BSA）荣誉徽章体系就是学校改革中的典范。最近，美国SCANS（Secretary's Commission on Achieving Necessary Skills）研究报告（1991年）同样建议课程改革，要使其更加聚焦于知识迁移，和我们在第一章所说的一样。赛泽（Sizer，1984，第222页）的基础学校联合体（Coalition of Essential Schools，CES）和施莱奇（Schlechty，2001，第107页）倡导的"有效工作"提供了确定有价值工作的核心原则。但至今还未有人以切实可行且详尽缜密的方式，提出一个围绕以上理念来重建主流基础教育学校的方法。这正是我们将在以下几个部分中要阐述的。

　　　在本章接下来的部分中，我们提供了关于这个新框架的概述；而在下一章中，我们将通过实例来详细描述本章建议的课程要素。在后续章节中，我们还将探讨那些为提升学生成就而制定的课程中所需的支持性角色定义及其职责说明。

从预期表现出发逆向设计课程

　　　如前所述，传统的学校课程编写中最基本的缺陷就是，经常与所预期的最终结果背道而驰。因此，当我们说建议教育工作者首先要做的是设计一个评估体系，指的不是那些纯粹地面向知识掌握的传统测试，而是能够体现使命和项目目标的有意义且真实的表现。把这些表现看作是反映出学科关键挑战和成就的"关键"表现（如荣誉勋章的必备条件），体现以"做中学"为核心主题内容的本质。

以下是一些学科中学生将会面临的挑战例子：

- 在科学课上,设计和调试一些重要实验。
- 在历史课上,构建一个对于证据和推论都有效且极具洞察力的描述。
- 在数学课上,量化并解决那些令人困惑或复杂的现实世界问题。
- 在世界语课上,成功地翻译出那些复杂的习惯用语。
- 在交流沟通课上时,成功地为特定的意图和高要求的读者而写作。
- 在艺术课上,创作/表演/批判一件复杂且精致的作品。

像体育比赛或戏剧表演一样,这些重要的表现要求就是要通过对有意义学习的追求和对先前学习的迁移来体现关键学习目标。此外,只有在学校和项目的使命陈述中突出强调了必要的思维习惯时,才能设计出这样的挑战来。

将课程看作是迁移知识和有意义理解的载体,这是很有价值的,为了说明这一点,让我们来看一个高校中的"市场营销课程"的课程大纲,这个课程大纲就是聚焦成就的大纲的例子：

课程学习目标

我们将注重实践而非简单地记忆：除了学习消费者行为的核心概念外,你将掌握针对消费者行为进行特定分析的技能。核心理解及其伴随的任务包括：

1. 没有一个营销人员能够让同一产品成功地满足所有消费者,因为消费者的背景特征和消费偏好均有所差异,所以营销人员必须选择有相应需求的消费者。分析消费者行为是对市场营销核心概念——市场细分的具体应用。

- 认识影响消费者购买特定产品的相关背景特征,如文化和价值观、人口特征、个性特征、生活方式,消费者心理和相关人群等。
- 确定产品最重要的背景特征。
- 具体说明最适合的、最可能需求该产品的目标消费者。

2. 消费是各种行为过程(包括心理和社会)的复杂结果,允许个人满足他或她自身的需求。

- 分析消费者在完成其购买过程时所经历的心理和社会历程。

● 确定消费者阶层所产生的心理和社会历程的差异。

3. 任何消费行为都是买方和卖方之间一系列互动的结果,但它的发生受到交易中没有参与交易的其他人有意识和无意识的行为影响。这反映了外部环境对当代社会消费者和营销人员的影响。

● 识别出涉及到消费者行为的消费者、营销人员和公共政策行为者。

● 确定受公共政策行为者影响而产生的产品购买行为的相关问题。

4. 由于消费只是消费者的许多活动之一,营销人员和想要影响消费的公共政策行为者必须广泛地了解人类行为,以便最有效地影响特定购买行为。

● 分析营销沟通和购物环境对消费者行为的影响。

● 确定人际沟通对特定产品消费所起的作用。

● 在决定采用新产品时,探索并预测消费者将采取的行为过程。

(这是一份来自新泽西大学的课程大纲)

请注意:以上课程是根据预期结果(即理解和基于证据的表现),而非典型的输入列表(即课程所涵盖的知识和技能)来建构的。这个课程大纲的其他部分是解释如何达到学习目标,如何评估和为所做的工作划分等级,以及根据这些目标,课程表是什么样的。我们认为这些文档对于每所学校的每门课都是必要的。

以终为始:始终围绕表现性目标来建构课程

一门课程必须要与迁移和意义建构等关键成就相关联,否则它就会缺乏凝聚力和驱动力——只有秉持这个理念,我们才能避免盲目地灌输。同时,我们也迫切需要一个有助于践行这一理念的处理机制:一种能够对内容进行有效排序和处理的方法。

太多课程的内容不连贯且太随意,而持续地关注长期表现性目标有助于解决这一问题,为什么呢?让我们想一想人们在考驾照时遇到的挑战。这件事情的长期目标是非常明确的:学会成为一个驾驶熟练、文明守礼、遵守法纪的司机。这个例子显然蕴含着知识迁移的成就。我们无法为你准备好每一个可能会出现的驾驶情景，但是我们可以为你提供充足的技能、知识，助你"过关斩将"，获取驾照，踏上驾驶能手之路。这里所说的目标包括通过笔试和路考（等同于教育中的州里统考和问责要求）。

现在，我们可以这样描述，要成为一个很好的司机，你首先需要熟悉很多信息（例如，道路上的所有规则，你的驾驶汽车每一部分的名称和功能等），并在真正地上车之前就要掌握一大堆离散的技能（比如，如何使用刹车，如何转动方向盘使其回正，如何应对冰面滑行等）。如果驾照就是基于大量的笔试来获得的，我们当然会照着上面说的那样教。但教练不是这样教的。为什么呢？因为我们自始至终关注的是整个学习所要达成的预期表现。所有的"内容"都很重要吗？当然！但我们应该等待十年后再颁发给你驾照吗？不是！学习者所要掌握的目标仅限于纸笔考试中所包含的内容吗？当然不是！我们的真实目标是要学会驾驶，而达到这一目标的关键是要围绕着真正驾驶时将遇到的主要挑战来安排知识的优先顺序并架构学习。

在学生们十六七岁时，让他们能够准备好在真实的道路上真实地驾驶，这一迁移目标塑造了我们的教学方法，迫使我们将知识性内容削减到最低程度，并将其转化为真实有用的驾驶实践——这正是事情的关键。然而，在设计传统的学校课程时，我们迟迟不让学习者在真实情境下应用其所学知识，总是说："你还没准备好，你还需要学习更多的内容。"我们也没有什么方法来精简和修整内容。

在真实情境中应用之前，尽可能多地让学生多学习知识，这样的想法可能是善意的，但它暴露了一个根本性的、有缺陷的学习观点。此观点可以被描述为"爬梯"认知模式。支持此观点的人认为，学生在学习抽象的学科概念之前，必须要先学习重要的事实。同样地，他们还认为，学习者必须掌握所有相关且分散的技能，才能以更为整合、复杂和真实的方式来运用这些技能。

更具讽刺意味的是，这种教与学的观念可能是被布鲁姆教育目标分类学（Bloom's Taxonomy, 1956）不知不觉地加强的。布鲁姆教育目标分类法是在50多年前提出的用于对大学考试评估项目和任务的认知复杂程度进行分类的教育模式。虽然它的本质上是分层的，但布鲁姆分类学从来无意作为学习模式或教学指导原则。尽管如此，据我们所知，许多老师正以这种方式来使用它。

"爬梯"认知观点中的一个实际问题直接影响着低成就的学生。因为他们与那些较为优秀的学习者相比,不太可能会获得与其已有基础知识相匹配的课程表,所以这些苦苦挣扎的学生常常被局限于一大堆低层次的教育教学活动之中,死记硬背那些零散的事实,不动脑筋地进行技能训练。但不幸的现实是,许多学生永远不会有机会越过第一级梯,因而,他们很少有机会有意义地运用他们所学的知识。长此以往,谁还对学习有兴趣?

基于对学习的研究,认知心理学家一段时间以来一直拒绝"爬梯"观点。美46国教育研究协会(American Educational Research Association,AERA)研究员兼前主席洛里·谢泼德(Lorrie Shepard)总结当时的观点如下:

> 学习是"通过一点点堆积知识来实现的"这个概念已是过时的学习理论。当前基于认知心理学的学习模式认为,学习者是在构建自己的知识、发展对于事实和概念之间相互联系的认知地图时获得理解的。(1989,第5-6页)

她的观点在一本广为流传的名为《人是如何学习的》一书中被印证(How People Learn, Bransford, Brown 和 Cocking, 1999),该书由美国国家科学院国家研究委员会出版(The National Research Council of the National Academy of Sciences)。

将操练与比赛融为一体

让我们通过一个有关体育的比喻来思考该理论的实践意义。许多体育教练将技术训练作为学习的一部分。这些技术训练是发展和完善基本运动技能所必需的。然而,教练也让运动员在早期经常真实地去参与这项体育运动,以便运动员们能够在真实情况下去运用这些技能。如果不是为了周末的足球比赛,有多少运动员会在工作日里刻苦训练铲球或传球?如果不是为了即将到来的游泳比赛,有多少队员会在那里无休无止地一圈又一圈地游泳?约翰·伍德是加州大学洛杉矶分校的篮球教练,他被称为卓越教师,他是这样总结他的训练方法的:

伍德教练采用的是系统化教学方法,他将其描述为"总-分"法。他不会脱离情境去教授和练习技能。他经常设法确保运动员们能够理解他们正在学习内容的全景,以便他在介绍和训练这些内容的各个部分时,他们仍然能够理解每一件事情与整体的关系:"我从一开始就向他们展示这件事情的全部(比如,基于策略的完整比赛)。然后,我再把这件事情分解成各个部分,然后再对各个部分进行练习,最终把它们整合到在一起。"他认真地解释了篮球比赛的目的、篮球和运动员们的动向。然后当进攻被分解到各个部分时……每个部分的目的——这个部分是如何适应比赛大局的——才会变得显而易见。(Nater 和 Gallimore,2005. 第 91 页)

不幸的是,对于大多数学生来说,他们绝大部分的学校体验包含的都是去情境化的边缘练习,反而没有机会投身于这项"比赛"(即"实践"这一主题)之中。我们当然不是说基础不重要,但我们认为有意义的学习是通过练习与实践相结合的真实的表现性任务(即进行比赛)来实现的。事实上,正是在相关情境下应用知识和技能的过程中,学习者开始意识到基础知识的重要性并增加了学习它们的意愿。

总的来说,如果不坚持清晰定义的、面向迁移的表现性目标,我们就无法避免学校长期存在的三个问题:(1)目标离散的、超负荷的课程体系;(2)由灌输和离散的(而非面向迁移)练习组成的教学;(3)脱离情境的对于"某一部分"的分散学习。如果没有聚焦于知识"外化"的表现性目标,我们就不知道如何选择、排序和呈现知识内容才能确保学习者的成就和兴趣。

什么是"学科"?

我们可以通过思考"学科"(Discipline)的概念,得出一种重新理解和重构课程的方式。学科在此是一个很有用的词。想一想瑜伽或仔细阅读如下文本:学科的核心是一套关于思维和行为的习惯,而不是一个关于已有发现的列表。正如森格(Senge,2006)所言,一个学科是"必须通过付诸实践才能研究和掌握的一套理论与技术体系。学科是获得某种……能力的发展通道"(第10页)。词典中关于学科的四个定义正接近于我们对基于成就的课程的核心观点。

> 学科：
>
> 1. 为形成具体特征或行为模式所开展的训练,特别那些能够形成道德或智力提升的训练。
>
> 2. 由有章法的训练所产生的可控行为;自我控制。
>
> 3. 一套规则或方法,如规范教会或修道院秩序的实践练习。
>
> 4. 知识或教学的一个分支。

这种基于成就的课程开发理念乍看起来似乎与内容标准和传统学校的培养目标和要求相抵触。而且,有些读者可能会认为与考驾照和参加运动比赛进行类比不恰当。但这其实是一个误解,部分原因是由于混淆了学业目标的本质。许多人错误地将学科教学视为"知识内容",但这并不是"学科"的意义所在。一门学科是一个实现具有挑战性目标的规则方案。在这个意义上,瑜伽和体育都包含着已有"准则"或"正在形成的准则"。学科是关于恰当地"实践"这个主题的全部内容;要避免新手最容易出现的冲动、习惯和误解,以"形成一种具体的特征或行为模式——即基于理解的,新的,更成熟的思维和行为习惯"。(值得注意的是:直到上述学科含义列表中的第四条得到满足时,我们才对"学科"这个术语的内涵有更透彻的理解。)

科学课是一门"学科",因为人们(包括新手科学家)总是习惯于根据已有经验直接得出结果,而要克服这种思维习惯,必须要通过隔离关键变量并对其进行过系统测试等严谨的科学方法才能做到。在这一学科中,你必须要学会科学的方法,对事物进行仔细观察,收集适当证据,并在保持怀疑的同时,合理地推测其影响。所谓的科学方法并不是一种孤立的"技能",而是一套只有通过"实践"才能学会的,运用所学知识进行规划、行动和迁移的技能。同样,历史课上的"做中学"目标就是要避免"当下中心"和"简单归因"。人们必须学会像记者/策展人/历史学家那样学习历史这门学科。如果只是去学习那些事实性的知识或"纸上谈兵"的技能,鲜有可能会使你变成"受过学科训练的"人,就像只练习分散技术无法成为优秀的篮球队员一样。

让我们一起来回顾下第一章介绍的修订后的关于"公平和集中趋势"的数学单元例子。基本问题("什么是公平,数学是如何帮助我们解决这个问题的?")和学习者需要完成的"最公平的学校评分制度"的迁移任务,不仅包含着数学中的"实践",还要仔细观察学科中与此问题相关的模式和答案,而不是直接得出未经思考和没有依据的结论,也不是仅通过知识内容来理解当前经验。这个例子说明了将迁移作为目标的本质就是:学习"章法"能够有效地在有意义的情境之中应用先前所学。要想在有价值和复杂的任务中获得成功,就必须具备某些思维习惯,于是将这些任务设置在课程之中,也就成为培养思维习惯的正确方式。

确定所需训练的关键章法

一个设想我们所提出的课程改革的简单方法就是,想象每一个学科领域都不是由它的知识内容而是由它的关键表现来定义的,这其中的挑战不止需要知识和技能,而且要有强大的章法,例如,明智地控制各种各样的"动作"。换句话说,每个学科领域都有一套自己版本的"奥运会十项全能项目"或"童子军荣誉徽章":一套有价值的、多样化的表现性任务,这些任务能够具体地代表长期期待达成的成就——这就是通过"做中学"得到的学科"章法"。

那些包括了思维习惯和关键表现的评估任务将以两种方式"抛锚"在课程中:一是通过它们来重塑教学,确保其为迁移做准备;二是在各个年级反复出现,只是特定任务的难度和所需能力水平有相应变化。就像是田径运动、艺术和专业训练这样的任务一样。我们并不是要将这些复杂任务设定为不同等级,而是像空手道,潜水和职业认证那样,把挑战设为不同级别。

每年都会重现的关键表现挑战什么样呢?这里有几个例子:

● 在历史学科中,无论是小学一年级关于操场打架的口述历史,还是在高中三年级利用一、二手资料所开展的大学先修项目,一个关键的挑战都是要具有将凌乱的片段、不同的信息、差异性的解读,整合成有着最小偏见和最大洞察力的、连贯的、合理的和具有启发性故事的能力。

● 在世界语言学科中,一个关键的任务就是在复杂和现实的情境下,当一个人用带着口音且快速地说着非英语时，能够成功地用这个人所使用的语言与其进行沟通和交流。

● 在数学学科中，一个关键的挑战就是在处理那些原来混乱的数据时，不受数据中不可避免的误差和异常值的阻碍或误导，从中抽象出有洞见的模式来。

● 在科学学科中，一个关键的挑战是设计和调试实验，并且不会在收集和分析数据时出现不诚实或自欺欺人的行为。

● 在语言艺术学科中，一个关键的挑战是将观念或感觉传达给那些与你想法可能不同的受众。

● 在表演艺术学科中，一个关键的挑战是将个人表演特色融入到剧本表演中。

为了区分"基于挑战和学科的"课程和大家更为熟悉的"基于主题和活动的"方法，我们对基于长期目标的**关键表现**与常在课程文档中可找到的独立的**学习活动**进行了简单对比，详见图表 2.1。

图表 2.1　成果与学习活动

关键成果	相关但不充分的学习活动
离开学校时有着自己明确的方向，而这个方向是基于个人能力和兴趣来确定的；能够找到适合的工作。	学习有关的职业教育，并描述你自己的目标。
在极少的提示和线索下，以极强地自主性和能动性，成功地解决那些真正重要的、具有挑战性和复杂性的问题。	为了让学生者能够简单地"嵌入"先前学到的知识和技能，教科书上的"问题"经过简化并伴有提示。
发表文章或者被专家评审通过。	学习、运用"写作过程"，并且被评估。
在多数人不认为有问题的发言、文字或其他符号系统中，批判性地识别出可疑的假设和结论。	学习并完成有关逻辑错误和语法错误的练习。
以历史眼光和多元视角，形成有洞察力并对当前问题有支持性的报告。	阅读历史文本，并通过该历史内容的测试。
离校后仍能具有理解十年级以上文字的水平（美国报纸发表内容的水平）。	学习、运用并通过短文的阅读策略测试。
成功地完成论文答辩。	按照规定的格式来撰写研究性论文。

关键成果	相关但不充分的学习活动
有所作为,例如:影响当地政策,改善社区状况,改善人们的生活。	学习公民学,对于理论上的法律,能够有理有据地做出说明。
真正达到让听众投入、感动、被说服的目的。	演奏一段音乐作品,或是准确地说出角色台词。
解决争论;调解争端。	参与讨论。
在设计和调试实验时,指出影响最大的变量并控制它。	依照设计完成科学实验,然后填写已画好的实验表格。

有时候,这些反复出现的表现性任务和在各个层次中包含的具体任务,可以直接从现有的国家或州立标准中得到。例如,**新泽西州社会研究学科的核心课程内容标准**(New Jersey Core Curriculum Content Standards for Social Studies,新泽西州教育部,2004b)列出了该学科的一系列核心能力:

1. 分析历史事件是如何塑造现代世界的。

2. 运用多种资源,从多个角度构想问题和假设。

3. 收集、分析和调整来自一手和二手的资料信息,以支持或否认假设。

4. 从资料被创建的历史、社会、政治、地理或经济背景中,通过对信度检验和偏见评估,来检查资料中的数据。 *50*

5. 评价当前的问题、事件或主题,并透过历史时期来追溯其演变。

6. 运用问题解决技巧去解决国家、州或地方问题,并提出合理解决方案。

7. 分析社会、政治和文化的变迁,从而评价各方对地方、州、国家与国际问题和事件的影响。 *51*

8. 评估历史和当代之间的关联,以鉴别出事实是否准确、证据是否正确,以及是否存在偏见,并论述政府、政治候选人和同大众沟通的媒体所采用的策略。(第F—6页)

这样一个列表能够指导教师开发出反复出现的任务。这样的任务与不同年级中学过的内容是紧密关联的。

这样一来,课程目标,就是要确保要求这样的表现反复出现,并从而成为课程的核心支柱——而不仅仅是众多课程标准中的一种。一门成功的课程能展现出教师是如何使用课程内容（通常在课程标准文件中以零散的事实、概念和技能列表的形式呈现）为适合该年级与适合该内容的课程任务做服务，从而反映项目目标和整体使命。一门聚焦于成就的课程将会清晰地为教师显示如何将课程标准转化为能带来有价值成果的有效学习。

维护基于成果的学习

我们怎么就在建立我们的教育实践时变得如此偏航了呢？目标必须直白；在任何既定的活动中，一个人必须知道他想要达到什么。因为技能训练是受控于意图与反馈，和个人目前所取得的成就的……这意味着更需要强调弄清每一个练习、每一个教案、每一个单元、每一个学期、每一次教育的目的。

——《教育的适合性》（*The Relevance of Education*），杰罗姆·布鲁纳[①]（Jerome Bruner）

值得人深思的是，在布鲁纳（Bruner，1971）写下这段话的三十五年之后，我们或许会比以往任何时候都更为偏航。在这个充斥着指定内容标准和局限（却一考定终身）的标准化测试时代，能够确实关注学科本质，且与学习者需求和兴趣相关的学校课程比以往任何时候都更为稀缺，在短期教学中体现长期目标的课程也很少。我们急切需要实用的模式来告诉我们如何重构，重构的不仅是课程，还有方式方法——能够让学习更有效、更能吸引学习者的方式方法。

实际上，几十年来，体育运动、艺术表演和在岗职业培训已经不断为我们提供了可以从中学习的运作模式（古德莱德也在《学校》一书中一再强调，Goodlad，*A Place Called School*，1984），只是对"学术（academics）"的习惯和偏见才使我们看不清楚这些事情。

[①] 译者注：杰罗姆·布鲁纳（Jerome Seymour Bruner，1915—2016），出生于美国纽约，美国教育心理学家、认知心理学家，对认知过程进行过大量研究，在词语学习、概念形成和思维方面有诸多著述，对认知心理理论的系统化和科学化作出一贡献，是认知心理学的先驱，是致力于将心理学原理实践于教育的典型代表，也是被誉为杜威之后对美国教育影响最大的人。主要著作有：《教育过程》（1960）、《论认知》（1962）、《教学论探讨》（1966）、《教育的适合性》（1971）等。

螺旋上升：反复出现的问题和表现

　　换言之，我们所呼吁的虽然看上去是新的形式，但实际上其内核的观点早就有了。在基于成果（就像艺术表演和体育运动的明确目标那样）的教育中，如布鲁纳（Bruner）和在他之前的杜威（Dewey）所提议的，关键概念和可迁移任务应螺旋式地贯穿于整个课程中。一门教育课程永远不能是线性的；它必须是循环上升的。这是为什么呢？因为追求理解和自我提升的教育需要不断地重新审视那些不可能一下子就掌握的关键概念和难题。这就是为什么理解需要反复磨练才能达成。行为主义和其他对于追求理解的学习的单一观点所带来的一个可悲的后遗症是，将本质上复杂的目标简化为一套单一的一次性目标，就好像只要将简单的部分进行叠加就能达到精通似的。

　　在追求理解和迁移的教育中，课程将呈现以下两种螺旋上升的方式：（1）课程和单元围绕几个基础的学科任务来组织，所有的教授和学习都聚焦于这些任务并由这些任务来决定优先顺序；（2）同样的基本问题以不同形式重复出现，贯穿整个教育体系的课程。虽然任务的**具体细节**在考虑到发展复杂性的方面可能有所不同，但对于成效上的要求每一次都是基本相同的。例如，足球学习中比赛、音乐学习中的表演和写作学习中的体裁分析。这些任务从幼儿园到十二年级都会重复出现。对于贯穿始终的基本问题来说也是如此：规律是什么？哪些是关键变量？什么真正地发生了，以及为什么会发生？作者在试图说明什么？在逐渐细化这些问题的探究和表现层次的同时，它们都是每一阶段、每一学年必须重新审视的问题。

　　重新审视同样且重要的关键问题和表现不仅是需求，更是刚需。因为这使学生在向那些不能一蹴而就的复杂成果迈进时，能时刻跟上进度。已知的任务和重复出现的表现要求消除了那些不利于教学的"迷雾"，使得学生和教师的长期义务都变得格外清晰。这个因素是建立学习者信心和竞争力的关键。此外，对于学生来说，复习关键表现和"大概念"也会如同优秀的音乐家或足球运动员重复练习技艺那样，不会觉得格外单调乏味。最后，近一段时间以来，教育研究中最重大的发现之一是形成性评估能收获最大化的学生成就（Black 和 Wiliam，

1998)。

　　遗憾的是,绝大多数典型的课程仍然以线性、一次性的方式来分配课业。学生面临着的是几百个只会被提问一次的零散的测试问题,而不是课程中的几个关键任务(来源于重复出现的关键表现)。反馈往往是孤立的,仅与特定的测试或作业相关的,而并不是过程性且与真正的表现性目标相关的。除非能逆向设

53计课程,让重复出现的表现引导出真正的成果,否则无论是学习者还是教师都没有办法知道他们相对于目标来说处于什么地步,以及该做什么来达成它。当我们真正地理解如何开发一个基于预期结果的课程(以及为什么而开发)时,我们将会看到格外多的这种可重复出现的评估,它们带来更多获得及时反馈的机会。

调整的计划:使得反馈更聚焦于课程设计和实施

　　大约三十年前,基于结果的工作场所与学习设计师、咨询师托马斯·吉尔伯特(Thomas Gilbert,1978)提出了一个达成有价值任务的完整学习框架:

　　　　设计一个最大程度支持成效的信息系统所需要的条件十分简单,可以归纳为八个步骤:

　　　　1. 确定预期成果:使命、责任和义务。

　　　　2. 说明每项成果所需要的条件。

　　　　3. 描述如何衡量成效,以及为什么。

　　　　4. 设定范例标准。

　　　　5. 确立符合范例标准的示范者,以及人们要成为示范者所需要的其他可用资源。

　　　　6. 提供频繁且明确的反馈意见,用于评价每个人的表现。这种反馈应该与范例比较着来展开。

　　　　7. 根据需要提供尽可能多的后备信息,以帮助人们改进他们自己的和他们所负责的人的表现。

　　　　8. 关联不佳表现的各个方面与对应的具体补救措施。(第178—179页)

吉尔伯特自嘲地说,这"可能正因为这些要求过于简单,人们才几乎不会遵循它们"(第178—179页),他让读者去思考我们展示在图表2.2的信息,它简洁有力地描述了一些我们并不陌生的、但很遗憾与上述步骤背道而驰的行为(我们在括号内插入了说明,使其更聚焦于学校教育)。

图表2.2　为什么教师和学生不能改进表现

信息	资源	动机
(1)反馈:不让人们知道他们的表现如何。不让人们知道对他们表现的预期。很少甚至不指导人们如何表现良好。	(2)工具:在不与目标用户商议的情况下(或者是不参考学习目标)的情况下设计资源。	(3)激励:不提供内部的奖励机制;表现不佳者也能和表现良好者一样获得奖励。
(4)从知道到如何:让训练随机发生且与使命无关。	(5)最大化利用:以方便教务人员和教师的方式来安排和组织课程学习。	(6)动因:口头鼓励但不给予激励措施。

作为结束语,吉尔伯特这样写道:"那么,扪心自问,这些事情是不是我们经常做的? 就像要特意产出无能一样。任何一个研究这个图表的人,如果看不出这些做法其实是惯常伎俩而非个例……那他们基本上没有太多经验。(第86页)"简而言之,这个表以简单而有力地方式解释了:为什么教师和学生都缺乏提高他们自身表现的信息、资源和内在动机。

实际上,吉尔伯特传的信息本质上是指一个强有力的反馈体系是实现表 *54* 现性目标的关键所在。这个观点同样在有关教学设计的文献和近年来关于学习的研究结果中被反复提及,详见布莱克和威廉(Black 和 Wiliam,1998)的记录和玛扎诺、皮克林和波洛克(Marzano,Pickering 和 Pollock,2001)[1]的概要。然而,课程一旦推行起来,我们都知道真正的学校教育是什么样的:即便课程计划不能如一开始设计的那般推行了,传统课程也几乎或根本不能为处理大规模的学校教育中最基本的实际问题提供任何帮助。虽然我们知道过程性的反馈和调整在核心上依赖于一个强有力的、基于表现的体系,但是现有的课程构建元素中特别缺乏作用于这种体系的机制。

现有课程很少包括疑难解答指南或者内置的诊断机制,也没有形成性评估

---

[1]《有效课堂:提高学生成绩的实用策略》。

体系;换句话说,这些课程很少能创造一个机会让人们能通过反馈便意识到**不得不调整**课程了。在最坏的情况下,各个学区会使用课程的"教学进度表",以确保教师在灌输教学内容时不至于"落后"——**不论结果如何**。这就相当于"学学学,考考考,但愿结果好"——这正与我们的倡导背道而驰。

最起码的一点,基于成果的课程推崇的思维方式是,当课程推进下去时,调整**可能是**必要的。它可能需要在细微的方面进行调整:每一份教学大纲在每个月都留下两天不安排教学,以允许课程中期改正。它可能需要在主要的方面进行调整:教师年终聚在一起,根据评估来调整教学大纲。这样一来我们的挑战就不是把计划做精做细了,而是要调整计划。

我们中应该有人听说过纽约市水牛比尔(Buffalo Bills)橄榄球队教练马夫·利维(Marv Levy)曾强调过根据最新的比赛结果改变精心拟定好的计划的重要性。水牛比尔队在常规赛结束之际,其表现还是乏善可陈的,然后就开始一路逆袭,在第一场淘汰赛中轻松击败了匹兹堡钢人队(Pittsburgh Steelers)。在赛后电台采访时,一位记者问利维,为什么比尔队有如此出人意料的能力?利维挪揄地回答:"你以为我们在这里做什么?在七月份就制作好一本完美的战术手册,蓄势待发,然后祈祷?教练训练就在于调整——为了达到你的目标而不断地根据现有结果进行调整。"很少有教师理解,他们同样必须计划着积极地调整课程。而之所以需要这么做,是因为结果和目标之间存在着在所难免的差距。

这项工作不是有了课程和初始的教学设计,就等着最优化学习发生就行了,而是要确保最优化学习发生,而当它没有发生时,要果断地、快速地和经常性地以改变课程大纲和教学的方式实施干预。换句话说,作为课程中的教练,我们工作的一个关键部分是去学,而不只是教——是从反馈中深度地学习,根据孩子们产出的结果了解他们实际学以致用的程度。我们要专注的不是已经成文的指南和进度表,而是那些能够衡量有价值目标的反馈:学生的课业、学生的评价和思考,以及学生为理解他们的所学而做出的尝试。这项工作就是要去确保与使命相关的结果以深度理解和可迁移的形式被展现出来,如果反馈告诉我们很多学习者离出色的表现差很远时,我们必须去质疑和修改我们的"战术手册"和"比赛计划"。

这就是为什么课程不是也永远不会是一个"剧本"。教学工作不是不顾结果而照本宣科地"执行"课程（这充其量就是像教练不顾得分情况，只按战术手册操练一样），而是在任何有需要的时候，充实课程中的教学单元、调整教学，以保证最优的学习过程和成效。鉴于以上目的，教师需要的是在必要时提供疑难解答建议并嵌入修订契机的课程。教师们需要的课程框架，会根据长期目标设计更多的前测和持续的形成性测试，同时，在课程中也会设计一些弹性的时间，以便教师在查看学习结果后进行必要的调整。

让我们看看教师们在让学生通过代数考试时所经历的挫败。我们知道，数十年来，九年级的代数不合格率高到离谱——有的地区甚至超过了30％。在已经预见到这个糟糕结果的情况下，我们为什么不趁早调整课程呢？为什么我们没有在每个高中都开发一个"B计划"，赶在学生学得一塌糊涂之前来处理这些失败呢？以下是各种可以预见的问题以及及时处理它们的方法：

● 为每一个即将步入九年级的学生进行一次前测，测试那些能让他们在代数考试中取得优异成绩的技能和概念，在九、十月份密切追踪那些在前测中成绩不佳的学生的分数，并且准备为他们设置一个另外的代数课程来减缓教学进度（如提供一个两学期课程），以此来弥补学生的算术技能和对概念的掌握能力。

● 第一次记分考后，从现有班级中筛选出所有不及格学生，为他们提供另外一种代数学习方法，重新开始，以一种更加注重动手实践的方式去教授，并让教师结对搭档，带领学生完成节奏更紧密的辅导功课。（为了降低成本，可以只用一到两位"编外"老师去实时监控所有环节。）

● 为八年级和九年级的学生每天提供一个已经建好了的在线课程和一些额外的讲习环节，使表现薄弱的学生能达到常规代数课程的要求。这些课程不能只提供更多的低水平练习，而且要确保它们是基于案例研究与有趣的知识应用来开展的。

目前的情况是，我们就像《史努比的故事》的查理·布朗（Charlie Brown）一样，希望这一次，露西还会抱着橄榄球并且还会继续让他踢。尽管困难重重，我们还是一直思考着期盼着：**今年**的代数课表现会有所不同——期盼着同样的代数课，以同样的方法来教，会莫名其妙地带来一直以来难以企及的成功。然后，将所有的"失败"都归咎于学生。

这是一个显而易见的问题，在每一个教室都能看到它的身影：我们一直认为"赶进度"有用，认为"老师做什么"最重要，比"学习者做什么"以及"做的结果如何"还要重要。课程设计和单课计划仍然反映出一种空洞且照本宣科的学习观，就好像学习者做什么都不应该影响教学的呈现方式。但是，正如我们之前提到的那样，如果除了学习内容之外并没有其他明确的学习目标和需要优先考虑的事，那么调整课程也无据可依；这样一来，即便教学结果已经急切呼吁学校与教师的调整了，课程还是会被硬着头皮推下去。

唉，我们经常吃惊地听到有些老师说："但我没有时间做这样的事，我实在是没空儿做更多的过程性评估，所以也就没法运用反馈结果，因为那样我会跟不上教学进度！"这真是一个可悲又可笑的说法，因为这位老师真正想说的（即便他自己没有意识到）其实是"因为还有太多东西要教，所以没有时间将学习效果最大化"。虽然我们应该对提出这种说法的老师们表示同情，但这反映了他们对自己这份引发学习和有价值结果的工作有着深刻的误解。

事实上，我们需要的正好相反。课程应该明确地容许教师在实施计划但又不能达到目标时修订计划，并给出如何有效且恰当地另辟蹊径的建议。最基本的，这种模式需要内嵌调整时间，以便学生能够获得以预期迁移目标为依据的反馈，并接受提高表现的训练。否则，这些活动就会看上去像"耗费"时间。（一位老师告诉我们，他已经学会在课程计划中设置"减速带"，以便为常规检查和教学巩固预留空间。）简言之，缺乏疑难解答指南与反馈系统就如同没有基准任务一样，也是一个重要的问题。这两者都是实现目标和使这些目标更透明化的关键所在。

这里有一个更大规模的构建此类反馈和调整的例子。在新泽西州南不伦瑞克地区，三年级到五年级的学生都要参加学区的写作评估。这看起来似乎没有什么新奇的。但是重点来了：三年级到五年级的学生是写同一个作文，有同样的写作提示，而且这些考卷都是以同样的评价量规和表现标准来评分的。换句话说，有了这些反馈和运用反馈的机会，三年级的学生便获得了三次甚至更多的机会去达到五年级的标准。

接下来，我们要探讨得更实际一些。一个更好的课程框架应该是什么样的？我们应如何编写课程以实现长期的与使命相关的结果（关注内容标准）、聚焦于可迁移目标和任务，并且避免发生上面所提到的问题？我们将在第 3 章中讨论这些问题。

行动建议

● 在所有课程中,开发并运用合适的诊断性评估(前期测试和针对预期结果的过程性反馈)。

● 形成学科专委会,以制定合理的、用于同行评审的"基准评估任务"列表,用于指导课程编写、规范教授方式。

● 设计并实施那些与关键表现性任务相关的重复发生的任务和评价量规,相应地,又与使命和长期学科目标息息相关。

● 定期根据学生在任务和测试上所反映的学习结果,来检查课程在预想、实施与收获三者之间的差距。

● 开展各部门和年级组间的研讨会,根据基准评估任务分析学生的表现与成果上的不足,并合作规划活动以改善结果。

第三章 如何重构学校课程？

对每个学习分支（或者在一个选择的范围内）都要学一点儿，这种课程构建的原则（很不幸）仍然保留着。教育工作者们所抱怨的，学习没有进入角色，所反对的……迂腐知识分子对"事实"过分地关注……对规则和原则的曲解，都衍生于这种状况。

——约翰·杜威（John Dewey）

在第二章中我们已经指出了现有课程的不足，描述了发展学生理解和可迁移能力的课程所具有的基本特征。在本章中，我们将围绕 10 个要素描述课程框架的重构，这将大大提高实现使命相关目标的可能性，而与理解相关目标和重要思维习惯随短期课程规划、教学指导和校本评估的断层而衰减的可能性也会大大降低。

重构课程的关键特征如图表 3.1 所示。注意新的课程编写方法中，并**不**是用内容来做"标题"。而用的是与使命相关的目标来做分类，它像过滤器一样不断筛选和打磨特定的学科领域内容。这样一来，这些贯穿始终的总体目标就不会迷失在具体的课程设计和实施过程中。图表 3.1 展示了使命相关的目标应该如何贯彻到学科、课程和单元中。

这种课程开发方法有助于确保 K－12 学科和课程是在仔细分析了相关学科目标（包括内容标准）和使命相关目标**之后**编写的。例如，在开发九年级的一个语言艺术课时，课程编写者会不断地考虑如下问题：

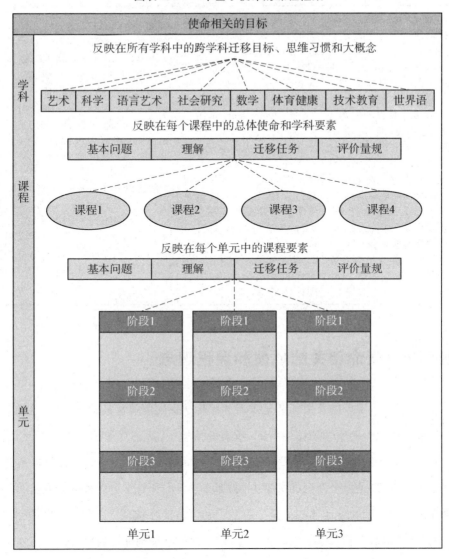

● 我们的语言艺术学科在整个学科课程和基准评估中如何反映与使命相关的可迁移目标、思维习惯和大概念？

● 我们的九年级语言艺术课如何反映与使命相关及学科相关的可迁移目标、思维习惯、大概念及相关内容标准？

紧接着，课程围绕着 10 个要素构建，组织成反映逆向设计的四大类别，如图表 3.2 所示。接下来，我们将逐一描述每个课程要素，并通过实例阐述说明。

图表 3.2　课程十要素

1. 使命相关的成就和课程理念——指定要达到的综合成就，明确思维习惯和可迁移能力；明确课程必须具备的关于学习的基本理念。 2. 来源于使命和内容标准的理解与关键问题——指定可以用来锚定课程并限定课程内容展现方式的大概念与重复出现的问题。 3. K–12 课程地图——展示思维习惯、大概念、关键问题和基准评估任务如何螺旋式贯穿在整个课程中，使知识更连贯。	4. 基准评估和证据收集——反映了学科中的关键挑战和成就、要求可迁移能力和思维习惯的具体的真实任务。在档案袋中收集证据，以便学生带着一份写满成果的简历毕业，而不仅是一个成绩单。 5. 分析性和纵向量规——通用的分析性量规用于提供更前后一致的评估和针对目标的反馈；纵向基准用于衡量和报告长期总体目标和学科目标的进展情况。 6. 参照样例——展示各种表现水平的学生作品（含评论）的实例。	7. 建议的学习活动，教学策略和资源——包括为教师提供的指导和资源，以及为学习者提供的策略工具。 8. 诊断和形成性评估——预评估和过程性检查，以确定准备水平，揭示潜在误区，并在过程中衡量进展情况。 9. 差异化建议——针对学习者在准备程度、个人兴趣和学习风格上的差异提供具体建议。	10. 疑难解答指南——为解决可预测的学习问题（如误区、重难点）和教学困境（如时间不足）提供建议和提示。

61 要素一：使命相关的成就和课程理念

我们认为，学校的首要任务是发展和深化学生的理解及其思维习惯，这样学生便能够将他们的所学迁移到新的、重要的情境中，达到真正的成就。为此，我们有义务去建构课程和评估来实现这些目标。例如，如果"批判性思维"和"在现实中有效迁移"是每个使命的关键方面，那么学科内和跨学科课程的开发就必须确保批判性思维和可迁移能力是学习重点和评估核心；如果"富有感染性和创造性的写作"是语言艺术学科的一个目标，那么我们必须确保该目标在语言艺术学科所有年级的每门课程中都被关注到。

换句话说，所有学科领域和课程目标的编定，都是为了体现更广大的组织目标和学科中可迁移的成就，而不是依照零散的内容目标编写。对于更具体的内容目标来说，它们是作为学科领域和总体使命中更大的理解和可迁移目标的**一部分**而存在的。所以在历史、数学或艺术学科中，我们要选择并塑造"核心内容"作为发展批判性思维和可迁移能力的**方式**。

首先我们要确定的是,如果基于学科教学成功地融合了与使命相关的目标后,我们将能看到哪些类型的理解、能力和思维习惯(阶段一)。接着我们要考虑的是,在实施了恰当的课程后,学校毕业生在理想情况下通过自身努力能够取得怎样的成就。以下提示语可以帮助我们预见这种自然达成的成就:

如果我们成功了,学生将可以……

- 完成……
- 有能力自主地……
- 运用他们的所学去……
- 面对并克服诸如……的关键挑战
- 创造……
- 克服……误区和思考习惯

实际中这样的课程是什么样子呢?让我们跟踪一个与使命相关的目标——批判性思维,看看在历史学科中一个新的课程框架是如何围绕着反映使命和重要学科目标(而不仅仅是针对内容的简单灌输)的长期成就而建构的。

使命相关目标:批判性思维

相关思维习惯: 开放思想,理性质疑,持之以恒,重视准确性,不妄下断言。

综合性基本问题: 证据和论证是什么?它们有多有效?

使命和学科链接

历史学科中的批判性思维: 毕业时,学生应能成功地完成如下所示的批判性思考任务:

- 灵活运用多个历史事件解释过去,理解现在,预测未来——同时能够面对证据之间的分歧。
- 使用和批判性地评估一手和二手资料。
- 批判性地点评同伴的历史论证和叙述。
- 分析偏见或政治宣传中的各种所谓"历史"(包括"官方"历史和专业

历史）。

相关历史思维习惯:

● 避免现代中心主义和民族优越感。

历史学科中重要的、与使命目标相关的可迁移目标:

● 谨慎和证据确凿的因果推理。

● 对历史文献和文物的分析和批评。

所有课程都要解决的学科层面的基本问题:

● 这个来源有多可靠?谁在说话,他们的偏见或观点又可能是什么?

● 这种解读有多有效?假设是什么?支持论点的论据充不充分?

● 这是谁的"故事"?还有其他"故事"要考虑吗?

学科层面的相关评估:

● 要求学生为可能存在的偏见而研究各种资料的任务。

● 要求学生指出一手和二手资料中错误的假设、结论和证据的任务。

● 需要周密因果推理的任务。

● 历史学科中关于批判性思维的通用量规。

学科层面的相关学习活动:

● 帮助学生获得质疑和分析资料所需技能的活动。

● 为学生提供发现看似权威的文献在其陈述中有偏见或被扭曲的体验活动。

● 要求学生独立地为可能存在的偏见考虑各种资料的活动。

● 要求学生基于一手和二手资料构建他们自己"故事"的活动。

63　　　　因此,无论是设计一门课程还是为每门历史课程编写一个公共教学大纲都**要求**明确地参考框架要素,说明在下一阶段课程中更上一层次的目标在哪里实现和如何实现。当然,其他学科领域也应该在编写材料时使用同样的与使命相关的目标类别和分析(见图表 3.3)。这样的课程编写方法的一个关键含义就是教科书不再是事实上的教学大纲(在现在多数课堂中还是)。通过这种方法,课程成为一种确保教科书仅仅被作为资源使用的文档,并且这个文档还能基于使命目标指导教师何时使用教科书。

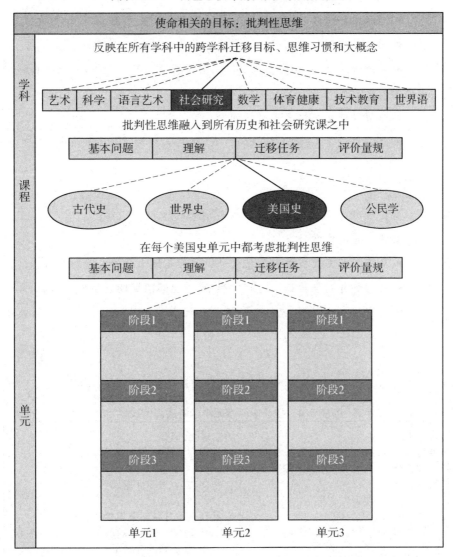

以下是来自高等教育的两个例子，展示了在学科层面上（文学和数学）的这种成果框架。文学课程的例子来自马里兰州的陶森大学，数学课程的例子来自加利福尼亚的圣何塞州立大学。

毕业时，文学专业的学生会展现出在阅读和写作方面的工具性知识。他们能：

- 有目的地分析文学语篇,包括讨论不同时期和体裁的历史、形式和惯例。
- 阅读文学作品的同时了解它们的背景、结构、意图、意义和相关性。
- 阅读学术著作的同时了解它们的背景语境、关注点和术语。
- 灵活地解读书面材料,理解其具有多重含义的可能性,以及个人解读有误的可能性。
- 理解并使用证据来支持解读。
- 以适合读者、目的和场合的方式,运用各种形式写作(说明、议论、虚构、学术、商业/技术、文学等)。

目标 4.使用数学模型来解决实际问题的能力

要评估的具体学习目标:

- 从实际问题中提取相关信息并对该问题做出数学表述的能力。
- 使用计算结果验证(或修改)模型,并能够理解模型局限性的能力。
- 清晰地描述模型,包括分析模型的优劣势及其与潜在问题之间关系的能力。

图表3.4 总结了我们提到的在核心学科领域中学科层面的成就。

图表3.4 核心学科领域中学科层面的成就

语言艺术	历史/社会研究
● 通过以下几点阅读并回应各种体裁(文学的、纪实的、科技的)中高深且具有挑战性的文字: 　◇ 全方位理解("主旨")。 　◇ 解读(字里行间)。 　◇ 批判性立场。 　◇ 个人关联。 ● 为不同观众创作各种体裁的口头或书面作品,以: 　◇ 解释说明(叙事性的)。 　◇ 娱乐(有创意的)。 　◇ 说服(有说服力)。 　◇ 帮助执行任务(操作性的)。 　◇ 挑战或改变事物(讽刺的)。	● 仔细评估历史主张或解释,依据: 　◇ 一手来源证据。 　◇ 二手来源证据。 　◇ 个人观点。 ● 批判性地分析当下事件/问题: 　◇ 总结/比较关键点。 　◇ 分析原因和结果。 　◇ 指出观点和潜在偏见。 　◇ 辩论可能的行动方针。 ● 根据对历史规律的了解,对当前或将来的事件或问题进行预测。 ● 使用批判性思维和对历史规律的理解来做出明智的决策。 ● 在一个民主政治体中做一个负责任的公民(例如保持了解时事、研究时事、参与社区活动、投票)。

● 为了各种目的聆听多种来源(例如讲座、电台广播)的信息,包括: 　◇ 学习。 　◇ 娱乐享受。 　◇ 执行任务。 　◇ 做出决定。 **数学** ● 为复杂的物理现象创建数学模型(例如,数量、大小、速率、变化)。 ● **实施数据分析**: 　◇ 观察。 　◇ 搜集。 　◇ 测量。 　◇ 记录。 　◇ 展示。 　◇ 分析数据。 ● 根据模式分析制定并论证预测。 ● **根据需求或问题设计物理结构**(例如,一个最大化体积和安全性的三维运输容器)。 ● **评估数学/统计学主张。** **科学** ● 为回答关键问题或解释现象**设计并进行实验。** ● **有效地利用科学工具**来: 　◇ 观察。 　◇ 收集数据。 　◇ 测量。 　◇ 记录数据。 　◇ 分类。 　◇ 得出结论。 ● **评估混乱的科学主张。** ● **评判实验设计或结论。** ● **分析当下涉及科学或技术的问题。**	视觉与表演艺术 ● **在以下不同的形式中创造引人入胜和有明确目的的艺术表现形式**: 　◇ 媒体(例如,粉彩绘画、摄影)。 　◇ 流派(例如,爵士乐、现代舞)。 　◇ 样式(例如,印象主义、立体主义)。 ● **为各种观众和不同目的创造艺术表现**,包括有效地进行: 　◇ 娱乐(比如讲述一个故事)。 　◇ 唤起情绪。 　◇ 纪念。 　◇ 说服。 　◇ 挑战(比如现状)。 ● 通过以下几点**回应艺术表达**: 　◇ 全方位理解。 　◇ 解读。 　◇ 批判性立场。 　◇ 个人关联。

来源:内布拉斯加州格兰德岛公立学校 K-12 社会学课程和评估小组。经许可使用。

　　简而言之,长期的学科目标应依据表现成就来编写——在最低限度的教师 *66*
提示和支持下成功地将学科任务"做中学"到高水平程度,该结果将从理解知识
和技能的终极整合中得到。这是确保达成长期思维习惯和可迁移目标的唯一途
径:就是要让学生在主要课业和评估中只有运用它们才能取得好成绩,并把它

们(而非内容)作为课程的组成部分。

知道了这些最终成就,接下来就可以对连接这些任务和内容的具体评估进行逆向设计,确定重要的反复出现的表现性任务(以及大概念——参见下一节中的要素二)。围绕着这些任务就能条理清晰地将内容分组——这便是螺旋式课程。学生,就像运动员和艺术工作者那样,会从一开始说知道自己要达到的最终成就,并为此时刻做着准备,这种状态贯穿他们的整个学业生涯。在艺术和体育运动中,我们不会把参与比赛推迟到最后,同样,我们在学术学科中也不应该这样做。如果我们总是不去实践,只是盲目且无益地在独立的年级层次教授内容和技能,将无助于培养思维习惯和长期可迁移目标。

课程理念

我们建议学区的培养方案(也包括学术院系)要有一份理念陈述,用以说明课程所依据的教与学理论,以及课程在学校教育中所扮演的角色(第 4 章所述的学习原则正适合放在这里)。

理念陈述可以是为整个课程准备的,也可以是为个别学科准备的。请思考图表 3.5 所示的来自内布拉斯加州格兰德岛公立学校社会研究课程的例子。注意使命和学科领域目标是如何与学习理念和教学应用相结合的。

67

图表 3.5　K-12 社会研究课的理念

社会研究教育的目标在于使学生在一个民主社会和全球相互依存的世界中成为负责任和有贡献的公民。通过对社会研究学科的综合研究,学生将获得成为终身学习者所必要的知识、技能和态度。

社会研究课提供的内容是学生可以运用到理解政治、社会和经济等问题上的,并且学生可以基于这些应用进行有效的私人和公共决策。基于标准的社会研究课能帮助学生获得具体的学科内容知识、思维能力、民主价值观和公民参与,这些学习成果对维护民主的生活方式至关重要。

格兰公校 K-12 社会研究课所依据的理念
● 所有学生通过各种相关经验学习。
因此,我们将提供激活先验知识,并在其基础上促进高阶思维技能的互动。
● 研究表明主动学习至关重要。
因此,我们将为学生提供各种以学生为中心的、多感官的、主动的学习机会。

> ● **教学应该是相关的、有意义且基于学生需求的。**
> 因此,我们将运用各种教学策略为学生提供各种关联他们实际生活的机会。
> ● **世界在持续地变化。**
> 因此,我们将为学生提供机会让其理解:现在联系着过去,也影响着未来。
> ● **我们生活在一个文化多元的社会。**
> 因此,我们将培养学生对各种文化的理解,以尊重平等和人类尊严为荣。
> ● **评估应持续,富有诊断性并与教学保持一致。**
> 因此,我们将提供多种可靠的评估工具。
> ● **使用社区资源对于有效的教学至关重要。**
> 因此,我们将利用本社区丰富的历史和民族多样性来促进学习。
> ● **主动且有见地的公民参与对民主社会至关重要。**
> 因此,我们将有目的地设计教学和课程,以便将学生发展成为民主进程中有见地的、积极主动的问题解决者。

来源:由内布拉斯加州格兰德岛公立学校 K - 12 社会学课程和评估小组设计,经许可使用。

要素二:从使命和内容标准中得出的理解和基本问题(大概念)

　　为了确保课程关注长期且深入的意义建构、可迁移能力和思维习惯,重构课程的第二个方面涉及到对每个学科领域中少数大概念的识别。我们必须让这些大概念成为在所有指导和评估中都要出现的要素。这些大概念由具有挑战性的基本问题所引发,这些问题关注教和学,并有助于学生揭示内容;这些大概念是在理解的框架内形成的,随着时间的推移,通过不同的单课、单元和课程帮助学生达到理解。如此,我们就是在探索和应用更大概念与流程的背景下,教授更具体的事实、概念和技能(通常情况下,这些就是教师独立教授的内容,也是在标准化测试中要考的内容)。这种方法与其他专家对课程和评估的建议一致,例如林恩·埃利克森(Lynn Erickson,2002)呼吁“基于概念的课程”,道格拉斯·里夫斯(Douglas Reeves,2003)提倡将“力度标准(power standards)”作为一种通过关注可迁移概念和过程来优先化内容的方法手段。图表 3.6 展示了一些与各种主题相关的理解和基本问题的例子。

图表3.6 理解和基本问题示例

内容主题	理解	基本问题
统计	统计上的分析和显示经常揭示数据中的规律,使我们能够自信地做出预测。	你能够在多大程度上预测未来?接下来很可能发生什么?对这个预测你有多大把握?
世界文学	来自不同文化的伟大文学探讨了经久不衰的主题,揭示了人类族群反复展现的一些方面。	是什么造就了一个"伟大的"故事?其他地方和时代的故事是如何与我相关的?
适应	生物体已经发展出适应机制,使它们能够在严酷或不断变化的环境中生存。	它们会幸存吗?生物体在严酷或不断变化的环境中生存需要什么?
友谊(文学主题)	在患难的时候而非快乐的时候,才能发现真正的朋友。	谁是"真正的朋友",你如何知道?

值得注意的是,我们可以跨越年级和课程反复地采用所有这些观点,而这些基本问题道出了前面所提到的预期成就。这是应该用于框定课程的东西:反复出现且有趣的观点可以用来促进有目的的学习、推广与关联——它们是发展可迁移能力和思维习惯的引擎。

这种方法实际上是特拉华州历史课程所开发的标准解读材料(我们项目的一位成员作为首席顾问参与了这个项目)的一部分。这是一个来自该文献中关于时序思维的 K–12 案例(详见 www. doe. K-12. de. us/ProfDev/History. pdf):

历史标准一　K–3a:　学生将使用时钟、日历、日程表和书面记录来及时记录或定位事件。

基本问题:

● 为什么**时间**很重要?

领会内容标准的最佳方法是按年级层次来阅读。这些标准螺旋向上,不断发展针对某个特定概念的深入理解与运用。这个标准的目标是什么?最终,我们9—12年级的学生应该知道并理解什么?他们需要知道并理解我们是按照顺序时间来生活的。

在 K-3 层面上，"历史标准一"要求学生做更多的事情，而不只是报告时间或读懂一台日历。他们必须能够使用时钟、日历或日程表。他们把时间作为一个概念掌握，以便能够在较高年级应用时间作为历史研究的概念工具。

历史标准一 4-5a：学生将在一个给定的时间范围内研究历史事件和人物，以创建一个年表并指出相关的因果因素。 69

基本问题：

● 在什么程度上一个事件一定导致另一个事件的发生？

在 4—5 阶段中，对学生增加两个新要求：其一，根据给定信息，运用时间表工具创建一个年表。其二，学生运用年表开始应用因果关系的概念。

例如：为导致美国独立战争的事件创建一个年表，并使用时间线和时间框架指出逻辑因果关系。是波士顿惨案造成了独立战争吗？波士顿惨案在战争开始 5 年前发生，但对大屠杀（惨案）的愤怒可能构成了最终真正引发战争的敌意。只是因为一个事件先于另一个事件发生并不意味着它们之间必须有一个关系。历史上的事件可能就像一个电视节目表：一个节目与上一节目之间可能没有任何联系。

历史标准一 6-8a：学生将研读与特定地区、社会或主题相关的历史材料；分析随时间所产生的变化；做出考虑因果的逻辑推理。

基本问题：

● 变化是不可避免的吗？

● 在什么程度上过去可以预测未来？

● 哪些证据可以证明我的结论？

在 6-8 阶段中，学生学习如何分析长期变化，并随着时间推移，对因果关系进行逻辑推理。学生应该学习趋势和主题。在收集、研读和分析数据后，学生将会发展推理和因果关系。

例如：利用导致美国独立战争的事件年表，学生将解释为什么一个特定的事件导致了后续事件的发生以及是如何导致的，并根据对历史的理解有逻辑地做出推理。列克星敦和康科德的初步战役之后，是否有可能避免与英国的战争？教师可以给学生一些来自那个时期的事实材料，让他们基于这些事实头脑风暴，按照重要性进行排序。这就要求学生们了解一些与美国独立战争相关的事件或趋势，以帮助他们分析在该时期所发生的事情并得出结论，他们可以用事实型支持材料来解释原因和结果。

历史标准－9－12a：学生将分析历史材料以追踪跨越空间或时间维度的思想或趋势的发展，从而来解释历史连续和变化的规律。

基本问题：

● 当代所发生的事件对于过去社会来说也是问题吗？为什么这些事件难以解决？其中存在连续或变化的规律吗？

● 从对社会问题的历史回应中，我们可以学到什么？

在9—12阶段，学生通过分析事物在历史上是如何变化或不变的，来继续深入理解年表的结果和后果。他们还能够通过分析当代问题，将年表应用于作为公民的日常成人生活中。

这个标准为教师和学生提供了一个研究他们当地社区的绝佳机会。学校和当地社区都有大量有潜在价值的文件可供研究。有目的地去看过去的年鉴。什么样的服装款式或发型曾是时尚的？广告如何反映当时的社会？这些企业中有多少还存在？其他的人，尤其是在历史事件的背景下发生了什么？当地报纸是否有存档旧的报纸剪报？某个特定的社区是什么时候建立的？你可以采访老年居民有关那段历史的经历吗？在时间或空间维度上跟踪一个想法或趋势比解释连续和变化的结果更容易。学生应该对被选来教授本标准的任何主题都达成对其规律进行解释的结论。也可以反过来进行尝试：向学生展示规律，让其解释该规律是如何揭示这种趋势或想法的演变的。

下面是一个来自于特拉华州语言艺术学科的类似例子，说明了州立教学内容委员会为了反映学科不同层级的基本问题和理解，是如何修改州立标准的展示形式，从而指导K-12课程的开发。该委员会为写作过程编写了以下"持久性理解"的清单：

1. 受众和目的(如：通知、说服、娱乐)影响文学技巧(如风格、语气、用词)的使用。

2. 作家并不总是告知他们想表达的意思。间接形式的表达(如：讽刺、诙谐)要求读者在字里行间寻找真正的意图。

3. 标点符号和语法规则就像高速公路上的标志和交通信号灯。它们引导读者阅读文本，以免产生困惑。

4. 作家根据他的目的选择一种文体形式。 71

5. 作家的观点受到自身经历的影响。

6. 语言习惯帮助读者了解正在讲述的内容。

7. 语言习惯的有目的使用和不使用可以帮助读者理解。

8. 作者的措词和句法是其语言的特征,有助于将文字个性化。

委员会针对写作过程制定了以下基本问题清单：

1. 为什么写？如果写作不存在怎么办？为什么要分享个人写作经验？在什么程度上笔比剑更有力？

2. 书面语言与口头语言如何不同？什么使写作有阅读价值？

3. 作家如何表达自己的想法和感受？写作想法从何而来？什么使写作流畅？

4. 优秀的作家如何吸引并留下他们的读者？什么使写作容易理解？最好的开头是什么？最好的结尾是什么？最好的顺序是什么？什么才算是一个完整的构思？

5. 我为什么要写作？为了谁写作？我通过写作尝试达到什么目的？谁会读我的作品？什么会在我的读者中反响最好？

6. 为什么作家会选择某种写作格式？

7. 读者与作家之间有什么关系？

8. 作家如何清晰地沟通？

9. 在什么程度上语言习惯影响沟通？

10. 到底什么是"语言形态"①?

11. 我们为什么需要语法?

一旦设计好如上的理解和基本问题,学习者就会随着时间的推移更复杂、更深刻地思考和应用所学。正如我们将在本章后面讨论的那样,这时用纵向量规来描绘学习者的能力发展进程就显得至关重要。

内容标准

近年来,北美一些国家学科协会、州和特区都制定了内容标准,以细化说明在 K-12 学校体系中,学生在各个学科中应该知道什么、能够做些什么。这些标准的初衷是让教与学有焦点、指导课程开发并为问责制度提供基础。尽管初衷都是好的,也产生了许多积极影响,但循规蹈矩而编写的标准可能给课程规划者及教师等带来实践上的挑战。在一些州和特区,标准中知识和技能的体量过于雄心勃勃、大得不太合理。在这些情况下,内容远远超过了教完所有规定标准的可用时间。而且许多内容标准文件将内容标准和表现标准杂糅在一起,使问题更加复杂。

还有一个相关问题聚焦这样一个事实,即一些标准的表述方式使它们很难达到。我们把这个问题比作金发姑娘的故事②,也就是,有些标准**太大**了。看看这条标准:学生将"认识到技术、组织和美学元素是如何助力艺术作品传达思想、情感以及整体影响"。这样的陈述本身就太过于笼统,以至于无法为教学和评估提供清晰目标和指导。结果,即使艺术课教师都很敬业,但他们很有可能会去突出学习中截然不同的方面,并且都相信自己所做的是遵循标准的。

另一方面呢,有些标准又**太小**了。例如这个七年级的历史课州立标准,它表述为学生将"比较巴基斯坦的印度河流域与中国黄河流域的早期文明"。尽管这

---

① 译者注:原文用词"Voice",直译为"声音"。"Voice"是英语言艺术学鉴赏中的专有词汇,表示文学作品中作者用来叙事或借助人物角色叙事的形式。常见的语言形态有意识流、书信体等。

② 译者注:来源于《金发姑娘和三只熊》的童话故事,寓指凡事必须有度,不宜太大也不宜太小。因该故事衍生出"金发女孩效应",即指凡事应有度,不能超越极限。在该文中,指内容标准的表述方式应该适度,不能太笼统,也不能太具体。

个陈述比上个例子的目标更加聚焦,但这个焦点太过于具体,而且有些随意。这一问题因高厉害考试而变得更加严重,高厉害考试依赖选择-反馈题来评估离散的年级基准。当内容被缩减为一系列的事实碎片、评估被建立在去情境化的测试中时,教师就面临着一长串没有任何优先级的内容要教。而且,他们可能无法把握能为他们编排教学和评估的更重要的表现性目标和大概念。导致更大的、可迁移的概念和过程可能会丢失在茫茫的细节之海中。

一些州和特区为了解决此类问题,采取了发布解读类指南的方法,以此来澄清标准的意图、确定更为具体的年级基准并细化表现指标。这些指南可能是有帮助的,但我们建议一种更有意义的方式:将标准融入与之相关的更普遍、更复杂的表现性目标和大概念之中。

从实践上来说,确定表现性目标和大概念有助于我们解决"金发姑娘"的问题。至于具体操作,让我们思考前面两个例子。艺术学科中的标准("认识到技术、组织和美学元素是如何助力艺术作品传达思想、情感以及整体影响")过于笼统以至于不太实用,需要一个概念性的聚焦。请思考以下关于**可能的理解、基本问题以及评估任务**的案例,看看它们围绕大概念和可迁移目标,是如何明确标准、聚焦教学与评估的:

- 伟大的艺术家常常打破既定的传统、常规和技巧来表达他们的所看所感。什么使艺术"伟大"?关于博物馆应该如何制定能够在众多作品中区分出"伟大艺术"的标准,展示你的想法(可以使用任何媒介);然后提供符合标准的艺术作品和不够好的作品。

- 艺术家的文化和个人经历激发了他们表达的想法和情感。艺术家从何处获得灵感?文化和经历是以什么样的方式激发艺术表现力的?

- 可利用的工具和技术影响了艺术家表达想法的方式。媒介如何影响所传达的信息?组织一个多媒体展示会,来展现艺术家的想法是如何反映他们的文化和经历的。同时,解释他们对媒介和艺术手法的选择是如何影响他们传达信息的。

在第二个例子中("比较巴基斯坦的印度河流域与中国黄河流域的早期文明"),让学生从中获益的是研读更大的概念和与之相关的问题,这些概念和任务会引导出反应更多表现性标准的可迁移任务:

● 一个地区的地理、气候和自然资源会影响当地居民如何生活和工作。人们的生活地点是如何影响他们的生活方式的呢？给学生一张尚未研究过的地区地图，并提出如下任务：你要带领一群亚洲旅行者到一块新大陆。你们应该安顿在哪儿？为什么？

● 文化有共通性，但同时也有自身独特之处。是什么造就了一种文化？有些文化比其他文化更加"文明"或者"开化"吗？将其他文化与你自己的文化进行对比，从而迁移你对文化的学习：例如，你被雇来为古代中国建一个旅游网站，在网站里标明各种传统和文化，来帮助来自其他大河文明的人们认识你的文化和他们的文化之间的异同。

● 过去提供了对历史、普遍性主题以及人类反复出现的境况的启示。我们可以从对其他地方和时代的研究中学习到什么呢？过去如何影响现在（又有多少影响）？通过追溯历史根源，呈现某个现状的历史。例如，你是《时代周刊》的记者，被要求写一篇关于中美关系历史的文章，通过追溯导致当前关系的历史，帮助美国人更好理解中国人的立场。

请注意，这两个例子中的标准都是重新编制过的，将内容和可迁移的大概念整合成一套连贯、清晰、具有优先级的知识序列。事实和技能更加具体，相关教学在具有更大的概念和迁移表现的情境中进行。这种方法提供了一种手段，能够在支持有意义学习的同时管理大量内容知识。同时，还明晰了标准所要求的评估本质。当前很多学校和学区都聚焦于脱离情景的内容标准清单，聚焦于提升应试分数，在这种情况下，课程就会倾向于覆盖标准中孤立的内容，特别倾向于考试要考的内容，校本评估（包括学区层面和班级层面）也往往会模仿统考的形式。而我们建议的方法是唯一能够校正当前这些做法的措施。

内容标准应该被视为一套考察学校综合课程的标准，是建课规范，而不是成型课程的样子。内容标准清单并不是真正的目标，它是编制目标和确定理想表现时需要考虑要素的分析细目。实际上，许多标准文件里已经强调了这一点，比如以下来自密西西比州和新泽西州的课程框架例子：

许多指标/基准是相互关联而不是有先后顺序的，这意味着指标/基准并不用按照它们呈现的先后顺序来教授。多元指标/基准可以也应该被同

时教授。（Bounds 等,2006,第 8 页）（加粗强调来自原文）

● **注意**：虽然每个内容标准都是在单独的章节中进行讨论的,但这并不意味着每个内容标准都要在课堂中被单独对待。事实上,正如"框架简介"中所言,**一个有效的课程能够成功整合这些领域,为学生提供丰富而有意义的交叉经验**。（Rosenstein, Caldwell 和 Crown, 1996,第 175 页）（加粗强调来自编者）

建造房屋的"目的"不是为了满足建筑规范里的若干个独立标准,而是反其道而行。我们要建的是一座吸引人且满足客户需求的建筑。施工必须同时达到当地建筑标准,但是如果只考虑建筑规范,那么永远都不会有漂亮、实用的房子出现。不幸的是,"只考虑规范",正是许多教育工作者正在做的事情——他们认为这就是落实标准。这也是为什么总体表现性目标（及其相关理解和问题）对于有效组织运用内容标准来指导教学和评估至关重要。

统考应该被视为类似于建筑督查员到工地视察,而不是在测验是否设计中的所有目标都得到体现和达成。或者,换个比方,州级统考更像是一年一度的体检——用一份简单的指标样本看看我们是否"健康"。正如我们不会为了年度体检而"练习"（因为这会将健康生活的**目的**与衡量健康的指标混为一谈）——我们的课程也应该关注有意义且有吸引力的学习方案——鼓励学生在真实情境下应用知识,而**不是**关注去情境化测试的考前准备。

当课程、教学和评估聚焦于大概念和基本问题时,它们向学生和家长传达出这样的信号：学校所有努力的根本目标是为了提高学生对重要内容的理解以便他们可以**应用**,而不仅是翻阅完一本课本或者为了标准化测试做练习。

要素三：K‑12 课程地图

课程地图已成为一个成熟的流程,用来编排课程的适用范围和顺序以保证跨年级的连贯流动,避免不必要的冗余,确保重要知识和技能不会"断链"。虽然我们赞同这一流程的本意,但我们也注意到当前许多课程地图在不知不觉中破坏了改革,因为它们只是简单地强调正在讲授的内容,而不包括长期的表现性目标以及相应的评估。换言之,地图使用的分类——知识/技能/评估/活动——即便确保了课程的连贯性,但并没有解决本书所强调的问题。

多数课程地图最明显的失败,是它们仅仅使用诸如"测验"或"随笔"等词语去总结使用评估的**方法**,而不是描述教师要在学习中寻找什么。换言之,如果课程地图仅仅只是提供关于教学指示中**投入**的分析细目,而没有揭示理想的成果以及如何评估这些与使命和学科目标相关的**产出**,那就是将州立标准的不足之处搬过来了。

如果课程地图建立在我们推荐的第 1 阶段要素上时(长期可迁移目标、理解和基本问题),就会随之生成一个更加连贯且聚焦结果的课程。最好的地图提供了一种可以识别关键理解和基本问题的结构,并通过设计确保它们在不同年级水平上螺旋纵向上升,以此作为发展和加深学生理解重要思想和过程的手段。课程的建构同样围绕着从终极迁移目标出发逆向设计的关键(我们称之为"基准")评估任务,如此课程便提供了帮助教师理解如何避免灌输式教学和帮助学习者实现长期目标所需的框架。

在接下来的几页中,我们将介绍一些在学科、课程和单元层面上更为有效的课程地图片段,以显示聚焦任务和基于表现的课程应该包含的内容。尽管它们格式稍有不同,但你会认识到每种地图都包含了我们目前所强调的关键阶段 1 中的一个或多个要素——即理解、基本问题以及与内容标准相关的关键表现,这些关键要素是我们迄今为止一直在强调的。

聚焦可迁移目标的学科层面地图

图表 3.7 中的例子展示了一张中学写作的区级表现性目标地图。这份地图展示了对"重复性表现"的运用,它们体现在采用通用量规的季度写作评估中。(后面章节会介绍该学区伴随性评价量规的例子。)采用与通用表现性目标相关的通用评估,这种各年级可以达成一致的方法使得写作教学更具连贯性,从而提高了学生表现。

图表 3.8 呈现了一个学科层面的课程地图示例,这个例子是以大概念为框架的世界语言课程的地图。注意这个地图更完整的版本将包括关键表现性任务和发展性量规,比如由美国外语教学委员会开发的那些课程(1998)。

图表 3.7　写作课区级表现性目标地图

年级	解释型	说服型	文学分析	创意/表达型
6	研究报告	意见书	以背景/冲突为题的作文	自编神话
7	自传	政策评估	以人物角色为题的作文	个人写作
8	研究报告	问题/策略类文章	以象征主义为题的作文	叙事小说
9	因果关系类文章	社论	多元文学要素分析	诗歌
10	研究报告	社会问题类文章	批判视角论文	历史拟人
11	概念界定类文章	议论文	体裁比较论文	滑稽模仿/讽刺
12	研究论文	意见书	文学评论回应	反讽

来源：纽约州，北格里斯，格里斯中央学区。经许可改编。

图表 3.8　世界语言学科层面的课程地图

持久性理解	基本问题	纽约州标准
● 每种文化都有独一无二的特色和观念。 ● 地理影响我们是谁，以及我们如何回应他人。	● 地理、文化和语言对"我是谁"有哪些影响？对我的生活方式呢？对我对社区的看法呢？对我对世界的看法呢？	CulA1a CulB1a, CulB1b, CulB1c, CulB1d
● 语言要求你解决问题。 ● 如果没有勇气试错，你也无法识别和纠正自己的错误。 ● 有多种方式表达同样的想法。	● 当面临瓶颈时，我该怎么办？我如何使自己摆脱困境？	A1a, A1b, A1c, A1d B1a, B1c, B1d, B1e, B1f, B2a, B2b, B2c, B2e
● 每种文化都有独一无二的特色和观念。 ● 语言联结人们。 ● 一些手势是特定文化才有的。	● 从对他人语言的学习中，我能对自己的语言和文化了解到什么？	CulA1a CulB1a, CulB1b, CulB1c, CulB1d
● 语言与文化的相互作用丰富并加速了学习。	● 我去哪里体验这种语言？我能够去哪里？	A1a, A1b, A1d B1a, B1b, B1c CulA1a, CulB1a, CulB1b, CulB1c, CulB1d

持久性理解	基本问题	纽约州标准
● 有多种方式表达相同的想法。 ● 语言习得所需的比区区字面翻译多得多。 ● 如果没有勇气试错，你也无法识别和纠正自己的错误。 ● 你已经知道的语言可以帮助你学习新的语言。 ● 我所说的话（和我认为自己所说的话）可能与他人接收到的不一样。	● 我必须做哪些调整才能习得这门语言？	A1b, A1c B1d, B1f, B2b CulA1a CulB1c, CulB1d
● 肢体语言、手势和音调可能会增益或减损传递的信息。 ● 听力是语言习得的主要部分。	● 说话者想要传达什么？表达方式如何影响我的反应？	A1a, A1b, A1c, A2a B1a, B1b, B2a, B2b, B2c CulA1a CulB1c, CulB1d
● 肢体语言、手势和音调可能会增益或减损传递的信息。 ● 我所说的话（和我认为自己所说的话）可能与他人接收到的不一样。	● 我想要传达什么？我的传达方式如何影响观众的反应？	A1d, A2b B1c, B1d, B1e, B1f, B2d, B2e, B2f CulA1a CulB1c, CulB1d A2a
● 有些词比其他词更重要。 ● 文本中有一些线索可以帮助你弄清其中的含义。 ● 语言习得所需的比区区字面翻译多得多。	● 文本在试图传达什么？传达方式如何影响解读？	B2a, B2b, B2c
● 有些词比其他词更重要。 ● 文本中有一些线索可以帮助你弄清其中的含义。 ● 听力是语言习得的主要部分。 ● 你所提问题的清晰度决定了回应的实用性。	● 如何获得我想要的信息？	A1a, A1c, A1d, A2a B1a, B1b, B1d, B1f, B2a, B2b, B2c, B2d

持久性理解	基本问题	纽约州标准
● 文本中有一些线索可以帮助你弄清其中的含义。 ● 有些词比其他词更重要。 ● 语言习得所需的比区区字面翻译多得多。	● 如果不是所有单词都懂时,我该如何理解其意义?	A1a, A1b, A1c, A2a B1a, B1b, B2a, B2b, B2c
● 对话不仅仅是问答。	● 如何让对话持续进行下去?	A1c, A1d B1c, B1e, B1f
● 语言联结人们。 ● 有多种方式表达相同的想法。 ● 人们通过你所说的和你如何说的来评价你。	● 我所选择的话语是怎样体现我对倾听者的考量的?	A1d, A2b B1c, B1d, B1e, B1f, B2d,B2e, B2f CulA1a CulB1c, CulB1d
● 语言联结人们。 ● 地理影响我们是谁,以及我们如何回应他人。 ● 语言与文化的互相作用丰富和加速了学习。	● 语言和文化如何联结?	B2f CulA1a, CulB1a, CulB1b, CulB1c, CulB1d
● 语言联结人们。 ● 人们欢迎你努力学习并使用他们的语言。 ● 掌握多门语言使你在日益全球化的社会中更有工作竞争力。	● 学习一门语言是如何助力打开机会之门的?	A1a, A2b B1b, B1c, B2a, B2d, B2f CulA1a CulB1a, CulB1b, CulB1c, CulB1d

来源:纽约州,纳纽埃特,纳纽埃特公立学校。经许可转载。

课程层面地图

79

图表3.9是一个建立美国历史课程教学大纲的框架案例。请注意,列标题包含了与"做历史"①进程相对应的州立标准,行标题则将关键内容转化成反复出现的基本问题。还需注意的是,课程设计以概念性和表现性的线索为特征,连结曾经零散的单元主题,帮助学习者在把握"做历史"精髓的情况下,理解大概念和关键任务。

---

① 译者注:"做历史"(learning history by doing history),即通过"做中学"来学习历史,是美国中学历史教学方法与实践中的一个显著特点。来源:王正瀚. 从美国中学教学实例看"做历史"方式[J]. 全球教育展望,2011,40(9):80—84.

图表 3.9 美国历史课程层面框架

"做历史"中的关键挑战

美国历史的基本问题	1. 确定并评估一手和二手史料的有效性和可用性。	2. 能够运用对过去的理解来分析现在的情况以及预测未来。	3. 分析和整合历史上有争议的叙述和解读。	4. 表现出对在考虑其他叙述、解释和意见的考量。	5. 批判性地看待他历史学家的作品；识别倾向、偏见、失真、忽略和误解。	6. 形成一套独立的理论，并用其建构一套经得起推敲的历史观点。	7. 以你的角度来建构你的历史叙述，并为其辩护。
A. 谁是一个美国人？谁说的？答案曾如何变化，为什么？							
B. 谁有权力，谁没有，理论上还是现实中？在时间上，权力的分布和平衡是如何变化的，为什么变化？							
C. 我们的政府所扮演的理想角色是什么？什么时候太过头，什么时候候刚刚好？							
D. 合众为一①。这应该意味着什么？这已经意味着什么？							

① 译者注：原文"E pluribus unum"，美国国徽上的格言之一。

"做历史"中的关键挑战

美国历史的基本问题	1. 确定并评估一手和二手史料的有效性和可用性。	2. 能够运用对过去的理解来分析现在的情况以及预测未来。	3. 分析和整合历史上有争议的叙述和解读。	4. 表现出对其他叙述、解释和意见的考量。	5. 批判性地看待其他历史学家的作品；认别倾向、偏见、失真、忽略和误解。	6. 形成一套独立的理论，并用其建构一套经得起推敲的历史观点。	7. 以你的角度来构建你的历史叙述，并为其辩护。
E. 美国有多民主？在我们的历史中，民主曾被如何呼吁又被如何忽视，为什么？							
F. 美国是如何变化的，为什么是变化的？它是什么时候改革、恒定的，哪些是争辩是永宁的，哪些是新的？有益还是有害呢？							
G. 在关键决策和隐于法律的层面上：真正发生了什么？"万能的金钱"有多重要？"人民"呢？精英呢？宗教呢？政治呢？权利呢？派系呢？媒体呢？							
H. 什么是美国梦？这是真的还是一个骗局？不管是真假，美国梦有何影响，美国梦是什么？							

"做历史"中的关键挑战

美国历史的基本问题	1. 确定并评估一手和二手史料的有效性和可用性。	2. 能够运用对过去的理解来分析现在的情况以及预测未来。	3. 分析和整合历史上有争议的叙述和解读。	4. 表现出对在考虑其他叙述、解释和意见的考量。	5. 批判性地看待其他历史学家的作品;识别倾向、偏见、失真、忽略和误解。	6. 形成一套独立的理论,并用其建构一套经得起推敲的历史观点。	7. 以你的角度来构建你的历史叙述,并为其辩护。
I. 什么是先锋精神? 它如何影响国家政治和国际关系? 它什么时候帮助了我们? 什么时候损害了我们?							
J. 我们曾为什么而抗争? 这些抗争曾在什么时候是正义或必要的,又曾在什么时候是错误或愚蠢的? 我们是如何卷入到抗争中的? 我们是如何脱离出来的? 为什么?							
K. 生命权、自由权和追求幸福的权利①:这意味着的什么? 我们比我们的设想的更自由还是更不自由呢?							

① 译者注:原文"生命权、自由权和追求幸福的权利",来自美国《独立宣言》。

单元层面地图

一些学区将课程地图发展到单元层级。图表 3.10 的单元层级地图案例来自马里兰州蒙哥马利郡的三年级数学课单元。同样,你会注意到更具体的表现指标是集中在更大的概念(持久性理解)和基本问题之下的。

要素四: 关键评估和证据收集

在教育领域,选择**评什么**和**如何评**直接反映了我们在实践中对教育的关注点和目标。如果**说**关注批判性思维,那么如何去评估这种能力呢? 在美国十年级的历史课或五年级的地理课上,批判性思维作为**特定**任务是如何体现的呢? 课程必须要回答这些问题。如果仅把内容视作一种资源,我们就必须确保课程是从反映关键表现性目标的关键评估任务开始逆向设计的。换句话说,我们所要收集的证据应告诉学生他们的学习重点和学习方式。如果我们不去评这些,学生就不会重视这些。一个关注理解和迁移能力的学校或学区,会通过课程内嵌的评估来传递这样一种信息:指向理解和迁移能力的教学目标是至关重要的。

目前,几乎没有学校或学区拥有从一开始就紧紧围绕内容标准、活动目标或长期使命的强健评估系统。部分原因,是因为几乎没有教育工作者充分接受过相关培训,以使他们能设计出关注更大、更长远教学目标的有效评估。此外,绝大多数课堂和学区级别的评估更倾向关注对学习内容的掌握和在布鲁纳教育目标分类学中比较低端的认知阶段,不会考虑在需要迁移能力的复杂任务中体现的理解与表现。

而正是后面这种评估才是真正需要的,是用以判断学生是否真正理解并运用他们所学的证据。因此,我们建议教育者找出复杂度次序上升且反映真实情景的**关键表现评估**,以此来锚定课程。锚是为了防止船只没有目标地漂泊,设计这些评估的目的,就是通过重要的、**重现的**表现来聚焦教学内容,防止"课程漂移"。当我们号召真实性应用的时候,并不是要去回顾基础事实或机械地记忆公式,而是希望学生能够迁移——将他们所学应用于一个新的、现实的情境中。

图表 3.10　三年级数学课单元层面地图

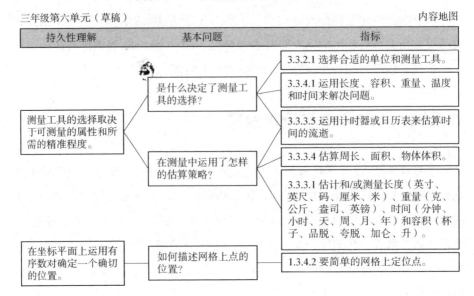

三年级第六单元（草稿）　　　　　　　　　　　　　　　　　　　　内容地图

持久性理解	基本问题	指标
测量工具的选择取决于可测量的属性和所需的精准程度。	是什么决定了测量工具的选择？	3.3.2.1 选择合适的单位和测量工具。
		3.3.4.1 运用长度、容积、重量、温度和时间来解决问题。
		3.3.3.5 运用计时器或日历表来估算时间的流逝。
	在测量中运用了怎样的估算策略？	3.3.3.4 估算周长、面积、物体体积。
		3.3.3.1 估计和/或测量长度（英寸、英尺、码、厘米、米）、重量（克、公斤、盎司、英镑）、时间（分钟、小时、天、周、月、年）和容积（杯子、品脱、夸脱、加仑、升）。
在坐标平面上运用有序数对确定一个确切的位置。	如何描述网格上点的位置？	1.3.4.2 要简单的网格上定位点。

来源：马里兰州蒙哥马利县，© 2003，蒙哥马利公立学校。经许可改编。

　　一些关键评估会反映重现性表现，就像我们在纽约州格里斯的中学写作教学案例一样。某些特定的学科领域，例如竞技体育、写作和世界语言，比较熟悉重现性表现——在这些领域中，相同的体裁或者表现情境会随着时间的推移不断出现，但表现要求的复杂性和开放性，以及对学习者的预期会有所不同。其他基准任务则会具体到课程或单元的内容目标。

　　以下三个例子展示了针对中学生的更加具体的表现性评估任务（图表3.11—3.13）。请注意每一个例子都本质上具有真实性；换句话说，就是需要学生将他们的所学，以能够反映真实生活中运用知识和技能的方式，进行应用。这种任务要求考虑周全地去应用和迁移——因此它们与那些注重标准化测试的、脱离情境的选择题大有不同。同时还需要注意的是，这些特定的表现性任务与重现性表现相关联，这种关联将会呈现在各图表的底部。

图表 3.11　中学世界语言课：旅游向导

等级Ⅰ——你需要在学校(或者是市区、商场)附近"旅行"一圈,尽量用简单的陈述性语言(用目标语言)讲述你此次"旅行"的五个**地点**,需要使用各种有关**方位**和**交通工具**的词语,包含:**方向**(左、右、近、远、相邻等等),**场所**(教室、自助餐厅、体育馆、图书馆、实验室、教堂、警察局、消防局、学校、餐馆、商店)和**交通工具**(公交车、出租车、火车、汽车、自行车、楼梯、自动扶梯、电梯)。

等级Ⅱ——你将要计划去【请填国家】的首都。你将只在这个城市待两天。请用目标语言记旅行日记,说说你到访了哪些地方、看到了什么。这些地方要相邻足够近,以保证在两天之内可以完成游览,同时还要确保你要去的地方在参观当天会正常开放。

等级Ⅲ——假设你被世界语言协会的成员选中,为他们策划前往两个国家的年度旅行(目的国语言是你们学校所教的语言),你必须要计划一条旅游线路,包含至少五个有重要文化和历史意义的景点。行程中至少应包含一个特别能让青少年感兴趣的场所/活动(例如欧洲迪士尼、一场斗牛表演或者一场足球比赛)。尽可能使用公共交通工具。编写一本小册子来宣传你所设计的旅行,同时给那些有兴趣和你一起旅行的同学准备一次课堂展示。

等级Ⅳ——你即将去你所选择的某外国国家出差。你需要和你的同伴进行角色扮演,预定机票和酒店。你需要叙述:到达美国机场并办理登机手续;飞机降落后通过海关;搭乘出租车去酒店。由于你在业务往来之余还有一些时间,所以你想要尝试一些简短的文化漫游,并需要向你所在酒店的前台咨询相关信息并与他制定行程安排。

来源:新泽西州,伍德伯里高中,世界语言教研组

重现性表现:顺利地使用目标语言,在复杂且"混乱"的、具有真实性的情景中进行交流。

图表 3.12　科学课中的分析混合物("烂泥巴")

两两分组,八年级的学生需要利用他们在过去一年中的个人实验里所学与所用的十几种独立技能,来分析一滩成分复杂的"烂泥巴"的组成成分(固体和液体)。每一组都会得到一滩不同的混合物。他们将通过之前的实验记录来回忆如何使用这些技能,有时候,他们可能需要重做个人实验,因为他们在原先的工作中发现了纰漏。最终,在识别出他们小组的"烂泥巴"成分之后,他们将向全班展示他们的发现,同时观众们会审查评论他们的实验结果和实验方法。科学课的整个学年都是从研究"烂泥巴"的需求出发,自然地进行逆向设计的。

来源:新泽西州,南奥兰治县,梅普尔伍德

重现性表现:成功地识别和控制实验设计中的不同变量、修复漏洞,并开展科学实验。

在调研了一个当前的政治问题之后,给公共政策制定者写一封信,要考虑到这位官员对这则政治问题的立场。假设这位公共政策制定者是反对学生立场的。你将会获得一份文件材料,告知你公共政策制定者的立场和背景信息。如果文件材料不能引出一则政治问题,你将在几个不同情境下选择一个(展开调研)。

你的这封信需要呈现你的观点,并且尝试着说服公共政策制定者根据你的立场来表决。

来源:改编自科罗拉多州,立托顿高中

重现性表现:成功确定目的和受众,并针对此背景设计沟通与内容。

这些任务在本质上都具有真实性,而且如果学生要获得成功,需要在应用事实性知识、概念和技能的同时,运用高阶思维(例如:评估)和心智习惯(如坚持不懈)。尽管这些特定任务是为中等年级的学生设计的,更低年级的学生也可以通过完成这些任务为更好的表现做准备。基准评估任务不必是展示活动或特殊项目。学生应将它们看作一种**典型的**评估方式,就好像是每个学科领域里的十项全能比赛一样,以不同形式不断重现。

这些真实的可迁移任务的作用不仅仅是收集评估证据的一种方式。这些通过精心设计的任务体现了有价值的学习目标和成就,因而才成为了"值得教"的任务。此外,当这些任务在一门课程或一个单元的开始部分出现时,它们为学生提供了有意义且具体的学习目标。如果想要达到重要的表现标准,就需要提高评估的透明度。学生必须提前知道他们需要完成的任务,而且这些任务还必须不断重现以给学生们掌握的机会——这和在现实世界的情况是一样的。如果要对评估标准保密,要么就是愚蠢,要么就是不道德。

让我们再来看看运动训练这个类比:教练日常通过操练来让运动员提升和精炼基本技能,而且这些操练是有目的地指向比赛中的表现的。然而,大多数情况下,课堂教学和评估过分强调脱离情境的练习,却几乎不为学生提供真正"打比赛"的机会。和体育竞技一样,在课堂上,操练和比赛一样重要。学生需要学习关键事实并掌握基础知识,技能操练式的学习可以满足这一需求。但是学习者同样也需要机会来运用知识和技能——就如同去打一场真正的比赛。真实的表现性任务会为学生们提供一个有意义的目标并帮助他们看到学习基础知识的价值。

证据的收集

将关键评估及其衍生的任务看作是为学生学习、理解和迁移提供**证据**，这样的思考十分有益。正因如此，关键评估才能够有助于**收集**学生作品，这些学生作品包含在单个任务中，并且是以其他证据作为补充的。在艺术、写作和技术类学科中，早就开始用作品集收集证据了，我们呼吁所有学科领域都考虑这种方式。

作品集是一种有意义地收集学生作品的方式，作品展示了学生们在相当长的一段时间里，在一个或多个学科的努力、进步和成就。不像那种"快照"式的评估，只是提供了某个时间点上的信息，作品集的功能更像是一本相册，包含着不同时间段和在多种情境中的各类相片。正是这种"随着时间累积"的性质使得作品集非常适合记录发展、成长和进步。

在建立一个作品集系统之前，教师必须认真地考虑其预期用途。在大多数情况下，作品集被用来记录学生的成就和学习过程，陈列"最佳"作品，评估表现，或者用来与学生家长、高校招生办或者就业单位进行沟通。一旦明确了作品集的用途，其他相关决策就随之产生了，如：作品集中应该包含哪类学生作品（"最佳"作品、代表性作业，和某个学科作业），应该由谁来决定包含什么作品（学生、教师、学区），谁拥有并掌管作品集（学生、教师、学区）。图表 3.14 和 3.15 展示了一些可用于美术、语言艺术和数学的作品集案例。

正是认识到学生作品的真实样例所具有的信息交流价值，许多学校和教师正在使用学生作品集作为家长会的核心展示品。学生越来越多地作为家长会的参与者积极投入其中，以他们要达到的理想成就为依据，描述并解释他们作品集中的作品，从中展示他们的成长。作品集所提供的证据不应该只是展示学生的知识掌握或趣味项目，而是要提供能力依据，证明学生能在各种有效且真实的媒介和情境下迁移所学。辅之以发展性评价量规，作品集就提供了学习和成长的实质证据，相当于提供了一份学习者成就摘要，而不是仅有字母等级和卡耐基学分[①]的成绩单。

---

① 译者注：卡耐基学分，指中学生修完一门课程所得的学分，为升大学时的资格计算单位。

图表 3.14 美术课的作品集评估框架

课程	作品集的要素	作品集预期
艺术基础 (达到美术课 毕业要求)	● 教学前的诊断评价 ● 三份表现"进步基准点" 的艺术作品 ● 写生簿/日志 ● 期中考试 ● 期末考试	过程性作品集和三个"基准点作品"需要着重关注以下艺术修养成长的证据: ● 运用写生簿和笔记本来生成灵感并用媒体进行试验 ● 解决反映在发展概念/想法、筹划和执行质量上的视觉问题 ● 熟练运用媒体技术 ● 反思自己的进步和进程
美术	● 美术作品集基础 ● 六份基准点艺术作品 ● 两份高水平画作 ● 四份其他媒体作品,以 展示涉足广度 ● 写生簿/日志 ● 期中考试或学校设计的 表现性任务 ● 期末考试或学校设计的 表现性任务	最佳作品锦集(至少 6 份最佳作品和过程性样例)来展示以下艺术修养成长的证据: ● 运用写生簿和笔记本来生成灵感,并用媒体进行试验 ● 解决反映在筹划和执行质量上的视觉问题 ● 熟练运用媒体技术创造艺术作品 ● 创造出展现想法与对媒体运用广度的艺术作品 ● 反思自己的进步和进程
艺术画室Ⅰ 资优班/ 大学预科	● 美术作品集 ● 最少 12 份艺术作品 ● 写生簿/日志 ● 期中考试或学校设计的 表现性任务 ● 期末考试或学校设计的 表现性任务	最佳作品锦集(至少 12 份作品和过程性样例)展示以下艺术修养成长的证据: ● 运用写生簿和笔记本来生成并完善灵感 ● 在一个专攻领域里,解决反映在筹划和执行质量上的视觉问题 ● 熟练运用媒体技术创造艺术作品 ● 创造出展现媒体运用广度的艺术作品 ● 反思自己的进步和进程
艺术画室Ⅱ 资优班/ 大学预科	上述相似的预期 再加上艺术画室Ⅰ资优 班/大学预科的作品集	与上述相似

来源:马里兰州,巴尔的摩郡公立学校。经许可改编。

要素五:分析型和纵向型量规

量规是一个基于指标的评价工具,包含一个固定的测量量表(例如:四分等级)和对每一个等级特征的描述。整体型和分析型的量规被用来评判由学生作品和表现所反映的理解或掌握程度。一份综合型量规提供的是对学生作品的整

图表 3.15 语言艺术和数学档案袋中的选项

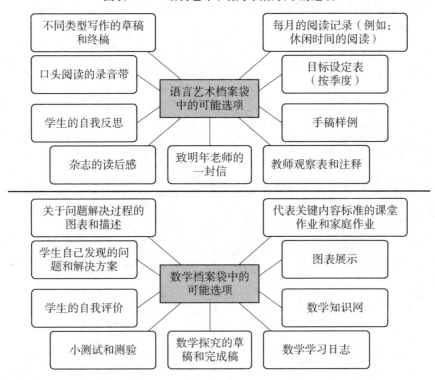

体印象。综合型量规对一个作品或表现给出的是**单个**分数或等级。一份分析型量规是将一项作品或表现分成不同的特质或维度，并对其每一项单独评判，分别给出一个分数。分析型量规提供了一种具体而有用的反馈，有助于在每个层次上掌握质量表现的要素并进行改进。图表 3.16 是一份议论文写作的分析型量规，来自纽约州格里斯中央学区。

教师和课程研发人员曾为理解州级要求而心力憔悴，这些层面的标准与基准只包括一系列对于学生应该知道什么以及能够做到什么的宽泛说明。当标准和基准依据表现指标或表现标准来编制时，课程和评估的设计工作就变得简单许多，因为这些指标和基准传递出的信息是，对内容标准中所列事实、概念和技能的预期结果，是表现类型和表现标准的层级。表现指标指出了所需的评估种类，而表现标准提供了评价与报告预期表现完成度的基本原则。图表 3.17 的四分制量规展示了在语言艺术学科里表现标准是如何反映标准和一系列相应基准的。

图表 3.16　中学议论文写作量规

技能领域	6	5	4	3	2	1
含义： 文章展示出对写作任务和写作文本（一份或多份）的充分理解、分析和解释。	● 传达出对写作的话题、任务中的观众和目的准确而深刻的理解。 ● 提供富有洞察力且全面的分析和解释以支持论点或立场。	● 传达出对写作的话题、任务中的观众和目的完整的理解。 ● 提供清晰、明确的分析和解释以支持论点或立场。	● 传达出对写作的话题、任务中的观众和目的虽然有些基本但准确的理解。 ● 提供一部分分析和解释以支持论点或立场。	● 传达出对写作的话题、任务中的观众和目的较为准确的理解。 ● 提供较为局限或表层的理解，仅在某些部分支持了论点或立场。	● 传达出对写作的话题、任务中的观众和目的或大部浑沌的或不准确的理解。 ● 提供了含混的分析和无依据的解释来支持论点或立场。	● 没有提供理解话题或写作任务的证据。 ● 提供不连贯、不能支持论点、或立场。
发展： 运用特定的、相关的细节和/或证据来详细阐述想法，以支持核心主旨。	● 从各种来源中，选用特定概念与文本证据，并加以详细阐述、有效整合进论点，以清晰且全面地支持立场。 ● 有效地预见并令人信服地驳斥反对观点。	● 从各种来源中，选用概念与特定文本证据，并加以解释，融进论点，以清晰连贯地支持立场。 ● 预见并较为令人信服地驳斥反对观点。	● 从各种来源中，选用文本证据作为论点以支持立场。 ● 预见并尝试在基本层面上驳斥反对观点。	● 选用一些概念和文本证据，却缺乏详细阐述或来源较为局限，片面地支持了立场。 ● 部分预见，并有限地尝试试驳斥反对观点。	● 尝试支持立场，但所选用的文本概念和证据本不清晰、不正当。 ● 略有提及但有尝试去驳斥反对观点。	● 完全缺乏行文展开，并且含有包含文本证据。 ● 没有尝试去见或驳斥反对观点。

技能领域	6	5	4	3	2	1
组织：文章确立了清晰的核心主旨，保持主线的思路，确保主旨点和关注点的连贯性。	● 有技巧地确立一个清晰且让人眼前一亮的核心主旨，并始终扣题。 ● 运用能令人信服地支持核心主旨的论述、证据，展现出有逻辑且连贯的文章结构。 ● 有技巧地运用过渡词汇和过渡短语。	● 有效地确立一个清晰的核心主旨，并始终扣题。 ● 有逻辑地论述、证据主张，以支持核心主旨。 ● 有效地运用过渡词汇和过渡短语。	● 确立了一个清晰的核心主旨并保持扣题。 ● 有逻辑地论述、证据和解读，但是章节内的想法可能并未被连贯呈现。 ● 尝试运用一些过渡词汇和段落过渡。	● 有一个核心的基本主旨，但并未持续地保持扣题。 ● 展示出基本的文章结构，但是所主张的论述、证据和解读缺乏连贯性。 ● 过渡词汇或过渡短语缺乏一致性。	● 确立了一个浑沌或不相关的核心主旨，且不能保持扣题。 ● 尝试将想法组织成开头、中间和结尾，但是缺乏连贯性。 ● 几乎没有尝试运用过渡短语。	● 没有包含核心主旨或没有主题。 ● 完全缺乏连贯性。 ● 完全没有运用过渡词汇或过渡段落。
用语：通过措词和语句多样性，使文章展现出对受众和写作意图的考量。	● 文风精妙，用语精确且富有感染力，有显著对受众和写作意图的考量。 ● 有效地融入了各种各样的句型以展现语法上的连贯性。	● 用语流畅且原创，有明显著对受众和写作意图的考量。 ● 融入人各种各样的句型的语法结构。	● 用语恰当，对受众和写作意量有所考量。 ● 尝试包含一些不同的句型，但是有些拙劣参差不齐。	● 依赖基础词汇，几乎没有对受众写作意图。 ● 展现出对如何句型变换的认识，依赖于较为局限几个语法结构。	● 用语对于受意图来说不准确或不合适。 ● 对于如何撰写的句子呈现出浑沌一句完整的句子理解，且几乎没有能力变换句型。	● 用语不连贯、不恰当。 ● 包含大量不完整或粘连的句子，以致严重阻碍了对文章的理解。

技能领域	6	5	4	3	2	1
书写规范：文章展现出规范的拼写、分段、标点符号、大写和语法的使用方式。	● 掌握了书写规范，基本上没有错误，甚至在使用复杂语句时也没有错误。	● 掌握了书写规范，只会在使用复杂语句时偶尔犯错（例如：复杂句子中的标点符号）。	● 部分掌握了书写规范，偶尔犯错，但是并不影响对文章的理解。（例如：同音异义词语的错误使用）	● 初步掌握了书写规范，经常犯错，一定程度上影响了文章的理解。（例如：代词和先行词的一致；基本单词的拼写）	● 没有掌握书写规范，经常犯错，导致文章理解起来有困难（例如：主调：主语一致；俚语的使用）	● 无法作为英语去识别或辨认。

来源：纽约州，北格里斯，格里斯中央学区。经许可改编。

图表 3.17　口语和听力的州级表现标准量规

学生运用听说技能来应对不同的目的和受众。	
基准点 （4 年级）	表现性标准等级陈述 （4 年级）
1. 学生能够针对一个主题，运用语言组织、音量、体态、眼神和相关的手势进行演讲。 2. 学生能够运用恰当的演讲策略来应对不同类型的演讲。 3. 学生能够理解使用各种媒体时的语言技巧，例如基本的宣传技巧。 4. 学生能够流利地、声情并茂地大声朗读自己或者他人的文本。 5. 学生在小组中以合作的态度表达与聆听。	**进阶表现** 演讲明确地考虑到目标与受众。观点表述清晰，并采用具体且准确的细节描述来支持观点；具有优秀的口头交流技巧，进行反馈时逻辑清晰且明确相关。 **熟练表现** 演讲考虑到目标与受众。用充分且相关的细节描述来支持观点表达。讲话时展现了合适的组织与传达信息技能，并在积极倾听的同时能够给予相关的反馈。 **基础表现** 演讲时需要通过辅助才能显示出考虑目标和受众的表现线索。观点有迹可循，但是支持观点的细节描述十分不足或并不相关。组织与传递信息的技能在有辅助的情况下较为完善。同学们在积极倾听的过程中给予极少的反馈。 **低于基本表现** 需要大量的辅助，或者几乎没有证据表明能够达到标准表现。

来源：怀俄明州教育厅，2003 年。

纵向型量规

当确定了学校使命和一系列学科目标后，我们如何测量这些目标的进展情况呢？我们认为，在美国主流的教育领域中，这个问题没有被充分考虑过。这是为什么呢？因为绝大多数的课程都建立在短期内容呈现的基础上，而不是围绕着长期的表现性目标和不断重现的大概念。就目前来看，最主要的测量进展的方式是考试分数和课程成绩。这种方式可被看做是"快照"，或者说是在不同量表中的离散数据点，这些点无法被叠加成一个连贯的、测量最终目标的方式。而我们的所需类似于电影——是一串连续的影像画面，以向教师、学生和家长展示更详细、更准确的学生学习和成长状况。类似的比喻还包括在跳水和花样滑冰中的动作难度系数表、武术中不同颜色的腰带和技术贸易（如管道工程和木工）中的分级许可制度。

第三类量规——纵向型量规——描述的是一种以固定的、从入门到精通的连贯阶梯为路径的、使命相关的成长。其中每一个等级都代表了这条通向最终表现成果路上的一个关键基点。这些纵向型量规为从表现开始的逆向设计提供了基础,以便教师和学习者处在每个等级时,都能够了解他们相对于最终表现成果,当前处在哪个发展阶段。纵向型量规并没有绑定任何特定的表现或者评估任务,而是让教师、家长和学生能够跟踪学生在通向理想成就过程中的**进展**情况。

我们建议纵向型量规应该为课程中的每一个学科领域提供"表现主干道"。实际上,这样的课程体系早已存在。在特拉华州历史课案例中就曾提供过一种近似的方法,他们跟踪记录了学生学业生涯中与时序性和因果关系有关的思维成熟度。在英国,自20世纪90年代中期以来,纵向型量规都已在全国范围内的所有学科领域里投入使用了,就连语言艺术课的发展型量规,也已在澳大利亚和新西兰使用了数十年。图表3.18展现了一个科学课纵向型量规的例子,来源于英国的全国性课程。类似的纵向型量规还应用于每个学科领域。完整课程和量规(在全国性课程中,又名"成就目标")请参见:www. nc. uk. net/。

在美国,萨缪尔·麦索尔斯(Samuel Meisels)为文学素养的发展设计了"综合体系(the Omnibus system)"。其他组织,如美国外语教学委员会(American Council on the Teaching of Foreign Languages,2003),也已经为衡量世界语言的表现水平而创造了听、说、读、写方面的发展型量规(详见 www. actfl. org/)。还有与此类似的国家教育进展评估(the National Assessment of Educational Progess),经常被称为"国家成绩报告单(The Nation's Report Card)",也采用纵向型量表来描述其测试中的表现、转换其测试中的分数(详见 www. nagb. org/)。

92

图表3.18 科学探究课的纵向型量规

第一级
学生能够描述或者恰当地回应他们所观察到的物体、活物和事件的简单特征,并运用简单的方式交流他们的发现。**例如:通过简单的绘画和图表来描述他们的作品。**
第二级
学生能够回应有关如何把事情弄清楚的建议,并通过他人帮助,提出自己关于如何收集数据回答问题的建议。他们能够在借助帮助的情况下,使用简单的文本来查找信息。他们能够使用所提供的简单设备进行与任务相关的观察。他们能够观察和比较物体、活物和事件。他们能够运用科学词汇来描述观察结果,并在合适的时候使用简单图表将其记录下来。他们能够说出发生的事情是否在他们的预料之内。

第三级

学生能够对建议做出回应,并且提出他们对如何找出一个问题的答案的个人想法。他们能够意识到,为什么通过收集数据来回答问题是很重要的。他们能用简单的文本来寻找信息。他们能够做出一些相关的观察和测量数值,如长度或质量。在适当的情况下,他们能够在一定帮助下进行公平测试(fair test),并能理解和解释为什么它是公平的。他们能够以各种方式来记录观察。他们能够提供对观察结果和对测量记录中简单规律的解释。他们能以科学的方式沟通所发现的内容,并且对他们的作品提出改进意见。

第四级

学生能够意识到科学观点是需要基于证据的。在他们自己的调研工作中,他们可以判断为了回答问题应该采取哪种方法更适合,**例如使用一个公平测试**来回答问题。在适当的情况下,他们能够描述,或者以他们完成任务所使用的方式去展示,如何改变一个因素,同时保持其他的因素不变。在适当的情况下,他们能够做出预测。他们能够在所提供的资源里去筛选信息。他们会选择合适的设备并进行一系列符合任务所需的观察和测量。他们能够使用表格或者柱状图来记录他们的观察、对比和测量的结果。他们开始通过描绘数据点来形成简单的图表,并运用这些图表去指出和整合他们数据中蕴含的规律。他们开始将自己的结论和这些规律以及科学的知识和理解联系起来,并且能够以合适的科学术语进行表达。他们能够给自己的作品提出改进意见,并且能够列举出原因。

第五级

学生可以描述实验证据和创造性思维是如何结合起来提供科学解释的。例如,关键阶段 2[①] 中的詹纳[②]对疫苗接种的研究成果;关键阶段 3 中拉瓦锡[③]对燃烧的研究成果。当他们尝试去回答一个科学问题时,他们能够确定一个合适的方法。他们能够从一系列来源的信息中进行选择。当探究内容包含公平测试时,他们能够确定需要考虑的关键因素。在适当的情况下,他们能够基于自己的科学知识和理解做出预测。他们能够为一系列任务选择合适的设备并为有效地利用它们做规划。他们能够根据任务所适合的精细程度,做出一系列的观察、对比或测量。他们开始重复观察和测量,并为他们所遇到的任何差异提供简单的解释。他们能系统地记录观察和测量的结果,并在适当的情况下,以线形图的形式去呈现数据。他们能够总结出与收集到的证据相一致的结论,并且开始运用科学知识和理解去联系这些结论。他们能够就如何改进他们的操作方法提出实用意见。他们能够使用恰当的科学语言和表达惯例来交流定量和定性的数据。

---

① 译者注:原文"key stage",英国义务教育分级专用词汇。根据英国政府官方网站(www. gov. uk),关键阶段 1 包括 5 至 7 岁、一至二年级的学生;关键阶段 2 包括 7 至 11 岁、三至六年级的学生;关键阶段 3 包括 11 至 14 岁、七至九年级的学生;关键阶段 4 包括 14 至 16 岁、十至十一年级的学生。

② 译者注:爱德华·詹纳(英语:Edward Jenner, 1749 年 5 月 17 日—1823 年 1 月 26 日),亦译作爱德华·金纳或琴纳,全名安特·爱德华·詹纳,英国医生、医学家、科学家,以研究及推广牛痘疫苗,防止天花而闻名,被称为免疫学之父。

③ 译者注:安托万-洛朗·拉瓦锡(Antoine-Laurent de Lavoisier, 1743 年 8 月 26 日—1794 年 5 月 8 日),法国著名化学家、生物学家,被后世尊称为《现代化学之父》。

第六级

学生能够为一些已被大众接受的科学观点描述其所依托的证据,并能够解释科学家是如何演绎这些证据才使得新观点得到发展和接纳的。在他们自己的探究作业中,他们会运用科学的知识和理解去确定一个适当的方法。他们能够有效地选择和使用信息来源。他们能够完成任务所需的测量、对比和观察量。他们能够使用一些高精度的设备来精确测量各种物理量。他们为图形和图表选择的刻度/比例,能够让他们有效地显示数据和特征。他们能够鉴别出那些不符合主要规律所示的测量和观察结果。他们能够总结出与证据相一致的结论,并运用科学的知识和理解来解释它们。他们能够就如何改进工作方法提出合理的建议。他们能够使用科学的语言和表达惯例,筛选并运用恰当的方法,交流定量和定性的数据。

第七级

学生能够基于科学理论来描述一些预测,并且给出一些收集证据以验证这些预测的例子。在作业中,他们能够运用科学的知识和理解来决定研究问题的适当方法。他们能够在复杂的背景和变量不容易被控制的背景下,确定关键因素,并规划合适的步骤。他们能够综合一系列来源的信息,并识别出二手数据中可能存在的局限。他们能够使用各种类型的仪器精确地进行系统的观察和测量。他们能够确定何时需要重复测量、对比和观察来获得更加可靠的数据。在适当的情况下,他们会使用最佳拟合线来用图表表示数据。他们能够总结出与证据相一致的结论,并运用科学的知识和理解来解释它们。他们开始考虑所采集到的数据是否能充分地支撑结论。他们运用一系列的科学和技术的语言和表达惯例来交流他们所做的事情,包括符号和流程图。

第八级

学生能够给出那些曾经由于额外科学证据的出现而不得不改变的科学解释或模型的例子。他们能够评估和综合各种来源的数据。他们能够认识到探究不同类型的科学问题需要不同的策略,并运用科学的知识和理解来在他们自己的作业中选择一个合适的策略。他们能够决定哪一类观察与定性研究相关,并将合适的细节包含在他们的记录中。他们能够决定在对比或测量中所需的精度水平,并收集数据使得他们能够检测出不同变量之间的关系。他们能够确定并开始解释那些异常的观察和测量数据,并且在绘制图表的过程中允许这些误差的出现。他们能够运用科学的知识和理解从他们的证据中得出结论。他们会批判性地看待表示结果的图和表。他们能够运用合适的科学的语言和表达惯例来交流自己的发现和观点,并展示出对一系列观点的考量。

超常表现

学生能够给出那些被后续实验所挑战的科学解释和模型的例子,并解释证据在修正科学理论过程中的重要性。他们能够评估和综合各种来源的数据。他们能够认识到探究不同类型的科学问题需要不同的策略,并能利用科学的知识和理解在他们自己作业中选择一个合适的策略。他们能够记录相关的观察和对比,并能清楚地发现一些有特定意义的点。他们能够确定测量所需的精度水平,并收集满足这些要求的数据。他们能够用他们所收集到的数据来验证变量之间的关系。他们能够发现和解释异常的观察和测量结果,并在绘制图表的时候允许这些误差的存在。他们能够运用科学的知识和理解来解释趋势和规律,并且能够从自己的证据中总结出结论。他们能够批判性地看待表示结果的图和表,并给出他们可以如何收集额外证据的合理说法。他们能够运用合适的科学语言和表达管理来交流自己的发现和结论,并展示出他们对结论的不可信度以及对一系列不同观点的考量。

来源:英格兰国家课程材料。©1999 教育与技能及资格及课程管理局。经许可转载。

《不让一个孩子掉队法案》[①]（*No Child Left Behind*，NCLB）和其他基于标准的举措都呼吁要关注年级层面的目标，这虽然必要，但是却不够充分并且有可能会适得其反。NCLB 法案没有提供关于如何确保课程朝着最终水平发展的指导。如果我们有一个系统的能力标准去评估当前表现、跟踪进展并锁定所需教学，那么实现长期表现性目标才更有可能。纵向型量规为这种工作提供了工具。

常识告诉我们，如果我们想要知道如何正确地进步，我们需要以长期目标为参照的反馈，而不只是单个测验和考试的分数。每个学区都需要确保体系中每个层级上的每个人都能获得针对他们所需长期目标的反馈意见，否则关键的长期目标将永远无法渗透到日常思考或学业中。

我们需要：通用量规

设计优良的量规，基于其被明确定义的指标，能展示出一项作品或表现中的重要维度。当通用量规被普及使用于一个部门或年级组、学校或者学区时，由于表现评价指标不会因教师不同而变化，因此评价结果就会更为一致。通用量规还支持基于标准的评分和报告，并且有助于减少由于不同教师在评分中重视不同因素而导致的评价之间没有可比性的问题。

通用量规不只是提供了在教学结束时可以使用的评估工具；它们还帮助澄清了教学目标，并充当了教与学的靶子。那些曾在团队中工作并为学生评分的教育者往往观察到，就是这个根据通用量规去评价学生作品的过程，教会了他们许多关于什么能使作品和表现更成功的知识。当教师内化了那些能带来稳定表现的素质时，他们在自己的教学中会变得更加留意这些素质。

通用量规也能使学生受益。当学生**提前**知道了评价表现的指标，他们就有了明确的努力目标。对于预期质量，或者对产品和表现进行评估和分级的依据，都不再是神秘的了。无论是课堂内还是在课堂**外**，学习者都不必猜测什么是最重要的，或者他们的作品将被如何评价。当他们理解一个量规后，学生就能够对自己的作品进行自我评估。通过这种方式，通用量规将有助于**提升**学生的学习

[①] 译者注：又称《有教无类法案》，2002 年由时任美国总统签署。法案支持了标准化测试教育的改革，并指定部分年级的全体学生须每年参加评估。

质量,并支持为实现最终的可迁移目标而需要的长期成长。

要素六：参照作品样例

参照作品样例是学生表现案例,它能让一份表现评价量表(或量规)上的每个等级(或得分点)都具象化。这些参照物根据既定的评价指标,对各种能力层级或熟练程度提供了实质而具体的展示。那种反映着最高表现水平的参照物,通常被人们称为范例。

当评价学生的作品或表现时,参照物能够帮助教师理解并且前后统一地应用指标和标准。它们为教师和学生提供了清晰的任务目标,可以激发并引导他们的努力,在自评和互评过程中,它们还能够帮助学生更好地理解和应用指标。

前文提到的纽约州格里斯中央学区的中学语言艺术课程包括了一份季度性写作评估的基础内容,与一系列针对每种写作体裁——说明文、议论文、文学分析、散文、记叙文——的通用量规。有了这些关键写作评估和通用量规,就能完成区级范围内参照样例的筛选。中学英语教职人员定期开会,使用每种写作类型的通用量规来评价学生每个季度写作评估的表现。作为评价的一部分,他们会选择并批注范例。举例来说,图表3.19中所示的,就是一份九年级的说服性文章范文。请注意这份作文范例包括页边空白处的批注。这些依据量规所做出批注,指出了该作品能成为合格范文的具体特质。

以下是格里斯学区写作评估体系的一个特别值得关注的方面:评估地图,写作量规和范文都发布在该学区的网站上,(详见:http://web001.greece.K-12.ny.us/academics.cfm)。所有的教师、家长和学生都能够获取相同的信息。该学区写作评估体系的透明度和易得性使教学预期变得明晰,使评估有了更强的一致性,还提供了优秀表现的范例。换句话说,关于教学预期、学生作品将被如何评判,以及优秀作品是什么样的,变得不再神秘。

越来越多的州和特区在自己的官方网站上发布了类似的写作评估参照样例。比如说,纽约市教育部提供了历史学科中的问题参照案例。同样的,美国大学预修课程为任教老师们提供了包含学生作品样例、评分量规和评估者评语的小册子。对于现有评价体系的运用,实现了本校评分与州表现标准之间更紧密

95

102　基于设计的学校教育:使命、行动与成就

的关联，满足了让师生均获得所需反馈的课程改革刚需。

图表3.19　含批注的范文（参照样例）

九年级

说服性文章的范文（含批注）

加了批注的范文

说服性文章

	学校是一个学习的地方，是一个获得知识和洞察力的机会，这是我在希腊奥林匹亚中学学习时意识到的。一天早晨，我很早就往教室赶了，由于连续阴雨，橡胶鞋底湿漉漉的，踩在大厅走廊的地板上几乎听不到声音。我以为我是第一个到的，然而并不是，就在	作者用一个情境来吸引读者，并使用了恰当的语气。

作者对意象的运用有助于为读者创造语境。

我要进门时，我看到一个有着褐色卷发、红润面色、穿着牛仔裤和粉色毛衣的女孩子已经在教室里了。可能因为她的鞋子不行，鞋底象她年轻的肌肤一样光顺，她滑倒了，先是身子腾空，然后重重地摔在地上。我退后一步，忍不住在走廊里笑出声来。当我再往房间里看的时候，本以为她经这么一摔，肯定是动不了的。然而，她已经跳起来了，眼睛急切地、快速地、左左右右地看了一通，发现没有人才放心，然后缓慢地，估计是忍着疼痛地，移向她的座位。

作者应用了生动而准确的语言。

基于主题、受众和目的，作者选择并使用特定的修辞手段支持判断并增强其说服力。

那一刻，我意识到，人们，包括我在内，似乎关心他人对自己的想法与要求大过自己的想法与要求。这个女孩非常在意别人怎么想，她甚至没有停下来喘口气。难怪我们听"邻居会怎么想？"这句话听得耳朵都起茧了。多年来，人们一直对拥有更好的房子、购买更快的汽车和拥有更具吸引力的伴侣感兴趣。然而，这些事情会带来自我实现吗？拥有它们能够给人留下深刻印象吗？如果是这样，我们为什么要在意其他人的想法？然而，我们从小就被这样培养的。从很小的时候起，我们就被教导去取悦父母，然后是老师、教练和朋友。从我们出生的那一刻起，其他人就期望我们以某种方式行事、思考和判断价值，而作为易受影响的年轻人，我们通常会在不知不觉中顺从了这种期望。

作者使用有效的解释来提供见解。

在诸如音乐、世界语言和视觉艺术的学科领域中，一些学校和学区正在配备音频和视频的参考样例。例如，在弗吉尼亚州的费尔法克斯县，世界语言部门已经开发了针对听、说、读、写的区级基准评估，配套含有1级、2级、3级和进阶四个等级的伴随性量规（包括分析型和综合型两种格式）（详见 www. fcps. K-12. va. us/DIS/OHSICS/forlang/PALS/rubrics/index. htm）。多年来，该学区教师已收集到包含该区所教各种语言版本的口语表现的音视频样例。委员会随后选取了一些样例，好让量规的每一等级都有参照物。除了为评估体系找准参照物外，这些参考样例还可以用于指导学生、告知家长。在国家层面，艺术学科的大学预修课程(AP课程)评估也提供了类似资源。

要素七：具有赋能价值的学习活动和学习资源

课程指南通常提供指导性建议和帮助性资源,但这些指南往往与具体的可迁移目标、有意义的任务和表现性标准相脱离。

学习活动应该在最大可能上让学习者在关键评估任务中取得成功、并达到与迁移相关的表现性标准。本着这样的追求,我们建议,在一份追求理解的课程指南中应包含针对**学生**的具体学习策略和工具。说到底,**学生才是必须达到标准的人**。在较少教师指导的情况下,学生们能够表现发挥、自我评价与自我调整的程度是成功的关键因素。要想形成深度理解、促进有效迁移,核心的教学方式应该是建构式、迭代式的,为此,我们还建议,课程应该为教师提供开展这种方式教学的方案。下面提供了这些学资源的更多信息和示例。

学习策略

每个领域的佼佼者都会使用特定的技巧和策略来提升自己的表现。奥林匹克运动员们在头脑中预演无瑕疵的表现;作家们向"诤友"寻求反馈意见;法学院的学生们组成学习小组;教练们在训练营中分享经验和技巧;忙碌的高管们练习时间管理的技巧。学生们也能从特定的策略中受益,这些策略能够提升他们在学术任务中的学习和表现。例如,网状图和其他图表组织方式有助于看到关联性,认知阅读策略[①]有助于提高理解能力,头脑风暴技巧有助于促生创新点子,助记符号有助于促进记忆留存与读取。不幸的是,很少有学生自发地生成和使用这种思维和学习的策略。因此,这些策略需要教师运用直接教学模式,明确地教授给学生并且进行强化,例如采用如下流程:

1. 介绍和解释策略的作用。

[①] 译者注:原文"cognitive reading strategies",美国教师的一种提升学生阅读理解能力的策略。通过关注阅读理解力较弱的学生在阅读时心理活动,并对其阅读时的认知状态进行引导,认知阅读策略能将"无意识"读者转化为"有意识"读者,从而提高其对文本的理解力与记忆度(麦克尤恩,2007)。

2. 展示策略并示范其应用。

3. 让学生在指导下,有反馈地应用策略。

4. 允许学生独立或以团队形式来应用策略。

5. 定期反思该策略运用的恰当性和有效性。

6. 对学生迁移策略本领的能力进行评估,并随时间的迁移逐渐减少教师提示。

随着对课程和评估中复杂表现的日益重视,学生和教师将明白:掌握关键策略比掌握特定内容还重要。

策略内嵌式工具

许多教师已发现将思维和学习策略融入到实质的产品中是非常有帮助的,例如海报、书签、视觉符号或提示卡。图表 3.20 提供了一个用于强化比较能力的流程海报的例子,这是马扎诺[①]最顶尖(Marzano)的一项基于研究的、"高产"的教学技巧之一(Marano,2003)。在另一个例子中,中学数学课堂上的学生们已经建构了桌面轮盘,来描绘他们所学的六种问题解决策略(图表 3.21)。桌面轮盘真切的告诉学生们,解决问题时运用策略是很有价值的。

教学流程指导

为了促进理解与迁移,需要教学方式的转变,要从简单的内容传授转向帮助学习者对关键概念的**意义建构**。幸运的是,多种教学方法和技巧已被研究证明能够有效帮助学生发展并深化他们的理解与迁移:

- 概念获得
- 合作学习
- 实验探究
- 反馈和指导
- 图示法

[①] 译者注:罗伯特·J.马扎诺(Robert J. Marzano),美国教育研究专家,他的研究领域主要是:基于标准的评价、认知目标分类学和学校领导力,还为 K-12 学校的教师和行政人员开发使用课程和工具。

- 引导探究

- 基于问题的学习

- 开放式问题

- 交互教学

- 模拟（如：模拟法庭[①]）

- 苏格拉底式研讨会

- 写作过程

图表 3.20　对比流程海报

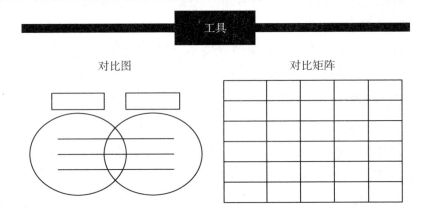

我们建议在课程文档中为最适合于特定内容和迁移目标的方法和技术提供明确的流程指导和建议。坦率地说，这些方法并不是可有可无的，它们对达成理解相关的目标来说至关重要。因此，课程必须包含尽可能多的说明，以指导如何及何时使用这些核心的促进性技巧。当然，一些教师将需要额外的专业发展才能充分掌控一项技巧，但是类似方案需要包含在课程中。

---

① 译者注：原文"mock trail"，一项美国高中课外活动，模拟英美法系当庭辩论。

让我们看一个被称之为"概念获得"技巧的流程指导案例。这是课程指南可能包括的内容：

概念获得技巧简介 100

概念获得是一个归纳性的教学技巧,它使用一种结构化探究过程,将属于一个既定群体或类别的例子,从不属于该群体或类别的例子中区分开来。概念获得时,教师要展示具备某个概念属性的例子,也要展示不具备这些属性的例子。学生需要通过比较和对比"正确"的例子和"错误"的例子——也就是不具备这些属性的例子,来尝试弄清这一概念的特有属性。这项技巧会使所有学生参与积极思考与意义建构。伴随以精心挑选的例子后,我们就有可能使用概念获得这一技巧来教授几乎任何学科的任何概念。

概念获得流程指导：

1. 选择和定义一个概念

2. 选择概念的属性

3. 列举正面和反面的例子

4. 向学生介绍（概念获得的）流程

5. 展示例子并且列举属性

6. 形成一条概念定义

7. 给出附加例子

8. 与全班讨论（概念获得）流程

9. 评估

下面列举的是一节科学概念获得课中的一系列"正确"和"错误"的例 101 子,这节课需要理解的概念是**向量**（即一个具有大小和方向的量）。

正确　人们游过河

错误　汽车行驶速度为55英里/小时

错误　一次下午六点三十分（6:30 p. m）的会面

错误　物体重量为100克

正确　作用于悬挂在天花板上的盆栽植物的力

正确　火车以 30 千米/小时的速度向东行驶

图表 3.21　问题解决策略轮盘

优秀的问题解决者遇到困境时会使用以下策略

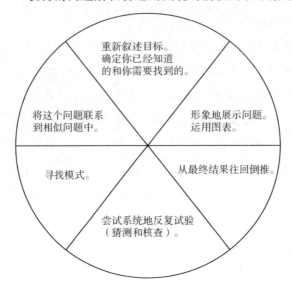

错误　小孩子每天喝一杯牛奶

正确　软管喷嘴喷出的水所作的运动

错误　蝴蝶四个翅膀上的势能是 113 尔格

正确　女孩送报纸的路线

想象一下,如果所有课程文档都包含针对具体目标的助力资源该是多么棒的事情!

一门课程的相关资源包括一系列完整的**重现性图形组织器**和其他支持学生解决问题的策略和工具。各个学区正在将这些资源纳入其学校网站,但是课程还是要明确核心学习策略和可能的图形组织器之间的关联,否则这些工具就会被随意使用。

要素八:诊断性和形成性评估

成功的课外活动(如年鉴制作、乐队演奏、辩论比赛、戏剧表演等)教练或举办者都知道：要想达到最高成就，持续性评估和连续性调节是非常重要的。与此相同，最优秀的教师也是这么认为的。最近的研究通过记录定期使用诊断性和形成性评估作为学习反馈的好处，证实了最优秀教师的本能看法（Black，Harrison，Lee，Marshall 和 Wiliam，2004）。

诊断性评估

诊断性评估，也可以叫做预评估，提供了帮助老师计划和引导差异化教学的相关信息。诊断性评估的案例包括对先验知识、技能水平、兴趣爱好或者学习风格的调查。由于预评估是为了达到诊断的目的，因此**不应该**对其结果划分等级。

越来越多的文献关注到一种令人担忧的问题［如加德纳（Gardner，1991）］，很多学生来到学校时就带着对某些学科知识的误解（例如，重的物体比轻的物体下降速度更快）并且对他们的学习者身份也充满着不自信（例如，**"我肯定画不好，我永远也学不会"**），如果我们不能够识别、解决这些误解，再"优秀"的教学对他们也无济于事。而高效且强大的诊断性评估有助于解决这个问题。为了发现学生已有的误解，教师可以采用简短的（20 道甚至更少的题目）、无等级的、对错题的诊断测验或者学习者自评等方式。测试题目中要包含几种与目标学习相关的潜在误解，学生们对这些观点表述进行是非判断，教师从学生的判断结果可以了解到所有必须通过教学来解决的普遍性误解（我们将在后面讨论"故障排查"部分，就是要识别课程中可能存在的误解）。

下面呈现的是一个简单的发现误解的案例，由肯塔基（Kentucky）州教育厅制定的一个表现性任务改编而来。这个案例是在年初的科学课上给中学生们使用的，它的结果有助于教师了解学生对孤立变量（这是科学探究的一个重要方面）的理解情况。

克里斯想要决定两种除斑剂哪一种的效果最好。首先，他在沾有果汁和巧克力污渍的 T 恤上尝试了除斑剂 A。接下来，他在含有草渍和锈渍的牛仔裤上尝试了除斑剂 B，然后他对比了试验结果。

请解释克里斯在哪方面做错了，使得他很难了解哪一种除斑剂是最好的。

在一个追求理解的课程中需要包含这些指向特定内容的误解排查方法，以便在常规教学中方便地应用。

在课程或单元的开始阶段和结束阶段都应用相应的基本问题，这是一个开展前测与后测的实用方法。同样，使用开放式的迁移任务或者写作比赛，也是一种测量关键长期目标实现程度的方法。

形成性评估

形成性评估和教学是同步发生的。这些持续性评估为教师和学生提供具体的反馈，以指导教师的教和改善学生的学。形成性评估既有正式，也有非正式的，包括诸如不计分的小测验、口头提问、观察、作品草稿、发声思维、学生构建的概念图、带妆彩排，同伴互评小组、学习日志及档案袋评论等类似的方式。尽管形成性评估的结果可能会被记录，但是我们建议这些结果**不能**作为总结性评价和评分的依据（与我们学习原则中的无风险练习的要求相似）。

形成性评估作为更好的课程设计和教学的中心环节，其重要性怎么强调都不为过。为了使学生成绩达到最理想状态，我们必须在课程中"设计"形成性评估的空间以及运用反馈来达到表现性目标的机会。如果因为要"教"很多内容，而做不到这些，那么到最后，学生的收获也少，分数也低（尽管很少有老师真正相信这个观点）。但是关于学习的研究是非常明确：要想取得最大的学习成就，就需要获得反馈机会，反馈机会要作为教学大纲的一部分（Black 和 Wiliam，1998；Bransford，Brown 和 Cocking，2000）。如果不知道谁已经掌握，谁还没有掌握，你教得越多，就越有可能是那些本来就会的人获得成功——只要想到这一点，你就会理解形成性评估的意义。理查德·莱特（2001）的研究结果与此类似，他在哈佛评估研讨会（该研讨会多年来对哈佛大学的本科教育进行评估）的项目中开展研究，发现充足的反馈和使用反馈的机会是那些最有效课程的标志所在：

> 我以为学生会喜欢那些能够自定步调，学期末之前几乎没有测试、考试和论文的课程。结果这又是错的。绝大多数学生表示他们在高度结构化的课堂上能够学得更有成效，这些课堂会有很多相关的测试和简单作业。学

生们之所以喜欢这样的课,是因为能够获得教授的快速反馈。(第8页)

在莱特之前的总结报告中,他继续谈道(1990):第一点,快速和详细的反馈显得越来越重要。绝大多数学生在报告时说,使课程有效的唯一最重要的因素就是对作业和测试的快速反馈。学生建议在某些特定课程中应该进行即时反馈。他们建议教授应该给出一个优秀的答案。第二点……绝大多数学生都确信,他们的最佳学习体验是发生在这样一种情况下:他们提交一个早期版本的作品,然后获得详细的反馈和修订,然后提交一个最终版本时……许多学生认为他们最难忘的学习经历是来自于那些把过程性评价作为常规政策的课程。(第24页)

课程文档中要包含诊断性和形成性评估,还要给出如何运用评价结果来调整课程的建议——这些是学校和学区都认为可以支持有效教学并且必须要加以应用的做法。

要素九:差异化

我们教给学生的不仅仅是内容——因为学生们的知识储备、兴趣、天赋和喜好的学习方式都有所不同。我们了解学习者的个性和需求越多,我们就越能更好地定制教学以获得教学效果的最大化。因此,诊断性评估与教学同等重要,就像体检也是适当的医疗方案一样。

正如前一部分所讨论的,有效的课程包含预评估,用以帮助老师了解学生的准备情况、兴趣、学习偏好,并通过持续性评估来告知教师该进行哪些必要的教学调整。为了教师能够及时地收集并使用这些信息,课程必须要详细说明如何收集、诊断和应用所学的知识(并且学校的日程安排要确保教师有充足的时间召开团队会议,在课程开始阶段讨论已经发现的问题)。有了这些信息,反应灵敏的教师可以使用各种教学策略和技巧来满足不同学习者的需求。这里有几个例子:

- **灵活分组**——基于知识、技能水平、兴趣和学习偏好进行分组。
- **分层活动**——让学生聚焦于核心的理解和技能,但是在不同的等级上需要体现不同的复杂性、抽象性和开放性。

- **分层作业包**——基于预评估结果的多层次作业,包括记录学生已经知道的和不知道的内容,以及强调学生需求和兴趣的有意义计划。

- **自主选择**——适当允许学生选择相关的教学内容(例如,围绕某个主题探索一个特定的兴趣点)、学习过程(例如,和一个小组在一起工作)和产品(例如,可视化作品)。

- **个性化进程**——罗列出学生在规定时间内需要完成的任务清单。

- **学习合约**——教师和学生通过谈判达成协议,让学生在获得技能和理解力方面获得更多的自由。

- **小组活动**——利用学生的优势和需求,最大幅度地提高小组成绩,同时最大限度地减少因技能或知识缺陷所带来的障碍。

- **独立研究**——根据核心标准进行的调查。

我们建议在课程中提供针对差异化教学的,与预期目标直接相关的具体建议(包括调查的案例、前测的案例,以及如何使用这些信息去规划一个即将开展的教学,或者优化已开展的教学)。当然,我们应该鼓励教师根据他们的学生和所工作的独特课堂环境来施展其专业判断。不过,课程还是应该提供一个经过验证的方法,以便教师不必仅凭一己之力去应对学生多变的挑战。作为教师、团队和领导者的工作职责的一部分,应该包括持续性地开展行动研究,过程性地收集有利于差异化教学的信息。我们会在接下来的几章中讨论和工作职责相关的问题。

当特殊教育儿童和非母语学生进入普通课堂进行学习时,课程应当提供适合这些学生的具体建议。因此,我们建议特殊教育和其他语种的专家与课程内容开发团队协同工作。图表 3.22 反映了这种类似的合作关系,是在数学和科学课堂上开展融合教育①的方法。

---

① 译者注:融合教育的目的就是要彻底告别隔离的、等级制教育体系的影响,使特殊教育与普通教育真正融合成为统一的教育体系。融合教育者认为特殊儿童有权在普通教室接收高质量的、适合他们自己特点的、平等的教育;学校应尊重日趋多样的学生群体与学习需求,不能因为学生的残疾与差别而进行排斥与歧视。

图表 3.22　在数学和科学课堂上支持融合教育

- 运用实物来教授学生那些抽象的概念(例如重量、宽度、能量、形状、尺寸和力)。
- 为学生完成一个活动或者整个任务提供一系列的必要步骤。
- 教授问题解决策略,并将其模型化(例如,运用绘画展示、技术、制图、简化问题)。
- 在教室中张贴一张基本问题解决图表。
- 检查学生对关键词汇和技能的理解。
- 帮助学生将复杂问题和任务分解成特定的几步或几个部分。
- 使用颜色编码帮助学生区别数学/科学上的符号和运算/过程。
- 允许学生使用计算器来进行复杂问题的运算,并以此作为展示他们掌握恰当运算技能的方法。
- 让学生用语言将它们的工作步骤表述出来,以此来帮助他们、跟踪他们的进展,同时帮助他们识别错误。

来源:马里兰评估联营公司(Maryland Assessment Consortium)。

要素十:故障排查指南

当你遇到浏览器或者文字处理器问题的时候你首先会做什么呢?你可能会去寻找常见问题库(FAQs)、软件操作手册或者一些支持性网站的帮助。即使是一些性能最好的软件也避免不了会出现一些问题,这时你需要去排查这些故障和问题。教育中的情况也是如此,即使是那些最好的单元设计或者课程设计也会有一些不完善的地方。总之,即便在最好的课堂中,课程也不会进展的像预期那样顺利,有时甚至会出现大多数学生都学会了,还是有一些学生不会的情况,那么这时又该怎么办呢?尽管不断地赶进度,我们还是没有足够的时间让学生完成所有的学科作业,这时我们要做什么呢?我们需要提供那些来自资深教师的实践智慧,并将它们融入到课程中。在教育中,我们尚未建立常见问题库、求助台或者硬件故障排查指南这样的机制。在基于预期目标的课程中,这样的指南是至关重要的。

一门课程所需的故障排除指南应该包含什么呢?图表 3.23 提供了一个通用的开发故障排除指南的矩阵方案。我们建议要依靠资深教师完成这个矩阵,在面对教授特定概念和技能时遇到的可预见问题时,这些教师能够确定可能原因和解决办法。在出现意想不到的延迟或偏航之类的问题时,如果要想实现关键的学习目标,也会需要关于在后续学习中如何压缩或跳过某些内容的建议。

图表 3.23 解决学术问题的故障排查指南矩阵

问题	可能原因	可能解决方案
对学生来讲很难掌握的复杂概念(例如,约分)		
可预见的学生误解(例如,越重的物体下落越快)		
技能表现中的常见错误(例如,投掷后没有持续跟进)		
学生感觉到困惑或枯燥的课程环节(例如,语法规则)		
耗时很长的课程内容		
资源材料(如教科书)不能够很好地和教学目标匹配		
有些学生很早就完成任务而其他学生几乎很少完成		
其他母语的学生无法阅读课文		

在这一章中,面对基于预期目标的学科内或跨学科的长期教学,我们已经讨论了多个支持学生达到有价值成就的课程设计要素。从预期目标出发来逆向设计,我们能够确保一些重要的观点、问题和重现性任务在课程中连贯地螺旋上升。

本章观点反映了我们对成就导向、聚焦理解和知识迁移的课程的必要组成要素的认识。有些要素(例如,依据标准绘制课程地图)在很多学区所建立的课程中都有出现;有些要素(例如,围绕一个大概念和基本问题框定标准)正变得越来越常见;其他要素(例如,发展基准评估,通用型评价量规和参照样例)做得还不多;还一些要素(例如,故障排除指南)在当前的课程文档中几乎没出现过。

附言:课程标准

无论读者对上述观点多感兴趣,如果不能像我们教写作那样来看待课程开发,那就永远也不可能开发出我们所描述的那种理想课程。如果像教写作那样开发课程,就必须对课程文档的创作、自我评价、同行评审、课程试用和基于反馈的修正等都要有明确的流程和标准。而现在的情况呢?一旦课程编写者停止撰写,课程开发也就结束了,并没有采用我们所提供的那种方式。我们主张课程只有在满足明确的设计标准,**并**被证明对学习者真正有效之后,课程设计才算真正完成。

图表 3.24 展现了课程设计的整个循环流程。值得关注的是,这个课程设计流程包含多次回顾与修订,这和写作过程是一样的。因此,和写议论文或记叙文一样,学术领导者要为课程开发过程确立三个关键要素:(1)量规(设计标准)和范例(典型课程);(2)自评、回顾和课程试用的流程安排与时间规划;(3)根据反馈和结果进行内部修订的机会。这一系列过程能让教师更好地理解和掌控课程,进而帮助学生更好地理解并迁移知识。

行动建议

我们意识到这样一个宏大的进程很可能让人心生畏惧。所以要鼓起勇气:大胆思考,谨慎行动;要巧干而非苦干。从接受一项基于使命和聚焦预期目标的课程建设的挑战开始以下一些推荐做法。

● 大胆思考,逆向计划。要想全面实现本章所提出的课程变革需要 5—10 年的时间。尽管工作量看上去很大,但是建设一个美好愿景和长远规划对于教育领导者来说是非常重要的。然后,根据学校愿景来逆向地规划课程。

图表 3.24 课程设计循环

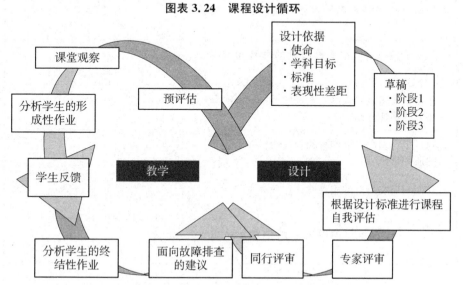

来源:*Understanding by Design*(p. 273),Wiggins and J. McTighe,2005,Alexandria,VA:ASCD. Copyright © 2005 by ASCD。经许可后有改编。

● 小处着手,争取早日获得成功。一口吃不了一个胖子。从一个可行的目标开始(例如,在**一个**学科领域进行尝试,或者为一般的表现领域,例如,写作和问题解决制定一些通用型评价量规)。一些学校或地区已经存在课程修订循环周期(例如,每个学科课程每 7 年必须修订一次),遵循这个规定很有道理。

为了争取早日成功,建议从那些已经准备好、有意愿并且能承担改革的学科和课程入手。需要再次强调的是,并不一定要一次性满足所有 10 个要素。你可以从那些你认为可以成功实现的目标开始。成功会孕育成功,如果一开始就失败,那信心就很难恢复了。你可以使用图表 3.25 来监控课程开发进程,成功实施后,便可确立下一步目标。

● 通过合作和技术使工作更敏捷。发展这 10 个课程要素需要多个领域的强大储备:深入的学科知识,熟练的实践应用,丰富的教学经验以及优秀的写作和编辑能力。很少有教师能够全部拥有这些品质。因此大多数学区通过建立课程编写**团队**来开发和精修他们的课程。

图表 3.25 监控课程开发进程

课程达到的程度	经验证	已完成	部分完成	未完成
1. 整合了内容标准、基准和表现性指标。				
2. 根据理解和基本问题框定了内容的"大概念"。				
3. 包含了用以展示概念性线索的学科和课程地图。				
4. 包含了面向重要理解的表现性评估(例如,真实的迁移任务)。				
5. 包含了为面向重要理解的表现性任务所建立的通用量规。				
6. 在面向重要理解的表现性评估任务中包含了"锚"(作品范例)。				
7. 包含了针对目标内容的诊断性和形成性评估。				

课程达到的程度	经验证	已完成	部分完成	未完成
8. 提供了教学流程指导（例如，概念成就）、学习者资源（例如，策略内嵌式工具），和推荐的支持材料（例如，网站）。				
9. 为应对特殊人群（例如，特殊教育、非母语学生、天才学生）和学习者之间的差异（阅读能力，兴趣、学习状况）提供差异化思路。				
10. 包含与课程（或单元）明确相关的故障排除指南。				

注：经验证＝通过内部和外部评审的完整课程体系；已完成＝已完成，但还未通过内部与外评评审；部分完成＝不完全的、未被评审的；未完成＝还没有完成的

这些过程可能对那些没有充足资源、专业储备或者教学师资的小型学校和学区具有一定的挑战。这时，我们就能看到通过建立学区课程设计联盟来合作开发和分享课程产品的好处。通常情况下，小型学区和学校的服务是由各地的教育服务机构提供的，而这些机构通常会推动建立这样的课程设计联盟。毕竟，大家都是在努力达成相同的州立标准，在这件共同为之奋斗的工作上，单打独斗是毫无意义的。

值得庆幸的是，我们已经有了强大的网络和搜索引擎，所以很多工作没有必　*110*
要从头做起。面对若干课程要素，今天的教育工作者可以通过访问数不胜数的网站来获得优质资源，包括理解和基本问题、课程地图、表现性评估任务和评价量规，以及其他教与学的资源，这些使得他们能更加敏捷地工作。

在描述了基于表现的课程的具体要素后，我们现在将转向第四章，讨论为实现愿景所需的必要角色和职责描述。

第四章　教学应该如何适当去个性化？

111 规则不一定是神圣的,但原则一定是。

——富兰克林·罗斯福(Franklin D. Roosevelt)

如果理解与迁移是教学的目标,如果课程被重新组织,可以更好聚焦使命中设想的成就,那么什么样的教学路径才能达到预期结果呢？ 如前所述,关于教学问题的答案来源于教学目标本身,而非我们个体对教学的看法、偏好或信念。换句话说,只有当教学政策衍生于"对学校学习目标的分析"、"追求理解的学习的合理原则"这两种来源时,基于设计的学校教育才会成功。不幸的是,在大多数学校,教师对"目标所要求的教学"以及"怎样才能构成学习的最佳实践"等问题并没有达成专业共识。事实上,他们也从来没有被要求这么做过。所以,许多不合时宜且未经检验的不良教学习惯被代代相传下来。

事实上,教育和改革一直饱受一种观点的阻碍,即由教师个人决定什么样的教学是最"专业"的。其结果并不只是产生了一系列前后矛盾、未经检验的教学方法(就像医学还停留在 200 前乡村医生所认为的那样),更不良的影响是,任何对**教学**的批评都不可避免地被视为对**教师**的攻击。我们认为目前的教学过于个性化了。如果没有对长期结果的共同学习,没有对学习目标的共同分析,也没有最佳实践的共同标准,那么教师除了过度强调个人信念、习惯与风格以外,将别无选择。自然而然,对教学的任何批评都会使我们大多数教师不自觉地反感与抵触。毕竟批评者也仅仅是依赖自己的信念来对教师的教学进行评判。

112 我们认为,大家所讨论的事项已经完全混淆了。就特定的课堂环境而言,教学固然是"个人的"(因为我们在投入自己的工作),但教学效果却不是针对个人的。就如同足球场上教练执教时的最终得分一样：并非针对个人,但我们 0∶4

输了,我们做得似乎不够好;并非针对个人,但我们在角球中所做的训练似乎都是徒劳的。"并非针对个人,但……"因此可以成为基于设计的学校教育的口头禅。为什么呢?因为只要目标是明确的,而且我们也致力于去实现它,就可以客观评判哪些教学方法和计划是有效的或无效的,和踢足球、诊疗病人、乐队演奏或烹饪是一样的。我们要告诉年轻球员:并不是裁判不喜欢你或偏袒其他球队,而是他看到了你是在被触杀后脚触垒的[①]。

专业人员的视角关注"结果是什么"而不是"个人努力做了什么",通用的问题是"哪些教学策略起作用了"而不是"个人的教育理念是什么"。专业人员处理结果,他们未被赋权去违背原则和最佳实践。如果专业人员需要达到预期结果,而被专业认可的原则和一系列最佳实践是达成预期结果的通用路径,那么专业人员的自由是在这些通用路径下巧妙和创造性地工作。

为什么去个性化是一件**好**事?因为如果关于什么是好的教学、学习、评估、评分及其他问题的基本分歧不能在一套(与目标使命相关的)共有的学习信念中得到阐释,那么学校决策就会丧失合理性依据。当学生或教师感到他们的行为受到其他人主观地批评或侮辱时,他们就不会改变自己的行为。只有当我们认识到我们的主张、努力和行动结果三者之间存在脱节,两厢情愿的改变才会发生。

因此,学校教育必须以一套共同的学校教学标准为依据。除了使命描述、相关学科目标及聚焦目标的课程以外,学校教育要想持续而有效,教职工必须精心制定并认真遵守来源于使命、研究和最佳实践的学习原则。这些原则将清楚地表明什么情况下必须意见一致及什么情况下可以接受分歧。在缺乏共识和客观原则的情况下,教师太容易将所有方法与结果合理化了。有了清晰的指导方针来明确我们作为教师的职责和自由,我们就终于有了一个制衡灌输教学习惯的砝码,有了一个公平解决教与学纠纷的基础。

同样,基于设计的学校教育的基本逻辑(即缩小愿景与现实间的差距)在发挥作用。这里我们利用这种逻辑来强化内部动机,以改善无效的教学方法。学

---

① 译者注:书中用了一个棒球比赛中裁判判分的例子作比喻,表明确定教学目标后对教师教学的评价是有章可循的,就如棒球裁判是基于一定规则进行的客观评判。

习原则反映了预期成就(以及每一条原则的指标)。持续的行动研究有助于我们辨识现实、牢记原则。因此,每个教师都会拥有一个基于分析的、持续的专业发展过程。

学习原则

词典中对**学习**做了如下定义:学习是为了获取知识并理解或掌握知识。需要注意的是,学习是一种结果,而不仅仅是一种活动或过程。如果一个学生或教师学过了但没有理解,或者授课的人说,"我教过他们,但他们没有学会",都是没有任何意义的。如果学生没有达成学科或学校目标,教师不能说"我觉得他们做得很棒"。学习原则是必要的,因为太多传统学校教学并没有产出我们所期望的学习结果,太多常用教学方法也未能促进我们的理解或者帮助我们养成所期望的思维习惯。换句话说,正因为"灌输式教学"和"有趣但无目的的教学活动"太常见了,所以我们需要借助学习原则(以及支持结构和政策),而非意愿和经验,来克服以上问题,提醒我们真正的职责。

我们所提倡的学习原则主要来源于三个方面:一方面来源于对相关文献的研读,一方面是来源于我们的工作(为了追求理解而进行的课程与教学设计),还有一方面来源于对当前学校教育面临的关键任务和缺陷的分析(美国心理协会,1995;Brandt,1998;Resnick,Hall 和学习研究所,2001)。这些研究与实践提醒我们,不管在学校中灌输式教学和无目的的教学活动有多普遍,它们始终不是教学的目的。

学习原则

1. 学校学习的核心目标是流畅、灵活的迁移,将所学知识与技能在有价值的任务或重要情景中成功运用;

2. 参与和持续学习是理解的先决条件,要求学习者在面对有价值的挑战时,不断地看到自己努力的价值,并感受到日益增长的效能感。

3. 迁移成功与否取决于对连结孤立事实、技能与经验的大概念的理解,以便应对新挑战、理解新体验;

4. 理解是学习者对一个观念的领悟。理解无法强行给予,必须通过设计让学习者亲眼看到或感受到观念作用于事物的力量。

5. 学习者需要对评估要求有清晰且完全透明的权限,并能够切实理解是如 *114* 何通过作业作品和卓越标准来达到学习目标的。

6. 要理解目标、产出好成果、达到高标准,学习者需要定期、及时地获得易于理解的反馈;

7. 只有努力借助活动和评估将所学知识应用到新的情景和任务中,并定期进行反思、评价和调整,才会获取理解;

8. 深度理解的能力大多取决于重新思考事物的能力(以及其他相关思维习惯),因为任何洞见通常都需要对早期想法进行提炼。恰当的意愿和反思都需要一种安全环境,在这种环境下,可以安心地对假设和习惯进行质疑;

9. 获得理解与迁移需要有思考、反思及跳出舒适区的意愿,因此学习者需要一种能够承担智力挑战,支持对假设和习惯进行质疑的安全环境。

10. 只有当学习是个性化的(即学习者的兴趣、偏好、优势、贡献以及先验知识都得到充分尊重),学习才得以加强。

这些原则清晰地诠释了"追求理解的学习"的内涵和要求。成功的学习意味着学习者领悟到新的意义并更有成就,成功的教学则是将教学内容转化为实现以上目标的工具和体验。假如学习者通过观察和运用这一体验在应对有价值和挑战性的任务时提升了能力,那么这一学习体验就是成功的。(这也是持久力和效能感的来源。)为了获得理解、消除误解,需要为学习者提供许多反馈和体验的机会。如果将大量时间用于"教"而不是为学习者提供机会去形成理解和检验理解,那么上课时间就白白浪费了。任何有效的学习都需要个性化,这样学生就能按照自己的特长、不足、兴趣和需要得到辅导。

我们的学习原则既不是任意武断的,也不是没有基本支撑的。我们认为在某种程度上,这些原则反映了常识和最佳实践。但是,我们也相信某些重要教育思想已经被学校惯常的运作方式所掩盖,因此我们用这些原则来阐明我们对使命和惯例之间、价值观和实际做法之间关键差距的认识。

不幸的是,学校并没有努力消除这种差距。因此,把这些学习原则和相应政策作为一种明确且持久的依据是有必要的,可以用于教师自评或互评教 *115*

学实践，以及解决教学争议问题（将在后面章节讨论教师和领导者的工作职责）。

我们认为这些学习原则对每个人都有效，它们是指导性建议而非硬性要求，提供了非标准化的指导标准。用一首古老的民歌表示，"河流需要河道才能流动"，我们可以把学习原则看作是供专业特权、学术自由及教师创造力流淌的河道。

我们的原则所提倡的是，只有当实践和变革能反映常识和最佳实践时，学校教育才能取得成功。对我们的主张的理想反应应该是，"很有意义，这就是好老师一直在做以及努力做的事情"。改革并不是产生更多的新想法，而是学习如何更好地理解与尊敬我们永恒的责任和已被证明的实践。就像前面提到的"并非针对个人，但……"的口头禅一样，这些原则反映的是常识，而不是个人认知。此外，专业化的工作要求我们对一直面临的挑战、分歧以及愿景和现实之间的无尽鸿沟进行去个性化处理。

因此，关键改革目标是发展一种文化以及一套治理结构与政策，基于此，"并非针对个人，但……"就变成了一种通用性语言和态度。例如，"并非针对个人，乔，但如果你利用80％的时间讲课，那似乎就与学生迁移历史知识和技能的学习目标不符了""并非针对个人，安，但如果你之前的一些差异化策略已经取得成功，那你在二期课上沿用这些策略更有可能满足数学的内容标准"。

我们可以将学习原则与《美国宪法权利法案》相类比，就像人权法案的目的是维护美国人的权利不受强权或陋习威胁一样，学习原则的目的是作为客观标准来梳理学校使命对学校规划和教学的影响。它们为实现使命提供了自我评估机制，用以确保我们的实践在促进学习上是有效的。如果没有这些学习原则，我们所拥有的不过是美好愿望、个人信念和常识性的拙劣方略。假如我们所拥有的仅是一个使命宣言，就没有办法应对教学实践中层出不穷的问题和分歧。当学校像司法一样以一种公正的方式定期评价实践是否能够支持对使命的理解以及良好教法原则时，原则就会生根并且受到保护。（建立这样的"立法"和"司法审查"需要新的结构和政策，我们将在后续章节中讨论。）

学习原则意味着什么

原则是一种理念,如同所有抽象概念一样,对它的理解必须真正达成共识(而非假装达成共识),当然,对原则的误解和困惑也是在所难免的。有了学习原则,如使命,我们还需要愿景,即如果遵守了这些原则,我们的学校会发生哪些改变? 只有当教职工们努力就这些原则对实践的意义达成共识时,持续有效的学校改革才有可能发生。只有每个人都不断努力去理解、内化并展望这些理念,而不去管这些理念最早由谁提出及最初多么抽象难懂,常识才有可能形成。对每个人来说,一项重大的改革挑战(不管是教师个体想要改变教学,还是区域主管想要动员区域教师)就是需要把握两点:一是追求理解的学习原则所蕴含的意义,二是遵守这些原则后会看到的变化。

为了理清学校教育想要看到的愿景,衡量学习原则是否受到尊重,这里我们提供每一条原则的若干隐含意义。

原则 1:学校学习的核心目标是流畅、灵活的迁移,将所学知识与技能在有价值的任务或重要情景中成功运用。

如果遵守这个原则,我们会看到什么? 我们可能会看到如下情况:

● 本校课程建立在追求理解的两部分内容上:大概念和迁移任务。课程中应该包括清晰的评估指引,以便学习者明白所有作为教与学结果的预期迁移表现。课程开发将不再以知识体系为基础,而是依据有效应用知识的预期表现。

● 每个教学大纲要关注对学生实现迁移的支持。如此一来,教科书只是一种资源,而不是教学大纲。讲授教学永远不应占用课堂上的大部分时间,就像在运动场上所做的那样。因为目标是需要迁移的,所以大量的课程时间应该留给学生,让他们学习如何利用所学知识在实践中完成有意义的任务。

● 专业发展要清晰定位在迁移目标上,这样就会用大量时间帮助教师在他们的教学情境中检验或迁移最佳实践。

● 监督侧重于教师设计、教学以及评估可迁移的程度,而不仅仅是教完课程内容或评估离散的知识与技能。

● 有证据表明学生越来越喜欢参与学习,有信心在有挑战性的任务上取得有效表现,并且希望不断从中学习。

原则2:参与和持续学习是理解的先决条件,要求学习者在面对有价值的挑战时,不断地看到自己努力的价值,并感受到日益增长的效能感。

如果遵守这个原则,我们会看到什么? 我们可能会看到如下情况:

● 分级和评估系统,可以明确我们在实现预期目标方面取得的进展,以及此类评估在校外的价值。

● 作业、课业以及评估任务都能清晰地回答这个问题:"为什么我们要学习这个知识? 这对我们有什么帮助?"

● 评估反映现实生活任务。

● 持续评估提供有用的、易于理解的反馈,并提供应用这些反馈的机会。教师充当教练角色,帮助学习者运用反馈来深化他们的理解,实现学习的成功迁移。

● 管理与专业发展系统为教师优化实践提供培训及持续、易于理解的反馈和建议。

● 就学生的兴趣、参与度和胜任力,定期向学生和家长开展调查。

原则3:迁移成功与否取决于对连结孤立事实、技能和经验的大概念的理解,以便应对新挑战、理解新体验。

如果遵守这个原则,我们会看到什么? 我们可能会看到如下情况:

● 反复出现的基本问题框定了单元、课程和整个课程体系,每个人都明白,这项工作在很大程度上是将课程与那些更大的概念联系起来。

● 学生能够自信地处理看起来不熟悉的任务或问题,不会茫然无措,也不会盲目预习。

● 所期望的部分评估形式是:学习者展示他们的工作,解释他们的论证过程,并反思工作的有效性。

● 设计每节课、单元及整个课程时不断为学生提供"大图景",询问"为什么""那又怎样"之类的问题。学生们在上课时不会问"这与什么内容相关""为什么我们要这么做""学这个有什么用"之类的问题。

● 所有教职工都明白特定改革是如何与每个人密切相关的,以及需要共同为这一使命做哪些努力。

原则4:理解是学习者对一个观念的顿悟。理解无法强行给予,必须通过设计让学习者亲眼看到或感受到观念作用于事务的力量。 118

如果遵守这个原则,我们会看到什么? 我们可能会看到如下情况:

● 经常使用"钩子"、基本问题和提问。(例如,证据是什么? 你认同吗?)

● 通过建构性的学习体验支持学生领会知识。(例如,探究课、基于问题的学习、交互性笔记本、真实任务。)

● 单元设计中多采用"揭示教学法"而非"灌输教学法",教师充当学生学习的辅助者、促进者,而非直接将内容和结果告诉学生。

● 对评估进行设计以揭示学生在多大程度上可以独立(当他们获得极少提示来连结看似不相关的信息时)运用自己的想法。

● 学习者对学校工作的参与度越来越高,并认为这些是有趣的、有意义的。

原则5:学习者需要对评估要求有清晰且完全透明的权限,并能够切实理解是如何通过作业作品和卓越标准来达到学习目标的。

如果遵守这个原则,我们会看到什么? 我们可能会看到如下情况:

● 每个教学大纲和单元框架都是根据内容和课程所涉及的关键迁移目标来制定的。

● 学生能够解释工作或课程的方向,因为在课程开始的时候他们已经清楚最终的表现性目标、任务、量规及模式。

● 跨年级和不同班级的教师始终使用一致认可的量规。

● 教师给学生们展示一些水平参差不齐的示例,并讨论哪些例子符合标准及哪些例子不符合标准,来帮助学生理解优秀标准。

● 领导者保证所有教师都能获取关于最佳实践案例的纸质版或录像版材料。

● 教师们定期开团队会议来审查结果(学业数据、学生作业等),并制定下一步提升计划。

● 教师及其团队有清晰的个人发展计划,并且该计划是基于标准和模式设定且与迁移目标和当前不足密切相关。

119 ● 在教职工的聘用及管理过程中确保其对所需完成的工作成果具有清晰的认识,而不只是看资格证书、角色分工和工作内容。

　　原则 6:要理解目标、产出好成果、达到高标准,学习者需要定期、及时地获得易于理解的反馈。

如果遵守这个原则,我们会看到什么? 我们可能会看到如下情况:

● 每个教学大纲都为学生提供学习反馈的机会。

● 教师团队依据年终目标,根据过程性评估的情况,常规性地对该年余下时间的教学大纲进行重点调整。

● 随着时间的推移,不同水平的学生都能得到有效反馈和使用反馈的机会。

● 开展前期评估、持续监控以及事后测试,确保学生能获得与最终大概念和迁移目标相关的反馈,而不仅仅是与特定知识内容相关的测试反馈。

● 管理者保证每一位教师得到及时反馈,并有机会利用反馈改进关键实践。

● 为了有效且及时地调整教学,教师团队定期检查学生课业和来自家长与学生的反馈。

　　原则 7:只有努力借助活动和评估将所学知识应用到新的情景和任务中,并定期对其进行反思、评价和调整,才会获取理解。

如果遵守这个原则,我们会看到什么? 我们可能会看到如下情况:

● 大部分评估都要求学生对自己的作品进行自评（作为整体评估的一环），并在作品发下来后进行调整。

● 学生定期反思自己的学习——哪些理解、哪些不理解、做得好的策略以及下一步要做什么。

● 教师以多样化的元认知策略教导学生，并尽力理解学生在面对学习任务挑战时做什么、不做什么。

● 教师帮助学生更好理解自身学习状况、优势与劣势，以及弥补不足的计划等。

● 对教职工的评价要求教师个体和团队有效开展自我评估和自我调整。

原则 8：深度理解的能力大多取决于重新思考事物的能力（以及其他相 *120* 关思维习惯），因为任何洞见通常都需要对早期想法进行提炼。恰当的意愿和反思都需要一种安全环境，在这种环境下，可以安心地对假设和习惯进行质疑。

如果遵守这个原则，我们会看到什么？我们可能会看到如下情况：

● 教学大纲旨在为学生提供定期重新审视大概念和迁移任务的机会，从而引入新的视角、方法等。我们不再将教学大纲视为教学内容的一次走过场。

● 随着新内容的引入，教师将不断重现基本问题。

● 为学生获得大量尝试想法和表现的机会，也不会担心会受到惩罚。教师永远不会对学生的第一次尝试进行评分。

● 基本的反馈问题框架包括教师的工作年限、部门和团队会议。团队文化应该是：没人会害怕提出问题，当觉得有必要对前面的政策和实践进行反思时也敢于提出来。

● 领导者主持会议时反思他们的行为习惯和设想，也反思他们的目标与实践，示范出对反思的开放态度。

● 指导与培训等专业发展活动使人们渴望学习，不会变得愚蠢无知。

原则 9：获得理解与迁移需要有思考、反思以及跳出舒适区的意愿，因此学习者需要一种能够承担智力挑战,支持对假设和习惯进行质疑的安全环境。

如果遵守这个原则,我们会看到什么? 我们可能会看到如下情况:

- 教师示范并鼓励学生进行智力挑战,反思并尊重多样化选择。

- 领导者示范并鼓励公开反思他们的行为习惯和设想、目标和实践(如主持会议和制定决策)。

- 指导与培训等专业发展活动使人们渴望学习,不会变得无知或无能。

- 从错误中学习是宝贵的机会,因为它是持续提升的必要要素。

121　　　　　原则 10:只有当学习是个性化的(即学习者的兴趣、偏好、优势、贡献及先验知识都得到充分尊重),学习才得以加强。

如果遵守这个原则,我们会看到什么? 我们可能会看到如下情况:

- 教学大纲旨在为不同年级、不同班级的学生提供差异化的体验。

- 教师在开始教学前,通常会对学习者的风格、兴趣、才能和准备程度进行初步调查,并根据预评估的结果调整教学大纲。

- 通过灵活分组,恰当选择学习过程、产品及多样化教学模式等实现差异化。

- 专业发展要根据教师所教科目、教学风格及兴趣区别对待。

- 为教师提供清晰的指导方针和必须满足的标准,让他们知道何时必须要个性化、何时可以个性化、何时不可以个性化。

- 指导是基于诊断模式的,在这种模式下,教师要求导师关注与他们个人目标相关的实践领域。

面对特定原则的共识达成

学校所面临的至关重要的挑战是要为**所有**教职工构建一种方法,让他们能够深入理解这些学习原则,并使之成为自己的学习原则。如果教职工不能对这些原则有共同的理解,不能对学习本质有共同的愿景,学校就不可能持续且一致地践行使命。当教师关起门来上自己的课时,我们得有信心,每位教师都不仅理解使命,而且知道怎样的学习有助于达成使命(而不仅仅持有关于如何学习的通常看法)。

因此,在**特定的**学校共同体中,人们对某一**特定**使命的共识与我们的学习原则未必一致。我们要通过"不断合作以达成理解",不建议你不假思索地接受这些学习原则。不用把我们的原则当成真理,也不用要求其他人必须绝对服从。相反,我们的目标是:作为一个学校共同体,要始终致力于分析使命并开展追求理解的学习。这也是为什么在本章前面部分,我们通过"诸如此类的原则"来呈现了追求这种目标的方法。我们所提供的原则应该被视为是一种刺激和草稿,帮助学校发展自己对学习的理解——教师认同并愿意为之努力的本校"共识"。*122*

能否开展强有力且持久的变革,取决于理解的达成与后续的认同。"共识"的双重意义提醒我们:我们达成了一致意见,并且就应该如何承担责任达成共识。因此,仅仅建立学习小组或专业学习共同体还远远不够,没有**可靠的**共同原则就不会产生根本的改变和稳定的决策框架。对谁可靠?首先是对教师可靠。因为教师要对这些原则负责,如果要实施重大改革或者说学校想真正成为学习型组织,那么教师必须深刻认同这些原则。因此,当我们将原则看作是一个团队或员工学习过程中的工作草案时,一种具有挑战性但又充满活力的任务就开始了(American Psychological Association,1995;Brandt,1998;Resnick et al.,2001)。

"你说得都对,但……考试怎么办?"

有些教育工作者可能会说:"你们说的都是对的,但是我们要对标准化测试的结果负责,这些测试并不评估深度理解,也不关心学习原则。我们有太多内容要讲完,哪个地方都没法深入。所以你所提倡虽然很美好但却不切实际。"这种观点反映了一种根本性的误解(尽管被强烈认同)。将追求理解的教学与达到内容标准和通过高利害考试看作难以相容,这是不正确的。事实上,我们对学习的所有认知都来源于认知心理学,得到基于学生成绩的相关研究支持,并验证了追求理解教学的中心地位。这里有许多参考材料。

第一个通俗易懂的信息来自《人类如何学习：大脑、思维、体验和学校》（布兰斯福德等，2000）这本书（由 National Research Council 国家研究委员会出版，记录了学习与认知领域过去 30 年有价值的研究），其中描述了来自认知心理学的综合性研究发现。该书提出了学习过程的新定义，解释了如何更加有效地获得关键学科的技能和理解。以下是其中三个见解：

现在我们来看看专家知识是如何组织的……他们的知识不是一系列与领域相关的简单事实和公式，而是通过核心概念或大概念组织的。这些核心概念和大概念引导了他们对学科的思考。（第 24 页）

关于专家的研究表明，肤浅灌输学科概念可能是发展学生未来学习与工作技能的一种糟糕的方法。（第 30 页）

追求理解的学习是为了尽可能地促进迁移，而不是从书本或讲座中记忆信息。（第 224 页）

第二个信息来源于一项研究，该研究探索了课程作业的性质与标准化测试成绩之间的关系。首先，研究者从实验学校随机选择了三年级、六年级、八年级学生的写作与数学作业，并对其进行了系统收集与分析。其次，对作业质量进行了评估。最后，研究者检验了课程作业属性、学生作品质量及标准化测试分数之间的相关性：

接受了更具脑力挑战的作业的学生在爱荷华测试中的阅读、数学基础技能成绩高于平均成绩，并在伊利诺伊目标评估项目中阅读、数学和写作项目上表现更佳。与一些预期相反的是，我们在一些条件很不好的芝加哥课堂上发现了高质量的作业，并且还发现这些课堂上的所有学生都受益于这种教学。因此，我们得出结论，要求更多真实的脑力工作的作业实际上会提高学生在常规考试中的成绩。（Newmann, Bryk 和 Nagaoka, 2001, 第 29 页）

在芝加哥的相关研究证实了这些发现。（完整的研究报告可以在 ccsr. uchicago. edu/content 查阅。）

相似的研究还有"国际数学和科学研究的趋势（the Trends in International Mathematics and Science Study）"（Martin，Mullis，Gregory，Hoyle，和 Shen，2000）。这些发现是可靠的。即使我们想让学生简单学习事实性知识并掌握基本技能，我们也要通过强调理解来加强此类以测试为衡量标准的学习。换句话说，追求理解的教学既是一种方法（引导有效学习），又是一种结果（使迁移成为可能）。

从另一个角度看，大多数标准文件和当地的标准框架都强调了帮助学习者与现实世界建立联系和参与实践的重要性，然而，研究发现了一个严峻的事实：传统的学校教育很少引发迁移。

> 研究发现，学生常常不能把所获得的事实和原则从一个情境迁移到另一个情境中。他们不能把在数学课上学到的东西应用到科学课程或超市购物中。他们不能把在英语课中获得的写作技巧应用到历史作文中。知识往往局限于初始习得的狭隘情境。（Perkins，1993，第 32 页）

124

当你通过既定内容标准所蕴含的大概念和核心过程进行教学时，学生们会回忆起更多的事情并且更好迁移先前学过的知识。

让许多读者感到惊讶的是，最可靠的、标准化的测试不仅仅包含回忆和识别类题目，还需要包含需要迁移的题目。因为学生将会看到之前没有遇到过的问题，这些问题实际上是在问：**你能根据我们的问题调整你的学习所得吗？如果你对我们的问题提法感到困扰，那是你没有被教会如何迁移。**然而残酷的现实是，在当前的州、国家及国际层面的测试中，我们的学生在那些需要理解的、高水平的题目上往往表现得很糟糕。

这里举个例子。勾股定理是数学学科的所有内容标准中都包含的一个主题，通常在几何课上讲到并且常常会考。现在来看两个州 2003 年的测试项目，在这个项目中，勾股定理测试题在不熟悉情境中呈现。图表 4.1 显示的是纽约州十年级数学测试中最难的测试题，只有不到 30% 的学生答对了这道题！马萨诸塞州情况相似。对于不熟悉场景中的勾股定理问题,只有33%的学生选择了正确的答案(如图表4.2所示)。

将一根吸管放进一个宽为3英寸、长为4英寸,高为8英寸的长方体盒子中,如附图所示。如果这个吸管正好能够从盒子的左下角固定到右上角,那么这个吸管的长度是多少(结果近似到0.1)? ——来源于纽约教育局

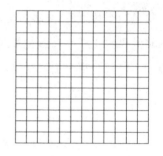

125 图表4.1 纽约州的数学测试题   图表4.2 马萨诸塞州的数学测试题

你可能需要用下面的格子回答问题7(来源于马塞诸塞州教育局)。

问题7.在平面坐标中,点(3,4)与(11,10)之间的距离是多少?

A. 10   B. 7   C. 5   D. 14

在这两个例子中,呈现给学生的问题并没有包含明显的或习惯性的提示。这就是所谓的将回忆性问题转化成迁移性问题:你知道是用哪个知识来解题吗? 你能将学到的知识**应用**到不熟悉的问题中吗? 在这两个例子中,问题**被认为是新奇的**,因为三角形问题的典型特征看不到了。由于传统课程与教学没有以这种方式让学生理解内容,所以学生在需要自主运用知识与技能进行迁移的问题测试中表现糟糕。数据很清楚而且有数十年之久。不仅在州测试中,而且在国家进展报告和国际评估结果中(例如 TIMSS 和 PISA 测试中),美国在超越简单回忆或理解的测试题目中成绩都很糟糕。我们的分析解释了其中的原因。

不幸的是,许多教育工作者出于对考试结果的害怕,相信提高分数的方法在

于回忆知识和不断刷题，而不是探索如何提升学生的理解。这个结论是错误的，126这一错误是源于对如何开展测试、如何确立有效性、如何帮助学习者做好迁移等系列问题的误解（我们会在第五章中详细解释这种误解）。

基于理解的学校教育的努力方向

那么，学校教育要怎样做，才能表现出对理解与迁移的持续关注呢？这取决于教师的职业生活是怎样的。要想做到持续关注，要求教师正式地、不断地应对一系列重要的、关系到学校现实与理想差距的问题。

● 假如理解是我们的目标，为了实现这个目标，我们应该如何更好地设计教学、实施教学、实现目标？

● 理解或不理解的确凿证据是什么？我们是真正地评估了理解和迁移，还是仅仅评价了最容易测试或评估的内容？从使命出发来思考，我们目前收集到的证据的有用性与可靠性如何？

● 学生怎么做才能更好地理解他们所学的知识？他们的学习深度如何？哪些证据可以表明学生拥有了能够灵活运用所学知识的能力？学生在多大程度上相信他们的工作是努力获得理解，而不是记忆被教的东西？教师在多大程度上相信他们的工作是为了理解而讲授、指导和评价，而不仅仅灌输内容？

● 为了帮助学习者更好理解，我们需要为学习者提供怎样的反馈？为了最终获得有效的学习，我们应该依据反馈做哪些调整？

● 为了让**学习者**更多地参与和理解，**教师**必须更好理解和不断去理解的是什么？为了理解，学习者需要我们做什么以及做到什么程度？我们在多大程度上只是在做自己熟悉或舒适的事情？学校的哪些实践在不知不觉地阻碍追求理解的学习？

在第五章，我们将会探讨这些问题以及在学校如何持续有效地解决这些问题，或从课程组成部分的角度，或从教育者工作职责的角度。

行动建议

- 让教师参与"我们对学习的信念"的练习。向他们展示本章所提供的学习

原则,让他们就各自的反馈展开讨论;或者重新开始让他们分组,形成各组共识,
然后再与全体教师分享讨论,最终对关键学习原则达成一致意见。

- 用一系列达成共识的学习原则引导教师就以下问题展开讨论:
  - 我们的行为和架构在多大程度上支持每个学习原则?
  - 根据这一系列学习原则,我们的学校实践需要做出哪些改变?

- 节选《人类如何学习》中总结关键研究的段落,并利用前面项目列表中的
问题开展讨论(《人类如何学习》1999 的 TXT 版本在网上可以找到的: http://
newton. nap. edu/html/howpeople1/).

- 请各学科组和年级组检查本州测试中学生频繁做错的题目(如果可以获
得这些信息)。分析这些题目,并识别这些题目中对理解和迁移的要求。

- 要求各学科组和年级组回答如下问题:我们在多大程度上让学生"做中
学"? 从大家的反馈中提取各组的具体例子。

第五章 教师的教学角色是什么?

伍登教练的一个主要目标是培养富有创造力和自信心的问题解决者。他想 *128*
让我们从根本上变得自主、精通概念,从对手变幻莫测的问题中快速地设计解决
方案。正如他所说的,伍登教练希望,"面对意想不到的挑战时,我们的团队想出
了好办法,别说对手吃惊,连我们自己也感到惊讶。"

　　——斯文·纳特(Sven Nater),伍登教练(Coach Wooden)的前球员(Nater
和Gallimore,2005)

　　就像第一章描述的那样,任何一个致力于实现教育使命的学校或学区都需
要他们的教职工开展某种教学或评估实践。同样的,要实施第二章至第四章中
所描述的那种课程和教学活动,需要教师们扮演特定的角色。因此,在这一章和
下一章中,我们为在基于理解的、以表现为导向的学校中工作的教师提出了六种
主要的工作职责。

　　读者们可能会认为界定教师的工作没有必要。毕竟,教师不就是被雇来教
学的吗?难道教师不会考虑州立标准吗?难道教师不用签署合同,不用接受年
度表现评价吗?是的,但是……我们认为如果对教师岗位缺乏更精准的描述,以
及恰当的工作期望与评估,就会无意中干扰学校改革。说得更直白一些,我们认
为许多勤奋的教师实际上对他们的工作职责有误解,许多教育领导者不去面对
这些误解,没有对教师提出更明确的期望,这无形中加深了这些误解。总之,我
们需要对**教师**的使命有更清晰的认识。

　　这些年来,我们观察到不计其数的教师个例。尽管他们勤奋、善良,但行动
表明他们误解了自己的工作。许多教师错误地认识了他们的义务——这听起来
可能很奇怪甚至令人震惊,但是我们相信情况就是这样,这既不令人惊讶,也不

是对教师角色或洞察力的诽谤。我们认为,教师对"教师"角色的理解确实是不准确的,因为他们总是效仿他们所经历过的教学。而且,他们的指导者很少明确指出他们的工作是**引发**理解,而不仅仅是把课上完,**指望**学生自己理解。那么,教师的工作是什么呢?如何明确工作期望,如何在学校的生活、督导与评估中反映对教师工作的要求呢?

在本章中,我们将致力于已经提出的学校教育使命,介绍教师在学校或学区内面向学生的各种工作角色(在接下来的两章中,将描述另外的对非教学工作的要求和对学术领导者的要求)。在本章结尾处,将分析可能会阻碍我们所提倡的改革的三个潜在工作误解。

教师作为讲授者

"教"这个词含义是含糊不清的。它不仅可以指我们最广泛意义上教育工作者的职责(我们都是教师),也可以指不同的方法(通过提问来教、通过讲授来教)。另外,"教"也可以意味着一系列的目的(告知、拓展意识、发展能力)。甚至,"教"也可以指孤立的教师行为,而不管结果如何,就像那句老生常谈:"我教了他们,但他们不学。"所以,我们应该如何厘清教师的工作呢?

逆向设计给出了一个答案。教师的角色、行为和策略必须来源于既定的使命和目标、课程和议定的学习原则。换句话说,采用哪种具体方式、方法和资源并不**主要**是主观的"选择"或单纯的风格问题。它们是从对学生成绩的期望及对学习过程的专业理解中合理推导出来的。我们教书是为了达成结果。只有使学习与目的有关,教学才是成功的。

更具体地说,我们可以通过回顾第一章提到的智力目标分类(卓越的学术成就、理解、关键能力、思维习惯、成熟行为)来区分必选或可选的教师角色和方法。在 1982 年的"佩迪亚(Paideia)提案"中,莫蒂默·阿德勒(Mortimer Adler)呈现给我们与智力目标相关的教师教学角色主要有三类:(1)讲授(或直接)教学;(2)辅助理解和培养相关的思维习惯;(3)行为教练(能力和迁移)。[参见阿德勒的"佩迪亚提案"(1984)和后续内容并深入研究三种分类,以及如何决定哪种教学最适合哪种目标]

讲授/直接教学。 在这个角色中，教师的主要目标是通过显性教学（讲课、辅以课本和示范）来**告知**学习者。

辅助理解。 辅导教学旨在帮助学生"建构"意义，**理解重要观点和过程**。在 这个角色中，教师主要引导学生探索复杂的问题、文本、案例、项目和情景，所采用的主要方法是提问、探究及与过程有关的评论，很少或根本没有直接教学。

行为教练。 教练旨在支持学习者在复杂和自主的行为中成功**迁移**所学知识的能力。教师或教练建立明确的表现性目标，然后通过提供持续的表现机会去监督技能和习惯的发展，并辅以具体的反馈和示范。

在图表 5.1 中，我们展示了三个角色如何与具体教学方法以及每个学习者的伴随行为相关联的示例。

图表 5.1　教师角色与学习者行为

教师角色（教师使用的方法）	学习者行为（学生需要做什么）
讲授/直接教学 ● 示范，建模 ● 讲课 ● 良构问题	**接受，领会，响应** ● 观察，尝试，实践，提炼 ● 听，看，记笔记，问问题 ● 回答，做出回应
辅助理解 ● 概念获得 ● 合作学习 ● 讨论 ● 实验探究 ● 图示 ● 引导探究 ● 基于问题的学习 ● 劣构问题 ● 交互教学 ● 模拟（如模拟实验） ● 苏格拉底式研讨会 ● 写作过程	**建构，检验，延伸意义** ● 比较，归纳，定义，概括 ● 合作，支持他人，教学 ● 听，问，考虑，解释 ● 假设，收集数据，分析 ● 可视化，连接，映射关系 ● 问题，研究，结论，支持 ● 提出/定义问题，解决，评价 ● 回答和解释，反应，反思 ● 澄清，提问，预测，讲授 ● 审查，考虑，挑战，辩论 ● 思考，解释，挑战，证明 ● 头脑风暴，组织，起草，修订
教练 ● 反馈/会议 ● 指导性练习	**提炼技能，加深理解** ● 听，思考，实践，重试，提炼 ● 修改，反思，提炼，再利用

从这些分类中，我们可以很清楚地看到：没有**最好的**教学方法。相反，教学方法或特定教学活动的选择或应该取决于所期望的结果意味着什么及学习者需

要什么样的帮助和体验。当学习目标需要以有用的方式表达信息时,使用直接教学方法;当目标是确保理解观点和克服误解时,那么辅导学生进行讨论和调查,让学生反观自己;当学习者要把知识和技能迁移到新的情境中时,教练方法就能达到预期的效果。

显然,一个高能力的教师不仅能在三个角色中表现出所有技能,而且能理解**何时**使用、以何种组合使用以及使用多长时间。那是**教师**的迁移任务!这个决定要遵从使命和学习优先级。是的,有时候直接讲述是有效的。然而,当学习目标凸显**理解**和**迁移成效**时(正如我们在本书中强调的),从逻辑上来说,我们希望在课堂上看到学生的探索和训练对迁移成效的促进作用。所以关于"哪种教学方法最好"的无休止争论完全没有抓住重点。没有不合格的答案,没有"政治正确"的回应。关于如何教的问题总是要求"如果……那么"式的回答,这完全依赖于期望的结果是什么。

所以,就"教师"和"学生"的角色而言,我们必须基于一些基本问题来考虑任何即将到来的教学活动:既定学习目标的优先级是怎样的? 如何能够最好地利用课堂**固有的有限**时间? 教师和学生在课堂内外应该做什么来更好地实现目标? 学习者、辅导材料和教师以什么样的方式交互? 在什么时间最有可能达到与使命相关的各种明确结果? 作为教育者,我们能采取哪些重要的行动来引起学习者发生重要变化? 随着习惯的养成,我们越来越少去思考这些问题了。

让我们更仔细地观察教师作为助学者和教练的教学,以更好地理解这两个角色,以及他们为什么在理解和迁移教学中如此重要。

教师作为助学者

在佩迪亚的提案中,阿德勒建议,除了作为一个讲授者和教练,教师可以通过一种苏格拉底式研讨会来促进理解,合作讨论伟大的著作和思想。在研讨会期间,老师扮演提问者、探测者、质疑者和包容者。在这个角色中,教师很少发表意见,而是努力唤起学生们的思考。除了苏格拉底式研讨会之外,还有许多使用了多年的其他类型的辅导经验。事实上,法学中的案例教学法、科学和医学上基于问题解决的学习以及人文科学研讨会都是促进理解学习的由来已久的方法。

一般来说,理解需要学习者主动发展和测试想法。无论是回应文本、经验、问题,还是研究案例,学生们都是在模棱两可的内容和开放性的问题中努力创造意义。

但是,如果没有通过设计为学生明确地提供机会和激励,学生就没办法创造意义。助学者有两份工作:第一个是巧妙地设置适当的情境,让学生通过问题以合作或独立的方式尝试和测试想法;第二个是促进适度探究,并抵制"教"的冲动(一个很难打破的习惯)。为了描述案例研究法,一位哈佛商学院的教授这样写到:

> 老师们特别容易被诱惑说出他们所知道的。然而,无论是理论还是事实,任何信息本身都不能提高洞察力和判断力,也不能增加明智行动的能力。(Gragg,1954,第 8 页)

从实践的角度来看,学生和教师都必须认识到,当促进理解的辅导发生时,**传统的**"教"和"学"都将被暂停。通过设计探究活动,以及参考恰当的规则和规范,教师将越来越清楚,新的、也许不熟悉的做法和角色**将支配**课堂实践。

这里有一个简单却能深刻反映辅助教学所带来的课堂变化的例子。所有研讨会的主持人都知道,必须要让学生意识到他们的被动倾向(不断等待老师的下一个"动作")。这种倾向在教师主导的常规课堂讨论中有明显的体现:一个学生回答好问题后,所有的眼睛立即下意识地回到老师身上(在听评课时可以观察一下这个现象)。这是一种根深蒂固的习惯:老师和学生们陷入了一种思维陷阱,认为老师的工作是作为一名"老师"来回应每个学生的评论。但这种模式在研讨会上被颠覆了,因为老师的工作是鼓励学生不要等待老师的回应,并积极回应同学们的评论。

换句话说,助学者的工作是让人们参与进来,并让每个人都保持质疑和响应。长远来看,对教师/助学者的需求越来越少,因为学生们变得更善于管理自己的合作探究过程,我们称之为"智力拓展"。但这个过程需要纪律和明确的训练,以打破许多与"填鸭式"学习相关的常见习惯和惯用例程。

小组研讨会并不是唯一的需要此类助学角色的场所。这里有一个大学的大型演讲课程的例子：

133

[在得克萨斯基督教大学的心理学家唐纳德·丹塞罗（Donald Dansereau)的课堂上]经过15—20分钟之后，学生由老师来配对，这样可以使团队成员在每堂课都不相同。学生浏览班级笔记，轮流担任总结者和检查者。总结者回顾以前讲座的内容，检查者对总结内容的准确性和细节进行评估。在确定笔记的准确性之后，学生共同努力制定策略，帮助他们记住内容，例如构建示例、开发助记工具或记忆设备，以帮助记忆长期保留。（Cooper 和 Robinson，2000，第 20 页）

尽管它是最古老的方法之一（想想苏格拉底！），但科技促进了教学的发展。这里有一个来自《波士顿环球报》的报道，它使用的是一种电子化学生反应系统，使用手持的"答题器"：

为了让大课堂更具互动性，越来越多的大学教授要求学生购买无线手持发射器，让教师即时了解他们是否理解这堂课或他们是否在场。

今年秋季，这款 36 美元的设备在马萨诸塞州大学得到了广泛使用。教员们表示，在全系统预算削减 8 000 万美元的情况下，班级规模正在扩大。经济学教授兼教务长里查德·罗杰斯(Richard Rogers)表示，今年秋季在阿默斯特(Amherst)校区的 17 500 名本科生中，有将近 6 000 人需要在课堂上配备答题器，而两年前只有不到 500 人。

为了与大型礼堂的学生联系起来，教授们在课堂中发布了多项选择题。学生点击发射器做出回答，按下键盘上编号为 1—9 的蓝色按钮。在教授的笔记本上出现了条形图，显示了正确和错误答案的数量。当有太多错误的答案时，老师们可以放慢速度或回溯知识。每个设备都是被注册的，并分配了一个数字。所以教授们可以核实谁在场，并在课后和那些经常给出错误答案的人联系。（Russell，2003）

让我们来看一下这些例子中学习的含义。无论是在小型研讨会，还是大型讲座中,都要引导学生积极处理信息并对其进行理解,而不是简单地听讲和记笔记。促进性教学(facilitative teaching)是建立在这样一个共识之上的,即学习者只有被要求依据反馈不断提问、反思答案进而搞懂相关概念,才可能发展理解(即使在大型讲座中),只有被要求在反馈的基础上不断地提问和重新思考他们的答案,才使观点具有意义。这不是从"教学"中"失去"时间,而是花时间引起学习者的理解。

让我们概括一下。不管情境如何,最好的助学者要做什么?他们会: *134*

1. 为探究和讨论建立议题、问题和调查。

2. 指导学习者"建构意义"。

3. 避免过度教学。

4. 树立榜样,鼓励运用策略和思维习惯。

5. 努力使自己不被需要。

简要介绍一下助学者的特征:

1. 为探究和讨论建立议题、问题和调查。 助学的一个主要目的是发展和深化学生的理解。为此,有能力的助学者选择有挑战性的问题来争论,选择有价值的文章来解读;选择重要的调查去实施;选择有难度的问题去解决。由于这些智力挑战是促进理解的有利条件,助学者的工作是通过提供同伴反馈和显著结果来确保学生产生想法,并测验、证明和调整这些想法。

2. 指导学习者"建构意义"。 专家的理解根本无法口头传达。因此,学习者的工作是积极尝试建构意义和理解事物,而助学者的工作就是支持这个建构过程。

"但是,什么内容都不教了吗?"不,这是一个关于助学的基本误解。所有相关的内容都没有被讲授式的"教",并不意味着内容没有被学习,是通过学生尝试使用他们自己迄今为止在课堂内外所学到的东西来"学"到的。以下是哈佛大学物理学教授埃里克·马祖尔(Eric Mazur, 1997)谈到的一项长期研究,关于在一个大班上如果有效架构时间,通过诊断评估和讨论来实现"更少"的讲课和"更多"的助学,帮助学生促进理解。

基本目标……是在课堂上利用学生的互动,将学生的注意力集中在关键概念上。讲授的内容并不是全面覆盖教科书或讲义上的所有内容,而是由若干关于关键问题的微讲座组成,每个微讲座之后,都紧跟着有关这个主题的概念微测试。首先,给学生时间自己做答。然后,要求他们讨论自己的答案。(第10—11页)

答案是有统计的,如果结果表明理解和迁移的结果是弱的,马祖尔将会继续再讲一下这部分内容。在这种方法中,这些即时反馈测试和讨论"占每堂课三分之一"(第14页)。在马祖尔和他的同事多年的正式研究中,这么做"有可能大大提高学生在[概念测试]和常规考试中的成绩。"正如马祖尔(1997)说的那样,"无论教师讲得多清晰、多吸引人,都无法仅靠说话来提高学生学习水平和参与程度"。

3. 避免过度教学。因此,一个助学者角色将教师从"讲台上的圣人"重新定位为"站在边上的指导者",从主要承担讲的责任,变为引导出意义创造和观念检验。助学者主持讨论和指导探究,而不是一个指手划脚的参与者。助学者对探索的过程和状态提出质疑、澄清以及评论,而不是单方面讲授或直接给出答案。

4. 树立榜样,鼓励运用策略和思维习惯。探究式学习的开放性可能是令人不安的,尤其是对于那些期待老师给予明确指导的学生而言。当学习者在他们的探究过程中遇到困难时,助学者也会示范并鼓励他们使用策略和思维习惯,让学习者回答诸如此类的问题:如果你不理解课文,你会怎么做?当你在解决问题的过程中遇到困难,什么策略能帮助你?当你最棒的想法受到挑战时,你会如何回应?

5. 努力使自己不被需要。传统教学是以教师为中心的,与传统教学不同,助学者力求逐渐发展学生自主性(参见我们前面提到的智力拓展)。换言之,他们努力使自己变得越来越不被需要。这种结果通常要通过一个系统的"断奶"过程。在此过程中,教师的指导和支持逐渐减少。以下是教师促进学生自主成长的具体途径:

● 鼓励学生设定与总体预期结果相关的个人学习/表现性目标。

● 在学习过程中给学生适当机会,对学习过程(例如,小组合作与单独工作)及其作品形式(例如,视觉形式、口头形式、书面形式)做出适当选择。

- 期望学生对自己的工作和目标进展情况进行定期自我评估。

- 把助学技能教给学生，并为学生分配时间去应用这些技能（例如，通过学生主导的研讨会或问题解决小组来应用这些技能）。

教师作为教练

教练的职责是最大程度地提高表现和培养纪律。教练从所期望的迁移能力和自律能力（技能和思维习惯）出发进行逆向设计，致力于使学习者达到表现标准。莫蒂默·阿德勒（1982）描述了这一目标以及对"教学"的影响： *136*

> 由于学生所要获得的是表现性的技能，而不是事实性的知识和公式，因此，不能采用"讲授"式的教学模式。这种表现性的技能是不可能通过教师的告知、演示或报告获得的。相反，教学必须类似于传授运动技能中的教练方式。教练不可能简单地告诉或交给学习者遵循规则就能教好，教练要通过帮助学习者去练习，去做正确的动作，并以正确的方式组织一系列行为来训练。他一再纠正错误的表现，不断重复训练直到达到完美的程度……只有这样才能在阅读、写作中获得技巧……只有这样才能发展批判性能力和辨别能力。（第 27 页）

阿德勒的话说得已经很明白：擅长说教的"教师"或"活动设计者"只是提供了信息和经验，但都很难**确保**学习者从讲话或活动中提升能力，这从学习者的习得行为和表现成就上都看得出来。

相反，回想下你所认识的优秀教练。（注意：不要局限于体育教练。想想其他聚焦学生表现的教师，如乐队指挥、戏剧教练和美术教师。）现在想想他们**所做的**和**努力去完成的**事情，不考虑他们的个人特质和风格，想想他们是如何做教练的？他们是如何开始发号施令的？训练方式是如何随着时间发展的？在每节课上，他们对时间的安排和与学习者的互动有什么区别？他们如何有效地与很多学习者（如管弦乐队）合作？他们如何把每个人的精力（不管个体的能力水平如何）都聚焦在高质量的工作上的？他们使用什么策略来指导和改进学习者的表现?

这是我们从各个领域的优秀教练身上观察到的 11 个特征。优秀教练会:

1. 制定与长期迁移目标相关的明确表现性目标。

2. 展示所有目标的范例和样本。

3. 从最终的迁移需求出发设计练习和评估的进度。

4. 从一开始就进行评估,了解学习者的进展情况以及指向目标实现的学习需要。

5. 把大部分时间花在让学习者表现上,这样教练就可以自由地指导。

6. 关注每个学生的情况(能力和个性),提供个性化的指导。

7. 提供持续的反馈和即时的使用机会。

8. 提供"即时"指导,指导是小剂量、有针对性的。

9. 根据预料之外或不合时宜的结果调整计划。

10. 努力使学习者自主,以使自我评估和自我调整成为教学的关键目标。

11. 设定高标准,但设计的训练要让学习者相信"我可以做到!"。

让我们更详细地探讨这些教练角色。

此列表与你的观察结果匹配吗?

1. 制定与长期迁移目标相关的明确表现性目标。优秀的教练确保每个人都清楚所期望的表现结果。对于学习者而言,试图达到的目标或"成功"没有什么神秘可言。因此,你很少听到运动员或乐队成员会问:"我们为什么要这样做?"或"我的工作应该是什么样的?"相较之下,许多学生不知道他们要达到的学习目标、评估他们学习的方式、支持他们学习的教学方式或者他们作为学习者在这个过程的角色。对以上任何一点缺乏清晰度,都会削弱学生的动机和成就。

2. 展示所有目标的范例和样本。如果我们追求卓越表现,学习者必须知道模范的表现是什么样的。正是因为认识到这一点,优秀的教练通过无数的案例和范例,让"不可见的东西可视化"。篮球教练向球员们展示冠军比赛的录像,球员们就能看到行动中的卓越表现。出版商让工作人员学习前几年屡获殊荣的年报,并激励他们为毕业班创造一个更好的年报。然而,在你的印象中,有多少历史老师会向学生展示专家们对历史文物的鉴赏案例? 有多少科学教师会在学生开始实验之前分发和讨论优秀的实验室报告?

3. 从最终的迁移需求出发设计练习和评估的进度。 提供多种机会让学习者在不同的情境中学习和应用相同的技能。"实践"的本质将优秀教练和那些只是要求学生完成操练的教师区分开来。教练们把注意力放在真实的表现上，而不是放在单独练习的独立技能上。教练们总是把精力放在"拟真训练"上以提高队员们在比赛中的表现。

让我们看一下美国足球联合会（USSF）给青少年足球的指导方针。在每次练习具体技能时，使用如下进程（从比赛表现中逆推而出）：（1）训练技术；（2）在与比赛相关的条件下训练技术（例如，两两攻守对抗）；（3）在准比赛状态下训练技术（具有更现实的复杂性和对抗性）；（4）在比赛状态上综合运用各种技术。足球教练的口号是"比赛是最好的老师。我们足球学校的教练们经常讨论要'定制训练'，因为他们想要确定训练能达到一个真正比赛所要求的技术或战术目标"（Howe，1999，第 111 页）。联邦政府的材料强调了这一点："比赛将告诉你团队需要哪些训练。比赛和训练有一个互惠的效果。比赛表明我们需要训练什么，训练使我们为比赛做准备"（Howe，1999，第 24 页）。我们认为，这样的逻辑也适用于学术领域，因为在学术领域也是要求迁移表现的。

4. 从一开始就进行评估，了解学习者的水平以及为实现目标所要关注的学习需求。 体育教练、课外活动的主持者以及聚焦学生表现的教师（如艺术和技术领域）认识到，在开始教学之前需要根据目标了解学习者的知识和技能水平。事实上，所有球队的教练通常从诊断评估开始他们的"赛季"，因为了解每个球员的优势、渴望和需求是至关重要的。

5. 把大部分时间花在让学习者表现上，这样教练就可以自由地指导。 教练不仅仅是教学习者如何表现，训练的本质是创设情境，让学习者必须通过自发自主的活动不断尝试和展示他们在一段时间内学会（或没有学会）的东西，这样他们才能被辅导。

这一方法的例证在对约翰·伍登（John Wooden）（加州大学洛杉矶分校富有传奇色彩的篮球教练，我们之前引用过他的方法）的一项为期一年的研究中被记录下来。为了梳理出伍登成功的"秘诀"，研究人员仔细观察了伍登的教练方法，他们注意到了一种他们称之为"伍登"的非凡模式：

他们观察了几个月，没有看到一次讲课或者长篇大论。他很少赞美或责骂。他的指导中有10%是"伍登"模式：展示范例，识别球员表现不佳的例子，重新展示范例。（Nater和Gallimore，2005，第93页）

泰德·西泽（Ted Sizer，1984）认为这样的方法同样适用于学术领域："辅导的依据就是**学生的工作**，其中呈现了教师需要给予评估、反馈和建议的技能。"（第41页；强调部分是后加上去的）。这是一个关键的区别。"讲述者"认为课堂上的时间最好用来分享知识，讲解内容，告知学生。"教练"认为，利用有限时间的最好方式是让学习者在教练面前尝试学习和应用，以便教练提供反馈和指导，提高他们的表现。很少有老师花很长时间来观察学生表现，并且尝试"在他们工作时进入他们的大脑"（例如，让学习者在投入一项任务时发声思维[1]）。从迁移出发的逆向设计中，我们主要是利用课堂时间更好地理解学习者在迁移过程中发生了什么，并采取有效措施改进方法和迁移。否则，任何"教学"，无论它看上去多么完善和清晰，仍然是抽象的、很难学以致用的。

6. 关注每个学生的情况（能力和个性），提供个性化的指导。 优秀教练对他们的球员（不管是作为学习者还是普通人）了若指掌。他们知道这些球员中谁需要用严厉鞭策的方式、谁需要用软语温言的方式来催化出最好的一面。他们是如何做到的呢？腾出自己的时间去研究学习者，了解他们的优势，观察他们对逆境的反应以及根据反馈做出调整的能力。（有多少教师在成绩册上记录与学习有关的学生行为和态度，去捕捉他们作为一个学习者的基本情况？如果每天给学生大量的时间尝试应用所学，这种了解与记录不仅是可行的，而且是有效的。）

优秀教练会在不降低共同标准的情况下，确定不同团队成员的地位和作用。魁梧迟缓的球员和矮小敏捷的球员在足球队中同样都有一席之地；有了长笛还需要大号才能确保管弦乐队的音域；主角和后台人员合作才能完成一场成功的演出。并不是每个人都必须以同样的方式学习同样的技能才能成为场上能手。

---

[1] 译者注：发声思维，即 think aloud，就是受试者（接受测试的人）在完成某项任务的过程中，随时随地讲出头脑里的各种信息，是心理学和认知科学研究中收集研究数据常用的方法之一。在教学中，通过这种方法，教师可以了解学生的思维过程，从而发现一些平时不易觉察的思维方式上的问题。

同样,在课堂上个性化的关键是要确保我们设计的复杂"任务"涉及不同的学习者角色。在这方面,差异化教学专家卡罗尔·安·汤姆林森(Carol Ann Tomlinson, 1999)建议,学习者需要"受人尊重的任务"(第12页),既能挑战他们,又能反映他们自己的意愿水平、兴趣和学习风格。考虑到个体差异,一刀切的方法不太可能在球场或课堂上最大限度地提高所有人的表现。

7. 提供持续的反馈和即时的使用机会。 在这里我们号召"少一些教学,多一些形成性评估"。本书的作者之一曾被他儿子的经历深深地打动,这个例子说明了持续反馈的力量:我们报名参加了一所本地大学小联赛(Little Leaguers)社团的"投球诊所",由非常成功的大学棒球教练主持。我们在那里待了五个小时,但正式教学只有大约一个小时。大部分时间都是年轻投手投球,教练给出反馈和建议。最后一项活动是观看每个年轻人的录像,这些录像是在午餐时间由工作人员迅速编辑出来的,突出每一个学习者的强项和弱项,然后由教练提供个性化的建议。男孩子们完全被吸引住了,看别人录像时也是如此。在开车回家的路上,我问:"你觉得这个诊所怎么样?"我儿子回答说:"太棒了! 这是我听过大人讲话讲得最久却不觉得无聊的一次!"除了他们的注意力之外,很明显,每个男孩的表现在现场就得到了提高。而在学校里,这样的事情多久会发生一次呢?

8. 提供"即时"指导,指导是小剂量、有针对性的。 在训练情境下,直接指导和集中练习的时机取决于结果。正如足球教练所说的,"比赛就是老师"。"即时"(just-in-time)教学意味着我们不去提前讲太多脱离情景的内容——我们将这种教学姑且称之为"储备式"(just-in-case)教学,这种储备式教学导致的遗忘一直困扰着传统教育。如果你的目标是学习如何烹饪,你不得不去听30个关于涉及烹饪方方面面的讲座,却从来不进厨房,不在高段位厨师的指导下实际练习,这无疑会让你感到沮丧。然而,许多课程都会犯这种错误,既不利于学生参与也没产生好的结果。

更确切地说,"即时"教学是指当需要的时候或者学生准备好的时候,我们合理地安排直接指导。极端情况下,这意味着完全颠倒传统的顺序,正如在基于问题的学习中所做的那样:如果学习者们还没有充分探究单元中的问题,教师是不讲的。话虽如此,有时也需要通过直接教学为学习者的理解服务。认知心理学的研究证实了这一点:

对"建构主义"认识理论的一个普遍误解是教师永远都不要讲给学生听,而应该让他们自己去建构知识。这个观点把教学方法与知识理论混为一谈。确实有些时候,**通常是在人们第一次独自解决问题之后**,"讲授"教学能很好地发挥作用。(Bransford 等,2000,第 11 页)(强调部分是后加上去的)

9. 根据预料之外或不合时宜的结果调整计划。有教的行为,学习**未必**就会发生。而教师的工作是要**确保**学习发生。当学习没有发生时,教师应该果断、迅速且经常性地干预。换言之,教师工作的一个关键环节是尽可能迅速地定期评估和反思结果,以便做出必要的调整以改进学习。

到了 11 月份,有多少中学的数学老师会互相探讨:"哎呀,我们现在只能解决三分之一的问题,接下来得怎么改进呢?"有多少小学老师会彼此讨论:"哎呀,不管阅读教学的理念是什么,我们班上 14 个孩子用当前的方法就是行不通。他们的阅读能力停滞不前,我们得采取什么不同的行动呢?要在 5 月份达到所期望的表现,我们现在的做法对不对?我们是否有足够的证据来应对年底测评啊?"这些问题是教练们经常会问的,老师们也应该这样问。

教练会怎么做?简单地说,就是:由于不可避免需要再教与再学,我们要将教学大纲当作一个整体来处理,要为每个单元都嵌入弹性时间。在我们的经验中,能够这样做的教师并不多。事实上,许多教师都过度地预设了课程,以至于很少预留时间给那些为改进结果而不可避免要做出的调整。

10. 努力使学习者自主,从而使自我评估和自我调整成为教学的关键目标。最好的艺术家、作家、演员和运动员不仅自己学得好,而且能够内化教练技能,自己也能指导别人。准确的自我评估和自我调整的能力对于最大限度地提高表现至关重要,同样的原则也适用于学校学习。认知心理学的研究强调了这一点:"元认知还包括自我调节、协调学习的能力(如适当地计划、监控成功和纠正错误)。这些都是有效学习的必要条件。"(Bransford 等,1999,第 85 页)

因此,优秀教练故意让学生反思他们的表现。例如,定期让学习者反思问题:哪些工作有效?问题出在哪里?你将如何应用这个反馈?你需要做什么工作？这有助于培养反思性的元认知能力。

11. 设定高标准，但要设计教学使学习者相信"我能行！"。有关学习的研究揭示了一些重要变量，这些变量会影响学生在要求严格的学习环境中做出努力和坚持的意愿。这些变量包括如下：(1)学习者清楚地知道学习目标和预期结果；(2)学习者学习相关或有用的内容；(3)学习者意识到有能力在学习任务中取得成功；(4)学习者感觉到被教师接受和支持。

优秀教练会关注每一个变量。事实上，在面对相关且真实的挑战时，激发学习者的内在动机正是"教练"促进理解和参与的关键能力。约翰·古德拉德（John Goodlad，1984）在 20 多年前《一个被称为学校的地方》(*A Place called School*)这项里程碑式的研究中提到：

> 学生认为自己在学习什么？我们让他们写下在学校学到的最重要的东西……大多数学生都列出了一个事实或主题……很明显，这些回答显示出他们没有获得一些能力方面的发展。
>
> 在艺术教育、体育教育、职业教育和主流之外的一些课程（如新闻学）中，有一些不同的侧重点。可以明显看出从"对学科和主题的了解"向"获取某种能力的转变"。（第 234 页）

这个常识性发现对我们的论点至关重要：真实的、基于表现的工作本身就 *142* 比典型的课堂作业更能激励学生的参与。

案例：指导学生对所学知识进行批判性思考

考虑到上述优秀教练的若干"举措"，我们用一个简单的例子来结束这部分。如果我们不是知识内容的传递者，而是要教会学习者学会对所学知识进行批判性思考的教练，那我们在课堂上应该如何合理利用时间呢？这有一个有着丰富内容的历史领域的例子。

让学生用传统教科书和书中的参引阅读、讨论并总结书中关于革命战争(the Revolutionary War)时期的陈述，然后请他们思考其他国家教科书上的两段摘录：

由于殖民地人民为了他们的政治权利不断抗争,13 个殖民地建立了自己的地方立法机构,实行资产阶级代议制政府。由于选举权在许多殖民地受到诸多限制,当选为殖民地立法机关的人大多是地主、士绅和资产阶级的代理人,而没有劳动人民。州长和立法机关之间有斗争。这些斗争反映了殖民地与宗主国之间的矛盾。

英国殖民地的管理完全符合英国资产阶级的利益。英国殖民统治阻碍了北美国民经济的发展,这迫使某些企业破产。因此,英国的统治集团与新兴的资产阶级和广大人民之间的矛盾日益尖锐。

《独立宣言》是资产阶级革命的宣言。它所阐明的政治原则旨在保护资本主义剥削制度,使资产阶级的利益合法化。实际上,《独立宣言》所指的"人民"只是资产阶级,"追求幸福的权利"是从"财产权"中推断出来的,目的是在资产阶级剥削制度上打上合法性的印记。该宣言由 56 人签署,其中 28 人是资产阶级律师,13 人是大商人,8 人为庄园奴隶主,7 人是自由职业者,但没有一名劳动人民代表。

战争时期,美国开始大规模向西扩张。从一开始,殖民地就建立在印第安人的尸体上。1779 年,乔治·华盛顿派约翰·苏利文派遣军队去"歼灭"易洛魁人,并在纽约北部定居。在他的指示中,他写道:"现在的目标是完全粉碎和压平他们的定居点,尽可能多地俘虏囚犯,越多越好,不管他们是男人还是女人。"你不仅要清理他们的定居点,还要摧毁它。因此,在建国之初,美国已经赤裸裸地暴露了其好斗的性格。

战争爆发后,美国不仅没有组织被奴役的黑人,反而更加严密地控制他们,因此加剧了他们的受压迫感。这严重阻碍了他们参与战争,这也是为什么独立战争经历很长时间才取得胜利的原因之一。(Barendsen 等,1976,第 9 页)

———————

那么,美国革命的原因是什么呢?过去人们认为这场革命是由英国政府的暴政引起的。这个简单的解释已经不能再被接受了。历史学家现在认识到,英国的殖民地是世界上最自由的,他们的人民享有其他帝国没有享有的权利和自由。英国政府因未能了解美国的情况而感到内疚。

即使在印花税法案之后,绝大多数的殖民者都是忠诚的。他们为帝国和它的自由感到骄傲。在《印花税法案》之后的几年里,一小部分激进分子开始为独立而工作。他们密切注视着每一个挑起事端的机会。(Barendsen 等,1976,第 16 页)

接下来问以下问题:考虑关于同一事件的两个"故事"(第一个是来自中文课本,第二个是来自加拿大的教科书),美国革命应该如何从历史角度来解读?每本教科书哪些地方公平合理,哪些地方可能有偏见?我们如何最好地辨析这些分歧?因此,需要考虑与评估来源、分析论点和发现偏见的技巧。事实上,在培养批判性思维的历史进程中,这类活动将贯穿整个课程。最后,在学期末的最终评估中,会有一部分是考察学生是否能够独立运用批判性分析来阅读文本。在学习开始时,不能假设学生能完成这样的任务,但我们要知道自己的关键作用就是通过发展技能和反馈来指导他们如何完成这样的任务。

总而言之,判断一个教师是作为教练,还是作为告知者或活动提供者,重要的是看他们是否协助并研究学生基于理解的学习和表现,是否帮助学生自主完成内容学习,是否不断面对需要批判性思考的挑战。

根据实际情况选择方法

我们同意阿德勒的观点,讲授、助学和教练这三种教学方法都能在一个强有力的教学计划中发挥作用。鉴于本书所倡导的使命和目标,我们提出以下建议:

- 在寻求概念性理解、克服误解、学生建构和测试关键思想时,强调助学。 *144*
- 在渴望学习者熟练、流畅、自律的迁移表现时,请使用教练技能为学生提供反馈和建议。
- 在根据明确的表现性目标,并且学生尝试用自己的知识进行表现的反馈时,在"按需知道"的情况下更适合提供直接的讲授。

根据大致总结的经验,每种方法在课堂上的时间大约各占三分之一。

教师的误解

我们在这一章中提出了这样一个命题：**尽管有良好的意愿和勤奋的努力，一些教师对他们的工作仍存在根本性的误解。**我们发现了三种误解，这三种误解如果不加以制止就有可能破坏学校教育的使命。

误解1："我的工作是把书教完"

从幼儿园到研究生院的老师们都在纠结一个共同的问题——要教的内容太多，但时间却不够。按理说，制定标准这件事本来就是要通过确定课程优先级来解决"内容过载"问题的。内容标准旨在规定学生"应该知道什么及能做什么"，从而为课程、教学和评估提供必要的重点和优先次序。但事实上，国家、州和地区各级的内容标准委员会常常各自为政，为他们的学科制定超有野心的"基本知识"清单。过多的标准和基准不仅没有简化课程，还加剧了内容过载的问题，特别是在小学阶段，教师要负责多学科的教学标准和基准。

由于教师倾向于将教科书作为教学内容的主要资源，这种情况就更加复杂了。这里有一个发人深省的例子，说明人们相信自己的工作就是把书教完。一名高中校长要求各学科教研组组长和教师们在一起，为每一门课制定课程地图，其目的是鼓励在课程和课程之间建立更大的一致性和连贯性。教职工们用一年中的大部分时间来做课程地图。年末，校长把各个学科的课程地图都收上来进行审阅，结果发现有一个学科的教研组长交上来的是各种课本的目录影印件，这让他大为震惊。这个故事发人深省的部分在于，这个教研组长并非有意叛逆或抗拒，恰恰相反，他和他的同事们真的认为他们所做的事情就是该地区所期望的。毕竟，他们开会并仔细查阅了接下来可能要用的教科书，该地区已经投入大量资金购买这些被推荐的书籍，他们当然应该使用它们。

教科书的问题有部分原因在于教育出版商倾向于出版"涵盖面很广"的教科书，以安抚州立教科书采纳委员会、国家学科组织和各种特殊利益集团。结果往往是对学科知识肤浅的、"只有广度，没有深度"的处理。

尽管如此，教学要根据内容标准进行，这产生一个重要问题，那就是州立内容标准与全国推广的教科书或其他资源之间的契合度问题。可以做这么一个练习：要求教师根据州或地区的内容标准来审查他们的教科书，确定相关程度，然后，选择图表5.2中最能代表两者关系的插图。这个练习的要点很简单：如果教科书与内容标准之间没有像图4所示那样完美的相关性，那么教科书充其量只能作为支持学习标准的一种资源；如果结果是图2和图3，说明教科书的部分内容对学习标准没有用（因此不需要讲），但这时就需要补充其他资源。

有趣的是，当教师们坚持说他们是被要求去教课（**不考虑**学生的理解程度或学习成绩）时，他们经常提到来上级的压力，然而，我们从来没有追踪到这些说法的官方来源，也没有找到一个声称发布过这样命令的"上级"。此外，我们从未见过教师的合同上规定教师的工作是"把书教完"。但是，我们都知道，教师们就是这么做的，而且任何相反的建议都听不进去。

简单地说，声称自己的工作就是"把书教完"是一种误解。教科书只是一本参考书，它的目的是为了总结知识，类似于百科全书。把教科书当作教学大纲，就像要从A到Z来讲百科全书一样。有逻辑、有效率吗？是的。有目的、一致且有效吗？深表怀疑。

不管教师是否依赖教科书，认为需要"讲完"内容都是有问题的。"讲完"这个词有着仅仅"触及表面"的意味，感觉上就与追求理解与迁移的教学不相协调。事实上，如果我们的目的是讲完更多的内容，我们可以通过在课堂上说得更快来

图表5.2 教科书与标准的关系

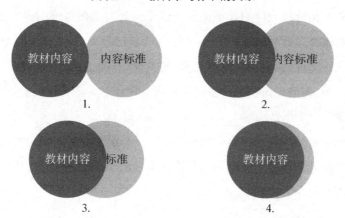

来源：《追求理解的教学设计》（Understanding by Design，第311页），作者：Grant Wiggins 和 Jay McTighe，2005年，亚历山大，VA：监督和课程开发协会。版权©2005年协会监督和课程开发。经许可改编。

实现这一点。但"只是通过提及内容来教学"不太可能确保学生知道,更不用说理解学科的关键思想和核心过程。肤浅的、不连贯的教学信息根本不能产生最优的结果。

据我们所知,没有研究支持灌输式教学的优点。相反,结合 30 年来对学习和认知的研究,可以看出:

> 专业知识研究表明,在领域中对诸多主题的肤浅讲授可能是糟糕的办法,不能帮助学生发展能力,以为将来的学习和工作做好准备。(Bransford 等,1999,第 30 页)

> 强调知识广度的课程可能会阻碍有效的知识组织,因为学生没有足够的时间深入学习任何东西。让学生了解"专家中如何组织和解决问题的"可能是有帮助的。(Bransford 等,1999,第 37 页)

那么,如果教师的工作不是讲完教科书,那是什么呢? 我们的观点很简单:教师的工作是发展学生为实现有价值成就所需要的理解。这就需要辅助学习者深入思考,训练他们迁移知识和技能,最终反映在涉及这种迁移的重要表现上。针对这些目的,学习内容和"教授"是手段,教科书是资源,而不是教学大纲!

147 误解 2:"我的工作是吸引学习者参与有趣的活动"

怀有这种信念的教师们并不觉得自己受到教科书的束缚。事实上,他们中的许多人都鄙视这种"教教科书"的心态,并为自己远离书本、使学习变得更有趣而感到自豪。为此,他们为学习者开发(或发现)有趣的活动和项目。虽然我们欣赏这一目标,但我们观察到许多初衷良好的教师在活动中迷失了方向,忽视了目的和结果。

让我们来看看下面这个典型的例子——一个中学的活动导向的单元。这个中学的八年级老师开发了一个精心设计的跨学科单元"维多利亚下午茶",这是参与教师编写的单元概述:

> 我们每年都会面向八年级的学生举办一项关于维多利亚时代的英格

兰、查尔斯·狄更斯和圣诞颂歌的学习。这个跨学科的单元可以极好地融入和推广视觉艺术和表演艺术。其中部分目标是让学生有机会欣赏和创作艺术作品，角色扮演，写短剧，制作视频，学习和表演至少一个时期的舞蹈，欣赏19世纪的人文经验，并提高观察能力、艺术和文学分析能力及口译能力。我们学校也有家长参与的活动。在接触到这一时期的基本知识，包括时尚和礼仪之后，学生们收集了维多利亚时代的服装，来到一年一度的维多利亚时代茶聚会中，模拟19世纪的社交聚会。学生和被邀请的工作人员受到身着仆人服装的父母的欢迎，并被护送到茶室（学校图书馆），那里装饰有古董和桌子，上面放着精美的瓷器和装饰品。学生们要轻松得体地交谈，要牢记礼节指示。如果发生严重的违反礼仪行为，年轻女士一定要装得像晕过去一样。当家长们提供正宗的课程时，社区成员在与学生互动的同时，在维多利亚时代茶聚会上表演幽默的短剧。背景音乐通常由父母/学生二重奏组合提供。接下来的学生仍然穿着维多利亚时代的服装，用他们在体育课上学到的舞蹈技巧来表演华尔兹或其他时期的舞蹈。然后学生们通常会听一个社区成员读维多利亚时代的诗歌或散文。在下午茶之前或之后，学生在社会研究和/或科学课上表演短剧或新闻广播，报告诸如童工、穷人的生活和维多利亚时期的水状况等主题。在英语课上，他们学习狄更斯对文学世界的贡献，聆听和参与圣诞颂歌的烛光阅读，并对艺术家的书夹和作品的插图进行评论。去年，乐队指挥甚至把维多利亚时代的音乐注入了乐队。现在的教学任务真正迁移到学生身上，他们单独或在小群体中，深入研究维多利亚时代的部分。经过广泛的研究和与艺术和英语教师的合作，他们创 *148* 造了一个口头演讲（维多利亚项目），可以是原创剧本，录像，正式演讲，或独白。学生也会展示艺术品/工艺品或购买古董。一些演讲包括一场全课程的学生制作的维多利亚式晚餐；设计制作维多利亚时代的首饰和贺卡；教授设置合适的桌子的艺术；背诵维多利亚时代的诗歌，同时学生们演奏长笛、钢琴和小提琴；报告参观维多利亚五月角；写生狄更斯的人物和背景；设计或再现维多利亚时代的住宅、家具和公园模型。学生们通过老师制作的表格对彼此的作品进行正式评论。额外的学分可以通过观看和评论一部关于这一时代的戏剧或电影来获得。学生们似乎很喜欢这个单元。积极的参与促进学生的高成就,实际成绩可以被优秀的产品所证明,更重要的是学生们都对此项活动都充满了热情。在开学的第一天,我们总是会被学生问:"我们什么时候开茶聚会?"

当然,这个单元有许多积极的方面,包括它的跨学科联系,学生和家长的积极参与。学生可以接触到各种各样的资源,包括相关的文学作品、历史文物和特邀嘉宾。他们有机会根据主次资源进行研究,并发展有形的产品和表现。毫无疑问,老师们协同工作,花了许多时间来安排各种活动。很明显,学生们学习了一些东西,包括维多利亚时代的信息、社交技巧、插花和跳华尔兹。他们也许会记得维多利亚时期的饮茶经历。

然而,尽管有一些有价值的学习和积极的感受,但我们必须退一步去质疑这是否值得这么做。对于这个或任何"活动导向"的体验来说都有一些重要问题需要考虑:学习成果能否清楚地被确认并体现在工作中?它们是否反映了重要的持久性结果(学科中的大概念),或者仅仅是"知道就好"的事情?学生是否知道预期的学习结果,并花时间根据这些目标来开展相应的活动?学生能解释各种活动背后的目的吗?能够获得学习到重要概念和技能的适当证据吗?学生是否表现出他们理解并能以有意义的方式迁移他们所学到的东西?是否有时间和精力投入到相应学习活动中,并合理利用时间来承担所有其他义务?

如果对这些问题的答案是否定的,那么人们就有义务对活动背后的目的提出质疑,并消除或调整那些缺乏的东西。需要澄清一下,我们当然不反对吸引学生参与活动,我们所批判的核心是缺乏目的性。

149 这里有另一个有趣的练习来揭露"活动导向"课程的问题,可以在教职工会议或研讨会上使用。首先,我们提出两个一般性问题:

● 无论校内还是校外,什么活动最吸引人,哪些要素让这个活动如此吸引人?

● 无论校内还是校外,活动什么时候最有效,哪些因素使这些活动有效?

然后我们要求教师分成三至六人的小组,一半小组讨论第一个问题,另一半讨论第二个问题。每个小组先列出活动和情境列表,然后进行归纳并在白板上记录他们的观点,接着分享并归类整合每个小组的列表。这里有来自各个组的典型反馈：

学生最投入的活动

- 活跃的"动手实践"。

- 涉及奥秘或问题。

- 提供多样性。

- 允许学生选择产品和过程。

- 提供个性化任务/挑战的机会。

- 提供与他人合作的机会。

- 建立在现实情况或有意义的挑战之上。

- 使用互动方法，如案例研究、模拟试验、小组调查。

- 涉及真实的或模拟的观众。

活动最有效的时候

- 他们专注于明确而有价值的目标。

- 学生理解工作的目的和根本原因。

- 明确的公共标准和模式使学生能够准确地监测他们的进步。

- 以有限的恐惧和最大的激励去努力、冒险、从错误中吸取教训而不用受到不公平的惩罚。

- 通过将学生的经验与课堂以外的世界联系起来的活动，使思想和技能变得具体和真实。

- 有很多基于反馈的自我评估和自我调整的机会。

- 教师担当教练和助学者，帮助学习者成功。

最后，两组共享各自的列表，并要求全体成员标识两个列表中的公共元素。换句话说，什么时候学习活动既吸引人**又有效**？如此一来，我们就会发现：吸引 *150* 人的活动的核心特点就是有效性，反之亦然（例如，真实的、动手的、真实世界的问题；有机会"早做、常做"；获得反馈）。

由此产生的综合列表成为一套标准，教师可以用以评估现有的活动（如"维多利亚时代的下午茶"）。因为这个列表是由教师们自己的学习和教学经验所构建的,所以更容易令人信服。这样的一个列表就可以作为学校教师们共同的试金石,通过它就可以检查并在必要时改进所有的学习活动。

再次重申,第二个误解应该是显而易见的。尽管教师的意愿和努力都很好,但活动必须始终被视为达到重要学习目的的一种手段,而不是目的本身。总而言之,教师的工作是鼓励学生参与到有目的的活动之中,而这种活动应该是既吸引人又有效的。

误解 3:"我的工作是帮助学生应试"

在过去的十年里,州立内容标准和联合测试项目已经出现,目的是聚焦当地的课程和教学,通过让学校对结果负责来提高学生的成绩。具有讽刺意味的是,这种基于标准的改革策略使用了高利害考试作为关键杠杆,这无形中导致了一些教师的误解:他们的工作就是帮助学生应试。考虑到要"不断提高分数"和年度进步报表(AYP, Annual Yearly Progress)的压力,这一观点也是可以理解的。

尽管在标准化测试中追求高分并没有错,但误解在于如何最好地实现这一目标。我们观察到许多教师(通常是在管理者的要求下),他们已经根据州统考的形式来调整自己的教学。在最糟糕的情况下,课程已经演变成一个不断刷题和学习考试技巧的应试方案。

尽管教师有义务使自己的教学达到既定标准,但这并不是说,达到这些标准的最好方法是模仿州统考的形式,并通过肤浅的、多选题教学来灌输规定的内容。我们必须牺牲更有效、更吸引人的教学方式来提高考分吗?更被动的、分段式的教学是否会使学生的兴趣和表现最大化?我们必须教得**更糟**才能获得更高的考分吗?我们认为这个问题反映了人们对考试如何起作用、教学如何有效,以及学习如何最大化的潜在误解。

151　　要揭示这个推理中的缺陷,可以做一个类比。我们每年去做一次体检,没有人喜欢这种检查,但我们知道对健康进行客观(但简单的)衡量是符合长期利益的。医生在短时间内完成了几项测试(血压、脉搏、体温、血液测量胆固醇)。"身体"是测试的一个小样本,它提供了个人健康状况的一些有用指标。它的有效性和价值源于这样一个事实,即结果表明我们的健康状况,而不是因为体检**定义**了健康。我们进行了一个相对快速和非侵入性的体检,这样就可以通过检查各种各样的"指标"以寻找更深层问题的迹象，以便进一步检查。

现在假设我们非常关心最终的数字（体重、血压和其他指标），这些结果最终与我们的医疗保险费用相关。在每年的体检之前，我们可能会在恐慌状态下先行进行体检练习，把我们所有的精力放在这上面（而不是放在指标背后所建议的事情上）。如果医生知道我们的行为，他们的反应肯定是："哇！你糊涂啦。你把因果关系和相关关系混淆了。'通过'体检的最佳方法是健康地生活，注意体重，降低脂肪摄入量，多吃纤维食物，保证充足的睡眠。"

注意，**真正**健康的元素（如饮食、养生以及压力管理等）在体检中都**不会**被直接检测。医生使用间接的指标，如血压、体重、肤色和胆固醇水平来衡量我们的健康状况。这些指标之间有相关性，却并没有因果关系。换句话说，健康饮食习惯的影响将反映在测试指标上。事实上，我们越是只专注体检的内容，从长远来看我们就越不可能健康。

像医生一样，州教育机构通过对学生成绩的间接测试，每年对学校进行年度检查。州测试就像体检一样，由当地的"健康"指标组成，这组指标是根据当地教育方案从更广泛的内容领域间接取样。测试的结果产生了有效的推论，测试结果与更复杂、更有意义的学习相关联，就像体检依赖于血压和胆固醇水平这样的真实指标一样。简单的项目被用来间接地测试"健康养生"情况，就像体检是真正健康与否的日常测试的代表。这就是测试有效性的本质：在一组容易获得的指标和一组更复杂的预期结果之间建立联系。（鉴于我们长期以来都反对过分依赖间接测试，教育领域也有大量的论点强调需要有更多的表现性评估，因此，许多读者可能会很惊讶我们在这里以这种方式来讨论测试，但这里，我们强调的是测试的有效性：间接的、"不真实的"测试可以产生有效的推论，就像"真实的"任务也可以产生无效的推论一样。）

人们会认为通过练习体检来保持健康是愚蠢的。但这种困惑恰恰是我们在北美的学校里看到的。当地的教育工作者害怕成绩不佳的后果，故而只关注指标而不是其原因。换句话说，考试这种形式误导了我们。

请理解，这一解释并不是对当前过度依赖单次标准化测试的认可。事实上，我们强烈认为，州立机构和政策制定者应该为这种持续存在的混乱局面负责，正是因为他们没能让学校评估成为州内综合问责制度的一部分才导致了以上情况。在教育改革中，最重要的是我们要牢记这个类比的要点：是我们而不是州教育部门要对健康负责。州教育部门的工作是检查：正如体检不是我们应该在家里做的养生，而是用一套指标来检测我们的养生做得够不够。州级考试并不想让人们重复所有"健康的"活动和评估，那些活动和评估应该每天在教室、学校和地区里发生。事实上，虽然我们都想以一种真实的方式评估所有的价值，但由于成本太高，再加上不希望外部考试侵入，州教育部门不可能这样做。对医生来说也是如此：要求所有病人在一个医学实验室里做连续几天的全面检查，将会非常耗时且成本高昂（别指望保险公司会买单）。

"你是不是说越是一门心思地'应试教学'越**考不了高分**？"不是，应试教学显然有一定效果，特别是在之前很少有人关注共同标准和聚焦最后结果的时候。当学校或学区更关注共同目标时，分数确实在短期内会有提高。这并不奇怪，无论是面对什么类型的测试，多关注结果一定会提高表现。但是，一旦弄清楚了考试的细节，熟悉了考试形式和技巧，就很少再发生长久的进步，并且当考试改变形式或规定时，考分通常会下降。

在我们看来，教育者为考试"表面效度"的缺乏所困惑，认为教师必须模仿考试的形式。更糟糕的是，他们从考试形式中得出错误地推断，认为教学应该集中在对内容的浅层探究和对事实或技能的处理上。

与此相关的一个误解在于，外部考试成绩判定了教育成功与否。我们在这里不讨论具体考试的优缺点，但很明确的是：考试成绩不是终点，良好的考试成绩并不意味着"任务完成"。考试成绩是与我们的部分目标相关的指标。很少有州标准和考试去试图解决所有有价值的教育目标，如性格品质、学习技能、艺术修养、就业和终身学习能力等。在新的标准和问责制中，领导层的最大挑战可能是帮助教职工们理解：他们的工作是专注于**至关重要的**结果，而不是一年一度的指标检查。

总之，我们不是说"不要关心考试"。相反，我们认为，从长远来看，提高考试成绩的最好方式是：（1）以丰富而有吸引力的方式教授内容标准（据说是考试内容）中蕴含的重要思想和过程；（2）通过强大的校本评估来收集学生对这些内容的理解和迁移的证据；（3）通过提高校本作业和评估的标准和质量控制来收集我们所重视的所有证据，而不是只评价那些容易评价的内容。

以终为始确定教师的职责

那么,在教学时教师的职责是什么呢?正如穆塞尔(Mursell,1954)在50多年前所说的:

> 成功的教学是带来有效学习的教学。决定性问题不在于采用何种方法或程序,也不在于方法或程序是过时的还是现代的、是久经考验的还是实验性的、是常规的还是进步的……教学成功的最终标准是结果!(第1页)

因此,教师的工作职责需要从使命与目标中逆推得出。作为一名教师,我们必须通过逆推的方式问自己,我们追求的是什么样的学习成就?基于预期结果,我们应该在这个学习情境中扮演怎样的角色?如果使命要求培养学生的理解力以实现真正的知识迁移而不仅仅是知识获取,那么我们作为教师的职责就由这样的目标所决定。

在本章中,我们研究了教师在教学中(当和学生在一起时)的工作职责。在第六章中,我们将把注意力迁移到重要的非教学角色上,这些角色也是教师工作职责的一部分。

行动建议

● 让老师根据他们的想法写一份工作职责描述。在团队或教研组会议上收集、评论并讨论这些描述。对教师职责的显见理解是什么?这些描述揭示了教师们的哪些误解?有哪些重要的工作职责是缺失的?

● 浏览当前的教师工作职责描述。它是否包括具体的工作要求和表现指标?它是否明确地包含了本章第二部分中描述的角色类型?需要做哪些更改或澄清?

● 回顾当前的教师评估过程。当前的评估系统与预期的工作职责是否同步?当前流程向教师所传递的信息说明哪些是真正重要的?需要做哪些更改或

154

澄清？

● 对教科书或标准进行如图表 5.2 所示的分析练习。发现了哪些问题？讨论结果的含义。

● 回顾目前的招聘流程。如何评估入职申请者？这些未来的教师认为这份工作是要做什么？当前的招聘协议是如何描述工作职责的？需要做出哪些更改或澄清？

● 回顾目前的教师上岗计划。初任教师认为自己的工作是要做什么？新教师指导计划的内容在多大程度上与教师预期工作角色相符合？需要做哪些更改或澄清？

● 在教职工会议上，使用前文所描述的"有效/有吸引力"的练习。讨论结果列表及其含义。要求教师制定具体的行动计划来修改或消除那些既不有效又没有吸引人的活动。

● 展示图表 5.1 所示的三类教师角色的图表，并引导教职工讨论当前的教学实践如何适应这三类角色。在各个学科和年级之间，有哪些模式？回顾学校的使命和目标，教学方法与使命和目标一致吗？

● 创建一份包含两栏的工作职责图表。将一栏列为"个人自主"；另一栏列为"集体责任"。让工作人员完成图表，以判断他们如何看待这两个类别。然后，以小组或全员的形式进行分享和讨论，澄清两者区别。

第六章 教师的非教学角色是什么?

没有人是一座孤岛。

——约翰·邓恩(John Donne)

在第五章中,我们研究了三类课堂教学,讨论了它们在以理解为重点和以表现为基础的教育中的地位。除了主要的教学角色之外,教师的工作通常还包括一些其他职责,如教学顾问、纪律督查、朋友、导师、课外活动发起者和课堂监督员。在承认这些不同职责重要性的同时,我们设想的学校教育中,教师的三项特定非教学角色对于所提倡的教育使命的成功至关重要。教师工作的这些方面反映在三个基本问题中:(1)如何使课程更连贯,更吸引人和更有效?(2)我们的学生成就如何,我们怎样提高他们的成就?(3)作为专家的我们如何变得更有效率?总之,学会学习应该成为教师角色的一部分,而不是为了满足自己的好奇心。在本章中,我们研究这三种非教学角色,并描述每种角色具体的工作职责。

如果我们强调学校要多专注"研究",读者可能会有另外的理解。我们这里说的是,要引发与使命相关的结果,教师必得要仔细观察学习动机的影响并将此视为至关重要且常规的一个工作环节,并为此投入时间及资源。

角色 1:课程贡献者

正如第二章和第三章所讨论的,基于学校使命与既定目标设计的强大的课程体系是学校教育的核心。这样的课程围绕大概念、迁移目标和思维习惯来构建内容,以指导课堂评估和教学。作为学习框架的中心,课程需要教师(既是课程使用者也是课程贡献者)的投入,因为正如我们前面提到的那样,基于疑难解答的持续调整将成为课程的一部分。教师可以通过多种方式积极为提高课程成效做贡献，并且有充分的理由让这项活动成为工作的一部分，而不只是一个选项。

课程设计者

教师能够且应该在课程开发过程中发挥突出作用——不是因为他们的参与使得这个过程更有效（并没有），而是通过亲自设计和不断构建课程来确保更好地了解课程及其目的。换句话说，当老师只是被动"接受"和"执行"课程时，结果往往是死板、无目的的教学，失去了教学使命和长期计划目标。

在大学、私立学校和较小的学区，教授和教师代表倾向于承担更多的课程与评估设计及持续调整框架的责任。在较大的学区，课程工作通常是集中式的，由教师代表组成的委员会承担。尽管我们理解需要在管理委员会中完成工作，但在审批课程的过程中应该要求全体教职工都拥有表决、持续反馈和建议调整的权利，并将其作为各学科组和年级组工作的一部分。只有每个人都"拥有"这一许可时，学校才有权力和机制以原则性的方式审查实践。

当教师参与不同级别的课程规划或调整时（无论是一个单元、一门课程还是从学前到高中阶段的一门学科框架），我们都强烈建议他们使用在《追求理解的教学设计》（Wiggins 和 McTighe，2005）一书中描述的三阶段逆向教学设计过程。我们还建议以团队形式进行课程/评估设计。即使是最有能力的教师单独工作，也不太可能产生一个优秀团队所能产生的工作效率和质量。森格（2006）赞成团队在学习型组织中的中心地位："组织的学习依赖于团队的学习（第10页）。"如果课程旨在培养学生的理解能力与迁移能力，那么团队方法就显得尤为重要。开发这样的课程要求开发人员具有扎实的专业知识，包括了解成人如何在实际工作中应用相关的内容和技能。而任何一位教师都不可能在学科的所有领域都拥有深入的学科内容知识，相比而言，一个合作的教师团队却可以从分布广泛的专业知识中获益，从而更有可能以深层次和丰富的方式妥善处理各种问题。此外，教师本身可能是学科内容方面的专家，但不善于记录和传达这些知识以指导他人。因此，具备较强写作能力的课程团队成员就很有价值。

每个团队必须有部分经费用于将课程目标和迁移任务的思路交由领域专家

审查。正如职业课程的教师通常必须由资深实践者审查他们的想法，学术课程应定期由专家和资深实践者对他们的评估与课程方法进行合理性评价。例如，历史教师应让历史学家、记者、策展人和档案工作者对他们的课程目标和迁移任务进行审查。数学老师的评价方法应该由统计学家、会计师、工程师、人口学家和数学家来进行评估。

除了形成课程产品之外，随着时间的推移，参与这样一个课程设计过程的教师在知识储备、评估技能和教学效果方面都能得到提升。事实上，让教师积极参与课程和评估设计的学区和学校已经意识到课程开发的过程会提供大量的专业发展机会，也会让所有参与教师的经验得以丰富、充实。因此，我们鼓励领导者们考虑设置一笔用于课程和教师发展的联合资金，以便在课程设计活动（包括下一节讨论的同行评议）中让更多的教师参与进来。

在非常小的学校和学区，合作课程设计可能很难进行，因为在这些学校或学区，一门课程或一个年级仅有一名教师负责。在这种情况下，我们建议通过区域性的联合模式来开发课程，并通过区域性服务机构或联合体来协调促进。例如，为期一周的夏季化学课程工作坊可由一个地区不同高中的四名化学教师与当地的科学家和教授一起合作开展。

鉴于大多数州已经有了一套既定的标准框架来指导当地的课程设计，因此，集中专业知识和资源是一种聪明且省力的方式，这样就不需要做很多重复性工作。此外，经验告诉我们，绝大部分教师很珍惜与那些与教授同样内容的同行进行专业交流的机会。这种合作减少了教师们的孤立感，并有助于建立支持同行的区域网络。

诤友型评论者

无论教师在多大程度上直接参与课程设计，我们都建议所有教师应通过同行评议、实地试用和疑难解答等方式，发挥批判性的诤友角色，积极为提升课程的有效性做出贡献。

作为从事课程设计的教育工作者，我们有时可能会因为离工作太近而很难看到其中的任何缺点。很多课程文本都没有让用户严格审阅的环节——结果使得这些课程文本最后也无人问津。课程同行评议是一个结构化的过程，通过这个过程,教师会考察他人开发的课程设计草案。审稿人扮演了批判性的诤友角色,站在用户的角度来提高课程产品(如课程地图、课程设计和单元计划)的清晰度、一致性、完整性和最终成效。

我们建议同行评议应遵循一套课程设计标准,以便前面提到的反馈能够总是"基于标准的"和非个性化的。在第 3 章中,我们列出了项目和课程设计的标准,并在《追求理解的教学设计:专业发展手册》(McTighe 和 Wiggins,2004)一书中提到配套的单元设计标准。该书还包括一份用于同行评议的可靠协议的详细说明,以及开展评议过程的建议。

虽然同行评议的主要目的是提供反馈意见来改进课程设计,但同时也产生了剩余价值。同行评议会议的参与者定期会就该过程的价值发表评论,并将该过程作为一次与同事分享和讨论课程、评估与指导的机会。这些会议重点关注教学和学习的基本问题:目标标准的关键思想是什么?什么可以作为学生真正理解并能迁移他们学习能力的证据?我们应该怎样教,才能使学生达到预期的成绩?

结构化的同行评议强调参与者的专业性。当同行评议作为工作的一部分时,教师将通过使用设计标准来指导、评估和提高他们自己课程的质量和有效性,从而"达到标准教学"。

实地试用者

正如作家的初稿很难精美一样,几乎没有任何课程文稿在一开始就是完美的。除了进行同行评议之外,还必须在课堂上试用新开发的课程,将其作为验证的一种手段。虽然成人都会认同 X 基本问题、Y 评估任务和 Z 活动是好的,但当课程符合学习者需求时,就和橡胶适用于道路是一样的道理。事实上,一门课程的最终确认在于其结果,也就是说,它是否有助于学生取得了预期结果?

软件开发为课程设计提供了一个很好的类比例子。当开发一个新的软件程序时,它通常要经过广泛的用户测试。软件设计师会积极地从测试人员那里寻求反馈,因为设计者们意识到他们不可能预见到所有与使用和用户有关的变量。这些初始测试的反馈在该软件 1.0 版本发布之前指导必要的调试工作,但所有计算机用户逐渐了解到,软件开发并没有就此结束。根据来自用户的持续使用和并发反馈将对软件进行持续改进,细化的结果体现在 1.01、1.02、1.03 等版本中。在未来的某个时候,包含有更多或更好功能的"下一代"软件版本将作为 2.0 版本发布,随后的改进也将会持续进行。

我们认为,课程开发应该与软件开发类似。因此,教师可以在整个课程过程中扮演关键角色,如充当测试版本的试用者来试用课程草案(正如在设计上必须有符合设计标准的单元初始版本测试)。课程 1.0 版本一旦发布后,就需要教师的持续反馈来最大化地调整课程。

以电子方式开发、存储和上传课程的优点应该是显而易见的。电子课程可以在课堂反馈的基础上进行逐步调整和改进。根据课程更新计划,重新大规模地发布有变化的指南不再需要等待三至七年。对课程进行即时调整不仅是有可能的而且是有必要的,这样便于教师最有效地利用课程来最大限度地发挥学习作用。

疑难解答者

即使同行评议和成功的课堂实地试用已经检验了课程,但仍需要教师们参与其中去确定学生学习中的问题,并与同事一起寻求解决方案。在这方面,我们建议学校和学区规划并定期召开教职工会议或团队会议合作解决问题,在会议上教师能够明确学生学习和表现方面存在的难点,并集思广益想出可能的解决方案。然后,可以尝试和评估会议上产生的最终解决方案,并将最成功的解决方案记录到每个课程领域都会包含的疑难解答指南中。换言之,不断生成疑难解答指南成为教师工作的一部分(因此也是指导和评价的一部分),为课程内容的更新做出贡献。教职工会议、学科组会议和教研组会议将为解答疑难问题做出努力,并且需要在年底前发布一份正式报告,讨论哪些工作奏效了,哪些没有奏效,以及在课程中需要改变什么。

让所有教师系统地参与到课程疑难问题的解答中至少有三个实际的好处:(1)培养教师们有针对性的合作意识和集体责任感("我们在一起"),同时减少教师的孤立感;(2)利用老教师的经验,为经验较少的教师提供指导(虽然有时"新手"教师能为看似很棘手的问题提出新的解决方案);(3)为当前和未来的教师提供持久的实践智慧。

角色2：结果分析者

　　越来越多的教育工作者被鼓励使用数据作为教学决策和学校改进计划的基础。但数据驱动所需要的不仅仅是建立量化的、收集数据和分发结果的机制。正如著名的组织变革顾问吉姆·柯林斯(Jim Collins, 2001年)所写的那样，组织需要把"信息"转变为"不可忽视的信息"(P. 79)，然后面对数据中的"残酷现实"(第71页)。换句话说，鉴于我们的使命和预期结果，我们需要什么数据并且这些数据能告诉我们什么，尤其是能显示出哪些地方出了问题。我们注意到，最有效率的学校和学区不会回避核心结果中的"残酷事实"。事实上，这些教育机构的工作者们意识到从"不错到很好"的方法就是他们需要积极寻求的信息。

　　那么，学校或学区是如何在教师们忙于工作的情况下实现数据驱动的呢？在某些情况下，这个号召已被为数不多的学区和学校管理人员转换成了行动，他们对年度考试成绩报告进行了剖析，并总结教职工的成果。这样的计划肯定比什么都不做要好，但我们认为还不够。另外，我们建议所有教师都能在某种程度上积极参与到分析成绩数据和制定改进计划中来，以便他们更好地了解和掌握"学生成绩"的数据。

　　这样的数据分析并不需要花费太多的时间，只是需要从数据分析的角度来设计教职工会议的问题。只不过，现在的许多学校都是一学年安排一次大的教职工会议。接下来看看一所高中定期举办的45分钟会议的纪要例子。请注意这次会议的重点是如何分析最近州级考试的结果，以便考虑如何更好地帮助学生。

会议纪要

　　会议于下午2点15分开始。玛格丽特希望各部门通过召开7—12年级的会议来完成工作。我们必须确保所有的学生在通过年级考试和州级考试时都能有同样的学习经历。尽管我们在8年级、10年级和11年级结束时的州级考试中的成绩都很好，但应该可以做得更好，尤其是在更多学生都掌握知识的情况下。

2001 年 6 月，三次州级考试(全球历史和地理，经济学，政府和美国历史)的结果已经发布，包括对选择题的项目分析结果。

8 年级试卷分析工作已经完成，我们可以看到 45 个选择题中每个选项的学生人数。玛格丽特要求我们看看那些经常丢分的题目，不仅关注题目的内容，还关注那些题目最普遍出现的错误答案。她认为，如果我们检查错误的答案，我们就能更好地了解学生理解中的问题。

我们对 8 年级考试中的第 23 题关于"自由企业制度"的题目进行了分析。为什么几乎所有学生都选择了股票持有者获得利润的错误答案，这是为争夺消费者美元而选择的正确答案？这是题目措辞的原因，还是学生缺乏对自由企业制度的理解？

两所高中考试题目的分析并没有那么公开，因为他们只提供正确回答每个问题的学生所占的比重，而没有选择这 50 个问题的 4 个选项的学生人数信息。

我们花了一些时间研究了国际历史考试中的第 25 题，该题是关于 19 世纪爱尔兰大规模饥荒的主要原因。正确答案应该是马铃薯收成不好。我们怀疑许多学生将这一点归咎于北爱尔兰新教徒和天主教徒之间的战争，因为他们在考试不久之前就研究过这个话题。他们可能在 11 年级会学到很多关于马铃薯饥荒的知识，但为什么他们在这之前并不了解这方面的知识呢？我州期望社会研究课的教师们来开展这个话题，而且我们图书馆的媒体中心应该很快就会收到一份州教育文件以指导"马铃薯饥荒"这个主题的教学。

至于未来的会议上如何执行这件事，我们一致认为每位教师都要关注三个考试中的一个，最好不是老师们各自所在年级的考试。玛格丽特要求我们不要过多地关注这些问题的具体内容或措辞，而是要着眼于学生可能缺失的概念或更广泛的理解。此外，我们的学生往往也会遗漏一些特定类型的问题，例如讽刺画、演讲者问题、表格和图表？每个人都选择一个考试去研究。

我们商定在本月的第三个星期二(10 月 16 日)举行下一次会议，地点是高中部的 C120 会议室。16 日那次会议我们将根据三次考试将大家分成 *162*

三个组,每个人可以讨论他们通过对考试的研究所发现的问题。

会议于下午3点结束。

尽管高利害考试的结果是重要的和公开的,但在我们看来,鉴于教育使命的理解和表现,高利害考试的结果并不是最有力甚至最合适的成功证据。这种分析是必要的,但还不够。外部标准化测试很少会提供充分的、关于理解和迁移能力的证据。最好是把年度标准化分数报告看作是在一定程度上反映学生在容易测试的知识和技能方面的成绩信息。此外,这些报告还不够详细或及时,不足以告知和指导在课堂和学校层面持续改进的行动。

除了分析外部测试结果外,教职工还必须**不断分析**来自**多种渠道**的学生成绩数据,特别是本校开发的核心评估和如第三章所述的学生作品集。这些材料对持续分析本校工作提供了更全面、更可信的学生成绩衡量标准,从而为持续改进提供了必要的动力。施莫克(Schmoker, 2003)以一种直截了当的方式回应了这种观点:

> 利用他们建立的目标,教师可以定期召开会议以改进他们的课程,并利用另一个重要来源——形成性评估数据来评估他们的进步。每隔几周或每个评分阶段都会收集一次,形成的数据是团队衡量成功水平的依据,并据此调整他们的教学工作。形成性的集体管理评估使团队能够捕捉和庆祝短期成果,这对于任何领域的成功都是至关重要。(第22页)

我们建议教师按年级或学科分组(2—6人一组)工作,并使用商定的评价量规来评估学生的反应、成果和表现。图表6.1中的问题集将学生工作的审查转移到了分数以外,以帮助教师更好地理解学生工作的意义,并对有可能改善结果的调整做出规划。

除了这些问题之外,我们还发现在分析学生工作时,为教师团队提供组织框架是很有帮助的。图表6.2提供了一个已完成的中学数学框架的例子。请注意,这种细致的分析有助于清楚地识别学生不足之处,并随后做出非常具体且有针对性的教学调整。

表 6.1　审查学生工作时应问的问题　　　　　　　　　　　　　　　　*163*

描述
- 评估的是哪些知识和技能？
- 需要什么类型的思考（例如：回忆，解释，评估）？
- 这些是我（我们）预期的结果吗？为什么是或不是？
- 学生们在哪些方面表现最好？
- 明显的弱点是什么？
- 揭示了哪些误解？
- 有什么惊喜吗？
- 存在什么异常现象？
- 有没有改善或下降的迹象？如果有的话，是什么导致了这些变化？

评估
- 我（我们）评估学生工作的准则是什么？
- 这些是最重要的准则吗？
- "足够好"有多好（表现标准）？

解释
- 这项工作揭示了关于学生学习和表现的哪些信息？
- 哪些模式是明显的？
- 这项工作提出了什么问题？
- 这项工作与其他成就数据是否一致？
- 对这些结果有不同的解释吗？

明确改进措施
- 教师需要采取什么行动来提高学生的学习和表现？
- 学生需要采取什么行动来提高自己的学习和表现？
- 需要在学校/学区层面采取什么样的系统行动来改善学习和表现（如课程，课表，分组的变化）？

　　通过定期使用这些问题并安排对学生工作的审查，教师会正确地关注更广泛的目标及与使命相关的目标（理解、迁移、思维习惯），并能避免独自使用标准化测试成绩。在审查学生工作时，开发了一些结构化的协议来指导教师（例如，Arter 和 McTighe 在 2001 年开发的调优协议；Blythe，Allen 和 Powell 在 1999 年开发的协议；McTighe 和 Thomas 在 2003 年开发的协议）。我们相信定期使用这些程序可以解决前面提到的关于"教一教、考一考、保佑结果好"的态度问题。

表 6.2　数据驱动的数学改进计划工作表示例

基于对试卷成绩和学生工作的分析

● 注意到哪些弱点？　　● 需要改进哪些具体的方面？

- 问题解决和数学推理能力普遍比较弱。
- 学生不能有效地解释推理过程和他们使用的策略。

我们采用了哪些具体的改进措施？

- ☐ 增加使用需要数学推理的"非常规"问题。
- ☐ 明确(并定期)讲授具体解决问题的策略。
- ☐ 制作一张有关于问题解决策略的海报,并张贴在每个数学教室。
- ☐ 增加老师和学生使用"发声思维法"来模拟数学的推理。
- ☐ 制作一面写有关键数学术语的单词墙,并定期地使用这些术语。
- ☐ 修改我们的问题解决量规,强调数学语言的解释和使用。

为课程与评估建立"锚"

正如第三章所讨论的,"锚"指的是能够代表量规中各个等级的作品样例。这些被称为"锚"的样例呈现了既定标准中不同质量水平或熟练程度的具体状态。锚是基于表现的课程的重要组成部分,筛选出来的锚是学生们互评作品而自然产生的副产品。我们认为,教师工作的一部分是必须定期建立锚,并对这些锚进行适当的审查。我们还认为,每个老师都应该定期为学生、家长和同事发布锚,以确保每个人对作品的质量要求保持一致的看法。顶级锚常被称为"范例"

(如在第三章提到的纽约州格里斯中央学区的写作范例)。阿特尔(Arter)和麦克泰格(McTighe)在 2001 年的《课堂中评分量规》(*Scoring Rubrics in Classroom*)中也提到了建立锚的具体过程。

我们可以看到教师参与确定课程锚有如下一些明显的好处:

● 锚帮助教师理解并始终应用准则和标准来判断学生的产品或表现。

● 锚提供了设置表现标准的基础,通过选择与量规中各级(得分点)相关的学生作品样例,教育工作者和其他利益相关者能够更好地回答"到底有多好才算足够好"的问题。

● 通过提供量规描述的具体样例,可以说明量规中潜在的模糊语言(如良好的组织能力、有说服力等术语),也可以帮助教师和学生更好地理解有效表现的质量。

● 通过在年级、学校或学区收集并发布锚的样例，教师和学校之间的评估更加一致。此外，"公众"锚能帮助教师向家长和学生解释分数和成绩。事实上，许多教师报告说，当有明确的框架和锚时，关于评分方面的计较就会消失。

● 为新教师提供锚是特别有帮助的，因为它使他们能够立即了解年级/学科领域中对学生的预期要求。

● 锚可以通过教学手段为学生提供明确的目标，激励和指导他们努力，并帮助他们在进行自我评估和同伴评估时更好地理解和应用标准。

麦克泰格和恩贝格尔（McTighe 和 Emberger，2006 年）总结了这种教师合作的好处：

> 合作设计和同行评议尊重并加强了教师的专业素养、专业知识和合作学习能力。以团队合作的方式根据既定的标准来评估学生的工作，确定（锚定）优秀的模型，并规划需要进行的调整，可以促进以目标为导向的品质文化。

> 通过设计表现性评估，教育工作者会加强他们对内容标准的理解，并能证明学生真正理解这些标准中包含的重要思想和过程的证据。教师发现课程与评估之间的联系变得更清晰，教学重点更突出，评价也更加一致。（第44 页）

角色 3：持续学习者

学校使命的一个重要方面是培养终身学习的能力和态度，我们认为这个使命适用于教职工，也适用于学生。的确，持续学习是任何领域专业精神的标志，尤其是与专门从事学习相关的领域。

那么，教师应该继续学习什么呢？很明显，他们应该继续了解他们的任教科目、他们的学生及他们自身的使命——即他们必须引发的学生学习是什么、是否做到了及如何才能做得更好。尽管这看似显而易见，但我们告诫读者不要将这一说法视为平淡无奇的陈词滥调。更明确点说，那些真正的终身学习者在面对心理和社会压力阻止他们学习和改变的时候会继续学习。但许多成年人包括很多老师，最终都在舒适的习惯和日常生活中停止了学习。套用一句杜威的刻薄话，即有时一位拥有 20 年教龄的老教师只不过是把一年所做的事情重复了 20 遍。

作为对潜在的职业停滞的一种解决方法，我们建议在教师的职责中明确如下期待：不断学习学科相关内容，学习更好地提高教学成效和促进学习的方法。更具体地说，我们建议教师的持续学习要通过三个相互关联的行动发生，这些行动要在指导和评估时考虑进去：(1)紧跟教与学研究的前沿；(2)提高专业技能；(3)参与行动研究。

紧跟教与学研究的前沿

专业化要求专业人士随时了解他们领域的新信息，今天的教育工作者有很多资源可以帮助他们跟上相关研究和最佳实践。例如，参加大学课程的教师通常会接触到当代研究文学。然而，大多数教育工作者并没有参与正规的大学课程，因此需要其他资源来保持信息更新。一些教师通过在专业组织的会员资格来实现这一目标，如指导与课程开发协会和学科领域协会，我们认可这些组织。不幸的是，这种会员资格一般都是自愿的，只占教师队伍的一部分。一些教师参加州、学区或全国性的会议，在这些会议中会提供"前沿"信息，但这些机会并不是谁都能获得。

我们认为应该为所有教师设计在职学习。换句话说，对相关研究和最佳实践的持续学习将成为一个教师角色常规和期待的一部分。教职工将会定期报告来自研究小组、行动研究和个人阅读的结果。下面的例子(一个真实的故事)告诉我们这些活动在实践中的样子。

一名中学校长告诉他的教师们，在接下来的两年中，学校对教师的评估中有一半分数是要看他们学习和尝试创新性"最佳实践"的能力。他要求教师们拿出一个适合他们学校且在这个领域中最有前途的创新清单。最终的名单被缩减到 6 个(包括差异化教学和真实评估等)。然后，他让每个人与另外两到三个人"合作"，组成一个研究和开发小组，就这六个主题中的任何一个进行研究。他们两年的工作就是学习、尝试并向全校教师汇报他们的学习情况。该校的许多教师都报告说这一举措极大地改变了学校的文化。

要开展这种持续性学习,在学校特别是学区层面的管理者觉得教师们还没做好准备的时候,可能需要他们首先承担起寻找和分发相关文章和研究摘要的责任。然后,学校管理者和教师领导者(如学科组长和年级组长)要在定期会议中主持讨论并提出实践计划。当然,最后无论是个人还是团队都会明白,这样的工作将启动并管理每个人的嵌入式学习。

提高专业技能

学无止境。阅读一篇文章或聆听一个基于研究的教学技巧介绍并不会使教师成功地开展新实践。仅仅聆听关于"基本问题"的特点和好处的专家报告,并不会帮助教师们解锁技能并使用基本问题来指导教学和评估。无论是对成人还是对更年轻的学习者而言,理解和应用新技能都需要实践、指导和持续性支持。

为了拓展知识与技能,所有教师都应该参与到持续的职业发展中来。你可能会想:"当然了,谁会反驳这种观点?"然而,并不是当前的一切教师活动都能促进职业发展。通常情况下,教职工的专业发展活动常是围绕某个主题的大型报告。这种基于事件的职业发展方式类似于教师的灌输式教学。无论是在教师培训中,还是在课堂教学上,学习者(学生或教师)都不可能通过这种方法为迁移知识做好充分准备。

显然,需要一种更全面和持续的教师学习方式来发展本书中所提及的能力。国家教师发展委员会(the National Staff Development Council)在阐述其专业发展标准时强调了这一点:"员工发展必须是以结果为导向,以标准为基础并嵌入工作之中的。"《学习指导》(*Supervision for Learning*)一书的作者阐释了这一点:

> 不同来源的数据可以服务于许多重要的职工发展目的。首先,来自于标准化测试、地区测试、学生作品样例、作品集和其他来源的学生学习数据可以为学校或学区以提供重要信息确定改进目标,为教师的专业发展工作提供重点。这种数据分析和目标开发的过程通常决定了教师在教学、课程和评估方面的专业学习内容。(Aseltine, Faryniarz 和 Rigazio-DiGilio, 2006)

168

虽然正规的职业发展计划由管理人员负责编制，但教师有责任参与到持续性的学习中来。除了参加研究生课程和参与学校/学区的教师经验交流等传统专业发展活动外，教师还有一系列持续不断的学习方法，包括专业阅读、同行辅导、师徒带教和个性化成长计划。

将参与行动研究作为工作的一部分

读者可能会把前面的观点理解为依赖领导者来组织全体教师与个体教师的发展，以追求他们认为合适的个人兴趣领域。然而，我们主张行动研究和专业提升必须成为每个人常规工作的一部分，成为每个团队的一份义务，也成为每个个体改进计划的基石。换言之，学习不是可有可无的，它是工作所要求的，教师的合约也是这么要求的。

无论是高中的学科组，还是初中的年级组，我们建议开展组内行动研究并将撰写干预报告作为一项工作要求。每个部门将一年两次向所有教师发布一份书面报告，描述由本校评估部门根据学科目标所监测出的表现优势和劣势、改善薄弱环节的行动，以及未来行动研究将关注的领域。同样，各团队的每位成员都要撰写一份个人报告，描述自己的研究计划和结果。报告内容必须包括学生和家长对学校哪些工作有效，哪些工作无效的反馈。

除了个人和团队的研究外，我们还建议在学校和学区层面开展行动研究。研究将针对更大的使命目标和与课程相关的目标，包括校友和雇主根据他们与我们的学生相处的体验所做的反馈。以前的学生也会被调查或访谈，以了解他们在中小学所学的知识对于他们当前的学习或工作是否有用。

因为示范是改进的关键，各部门应该分享在实现使命和课程目标方面的最佳实践并相互学习。这些实践案例将被存储在校本案例数据库中，所有的老师都可以在网上找到。我们知道日本的课堂学习实践（即一个教师团队学习一个示范单元，并与同事分享成果）是提高教师工作效率的关键。事实上，国际比较研究人员将课例研究视为日本普通教师优于美国普通教师的原因。这是有道理的；如果每一位教师每年都参与到行动研究中来，那么美国的教学质量将显著提高，而"各自为政"这样一种失调的学校文化也会受到影响。

因此,我们不认同当前政策制定者们对美国学校缺乏卓越教师及教育机构准备不足的悲观看法。基于研究和常识,我们认为**在工作实境中,**通过持续的专业行动研究和小组学习,在职教师发展会比职前教育改革更有可能获得显著的长期教学改进。撇除其他不谈,我们对职业化的终生学习与大学期间脱离职业情境的四年学习时光进行了比较。正如 IBM 的一位经理曾经对我们说的:"你们学校的教育只是培养了职场上的菜鸟,开门、关门、说再见。在让他们接触设备之前我们会给他们 8 周的暑期训练,他们必须要以小组合作的方式参加,因为我们知道虽然他们拥有光闪闪的工程学位,但在复杂工作环境下他们仅凭自己还没法做到优秀。"

从操作层面上来讲,每位教师(特别是新教师)都应该有 10 个月的工作时间。当教师在课堂外有太多工作要做时,将教师的日程设置得与学生的日程一样是没有意义的。在六年时间里,每年都可以增加三个不与学生接触的日子,这样一来,工作日的增加会比较平滑顺利且经济有效。

我们提出将校本研究作为教师工作一部分的想法并不是什么新的提议。罗伯特・舍费尔(Robert Schaefer,1967)40 年前在《将学校作为研究中心》(*The School as a Center of Inquiry*)中就提出了这个想法:

> 我们不能再把学校仅仅看作是文化、信息和由其他组织所生产的知识 *170*
> 的传播中心。教与学如此复杂,学校必须……成为一个研究中心——既是
> 知识的传播者,也是知识的生产者。(第 1 页)

与舍费尔当时提出的想法相比,40 年后的今天,我们对学习和组织发展的复杂性有了更好的理解,同时也提出了一些问责性要求,这些要求使得这个建议不再那么理想化而是更具现实性和紧迫感。(第 77 页)

在前一章中,我们研究了三个教学角色——学科知识的讲授者、意义建构的助学者和表现迁移的教练员。在本章中,我们讨论了三个关键的非教学角色——课程贡献者、结果分析者和持续学习者。接下来,我们将注意力转向学术领导者,以及他们在基于设计的学校教育中的角色。

行动建议

● 组建一个读书小组。将《追求理解的教学设计》(第2版)和配套的《学习指导手册》(UbD Study Guide)、《教学鸿沟》(The Teaching Gap)或《学生是如何学习的》(How Students Learn)作为核心阅读书目,小组阅读并向全体教师报告发现与建议。

● 明确在一年中要研究的一个或几个基本问题(由年级、教研室、学校、学科和/或学区不同层面开展研究)。鼓励每一位老师都去设计一些与这些问题相关的活动或评价。在教职工会议上留出时间来讨论教师们的问题和成果(例如,"我们是怎么做的")。

● 针对与州立标准相关的关键流程、理解和表现性任务,开发学科领域量规,供不同教师和不同年级使用,从而为学生提供清晰一致的评估框架。

● 为教师安排一个同行评议的会议,交流沟通他们的工作(例如单元计划、评估、量规、课程地图)情况,并根据议定的设计标准提供反馈和指导。

● 调查"当前学生评估(包括外部考试和本校评估)的问题是?"按部门和年级汇报调查结果;然后聚焦重点问题设计行动研究。

● 调查"学生什么时候最忙?",根据调查结果,我们最需要在哪些方面采取行动?(定期从学生那得到反馈,以了解什么工作是有效的,什么工作是无效的以及为什么。)

171　● 针对关键的误解或表现不佳的方面开展研究。确保每科教师都提供一份写好的关于研究过程、发现和建议的书面摘要。搜集学生的反馈以了解什么工作是有效的,什么工作是无效的及为什么。

● 以年级或学科组为单位,分析统考(如州测试)和学生作品(来自核心评估和共同作业)。使用数据驱动的改进计划工作表(图表6.2)来明确薄弱环节并拟定具体的行动来解决这些问题。

第七章　学术领导者的工作是什么？

（非营利组织的）领导力并非"温和""亲切"，或纯粹的"包容"与"建立共识"。 领导力的关键是要确保为机构的长远发展和使命的有效达成做出正确的决定，不管这个决定有多么困难或痛苦。

——吉姆·柯林斯（Jim Collins），《从优秀到卓越（社会机构版）》（*Good to Great and the Social Sectors*）

"领导者" 和 **"领导"** 这两个词有很多内涵，反映了关于领导力的不同观点。就领导力这一话题已经出版了数百本书，每本书都有对优秀领导者的特点、价值观和行为的描述。但在我们看来，目前关于学术领导力的许多文章都过分强调风格、过程和投入，而不关注领导者存在的理由——即引导教育机构实现与使命相关的具体目标。太多书和文章都在关注一名领导者应该是什么样的，而不是一名领导者需要完成什么。德鲁克（1990）尖锐地指出：

> 非营利性组织的管理者最常问我的问题是：领导者应具备哪些品质？这个问题似乎认为，领导力是你可以在礼仪学校学到的东西。重要的不是领导者的魅力，重要的是领导者的使命。因此，领导者的首要任务是思考和确定机构的使命。（第3页）

事实上，德鲁克在他的书中，从职能的角度定义了领导者的工作："非营利组织管理者的任务是努力将组织的使命转化为具体措施（第1页）。"正如我们所讨论的为什么课程不能脱离评估及为什么教师的职责描述需要根据结果加以明确，对于领导力的描述同样需要从期望的教育结果中推断出来。毕竟，不管你在 173

哪儿"领导"人,你都必须有一个明确的、有价值的目标,并从中找到方向和方法。

本章讨论的重点,学术领导力这一领域尤其如此。尽管校长在管理学校复杂的资源、人事、基建等方面很有经验,但我们认为很少有学术领导者、课程主管、学科组长、教研组长能够有效发挥他们作为高效领导者和课程改革管理者的重要作用。更坦率地说,如果学校要践行使命并缩小愿景与现实之间的鸿沟,我们需要来自学术领导者更多的"领导"而非"管理"。

我们并不是说领导的风格和哲学不重要,或者结果比人更重要,或者愿景比有效的细节管理更重要,我们只是希望任何关于学术领导力有用的概念都必须基于以下几个方面:对学校目标的清晰认识、对当前结果的分析、以及为缩小预期结果与现实之间的差距所采取的有目的的行动。总之,无论一个人的领导风格或特定的学校或学区的背景如何,学术领导者都只面临一个基本问题:为了实现使命,**我作为领导者及我们学校作为一个整体需要做什么?**

因此,我们在本章要讨论学术领导者(不管具体的工作头衔是什么)需要致力于完成怎样的任务,才能实现本书所提出的使命。具体地说,我们建议学术领导者承担与本书中所提出的关键思想有关的五项主要工作职责。虽然这些专业职责间有很明确的相关性,但为了突出各自的重要要求,我们将分别讨论它们。这些工作职责的共同作用将有助于建立"使命驱动且结果导向的"学校变革文化。

工作职责 1:与使命和学习原则相关的职责

无论是个别学校还是整个学区,学术领导者都必须承担起这样一个重任:帮助制定一个明确清晰、鼓舞人心且有操作性的使命来指导教育机构。**学术领导者**不仅应该有一个恰当合理且令人信服的学校变革愿景,他们还必须让董事会成员、教职工和社区参与进来,帮助大家形成共同的愿景。例如,一所新办学校的校长为董事会和骨干教职工举行了一个拓展活动,带领参与者进行一次"为毕业生画像"的开放性练习,让他们设想下他们希望且相信学习者会因为他们学校的教育而成为什么样子的人。这次活动的参与者以小组形式讨论,生成所需知识、技能集合、性格特征和思维习惯的清单。然后,将每个小组的清单张贴在

174

图表上并集体讨论。在充分讨论之后，形成了一份共识清单指导学校使命宣言的起草，紧接着围绕如何组织学校更好地实现他们理想中的毕业生"画像"展开讨论。

当一所学校或学区已有明确的使命时，学术领导者的首要任务就是去重新激活它，使之成为决策的中心，并确保教职工和其他人不断探索其对学校工作的意义。有这么一个案例，一所有 200 多年历史的私立学校重新开始探索其使命的意义、一系列关于学生特征的有价值的目标，以及近年来因教职工流失及考试升学压力而逐渐迷失的思考。这项努力引起了激烈且有实践价值的对话，大家共同探讨如何确保教学大纲反映使命所要求的学生特征和评估要求。

优秀的学术领导者主要负责不断向教职工们提问使命相关的问题，以防止教师们因为过度关注学习内容、应试准备以及传统教育的种种活动而导致最重要的结果落空。例如，如果一个学区声称要培养"批判性思考者"和"负责任的公民"，那么与这些预期结果相关的一些问题按理说会紧随其后出现：如何在课程中明确解决这些预设的能力和成就？如何对它们进行等级评定？在教室里哪些可观察到的指标会显示出这些期望结果得到了适当关注？领导者必须让教职工和更广泛的教育团体参与进来，以可操作的方式探索和回答这些与使命相关的问题。

除了明确和理解使命的重要性之外，我们还在本书前面部分提出了采用学习原则来指导教学和使教育决策去个性化的案例。一般来说，学术领导者的长期职责是确保教职工的专业性，即在他们各自的课程领域内，根据与最佳实践密切相关且正当合理的标准和原则开展专业实践。由于大多数学校没有一套明确的或协商一致的教学原则，这就需要领导者和教职工一起起草或采用这些原则。这些行动为真正的学习型组织或专业学习团体提供了基础。（详见第四章，有关具体学习原则的领导行为建议。）

工作职责 2：与课程相关的职责

正如第三章和第四章所述，一个协调的课程/评估体系在学校变革中起着核心作用，因此，必须高度重视学术领导者。为了确保以理解为基础和以使命为中心的课程/评估体系随着时间的推移得到发展和完善,我们建议采取以下领导行动,让教职工参与到重要的课程工作中来。

指导标准的分析与分解

北美的许多学校和地区缺乏一套流程去对他们必须遵循的州立标准进行分析。事实上,很多学校从来没有预留会议和研讨会的时间,让教师仔细分析标准对课程尤其是对评估的意义,这很令人费解。由于对这项工作的重要性没有明确的期待,又没有安排研讨时间,许多教师在进行教学设计时很可能就是粗略地看一下标准,简单地"列上"一些与单课或单元有那么点儿关系的标准或基准,即使这些列上的内容在教学中很少涉及,也不会被恰当地评估。

正如第三章所讨论的,基于理解的课程要求对标准进行分解,以找出值得理解的大概念和学生探究这些概念所需的基本问题。然后将这些概念和问题映射到学科内部和各个年级之间,以确保课程建立在概念丰富的支架上。此外,这些标准被视为确定关键迁移任务的基础,这些任务能提供证据证明学生理解并能够应用标准所要求的知识。然后选择或开发关键评估任务和相应量规。以下是我们研讨会中的一个简单示例,从中可以看出我们是如何实现这一点的(已使用粗体来突出标准中的动词):

以下出示的是州立标准。请在小组中分析我校开展评估所需的标准。换句话说,怎样的评估才算是我校落实标准的有效评估? 在学生作业和作品中,有什么证据能让我们有信心得出学生能够(或不能)达标的结论? 然后,根据你们的分析找出当前对该标准的常见评估,并对其进行评论。

标准:

通过确定或使用集中趋势(平均数,中位数或众数)、离差(范围或变化)、异常值、四分位数值或最适合分析或解决问题的评估线来**分析**各种情况下数据的模式、趋势或分布;**评估**收集到的统计数据样本(偏差,随机或非随机)。

随着时间的推移,学生们通过以下方式表现出对人类与环境互动的理解:

● **描述**人类的活动和技术是如何为特定的目的改变了美国和世界环境的。(如城市环境的发展,作物的基因改良,防洪,重新造林等。)

● **生成**与人类活动对物理环境的影响相关的信息(例如,通过实地研究、测绘、访谈和使用科学仪器),以**得出结论并提出**建议行动(例如,给长江筑坝)。

● **评估**美国和世界对资源利用的不同观点(例如,讨论在国家野生动物保护区进行石油钻探)。

● **研究**人类与环境相互作用的多种因素(例如,人口规模、耕地和粮食产量)。

参与此练习的老师很快就会发现,评估需要涉及更高层次的思考和解释,而不是简单地回答在本校评估中常见的那种回忆类的问题。对标准的分析与分解需要学校各部门或各年级的教师或学区课程委员会成员之间的合作。其中一些工作很适合安排定期会议和专业发展日,而更多劳动密集型的课程和评估设计工作最好安排在暑假。学术领导者负责为这项重要工作编制预算,并组织、监督这项工作。

推进课程评议和问题排除

在第六章中,我们描述了教师的各种非教学角色,包括对课程单元、课程地图、关键评估和同伴评估的"净友型"同行评议。目前很少有学校和学区有一套正规的流程和标准来审查学校课程或学校评估。根据我们的经验,这样的流程总能提高课程和评估的质量,从而提高学生的表现。

这些评议活动由领导者安排。这里有一个例子。最近,一名课程主任将结构化的同行评议纳入了该学区的课程开发过程。她安排了三个独立的课程设计团队,根据《追求理解的教学设计:专业发展手册》一书中提到的设计标准审查对方课程计划的稿子。在这个过程中,她听到了丰富的专业对话及团队中分享的许多有用的反馈和指导。在此之后,她要求参与者提供反馈。对于个人来说,老师们赞扬了同行评议的价值,并且每个团队都认为经过同行评议后他们的课程产品会更好。有趣的是,几位处于职业生涯中期的教师之前从未参与过这一

177

活动,惊叹为什么同行评议不是他们专业工作的常规部分,因为他们觉得同行评议非常有价值。这些评论与我们的经验相吻合——参与同行评议类培训的无数老师告诉我们,他们最初拒绝或担心的同行评议已经成为一个专业的、令人满意的、有帮助的过程。

分享教师开发的课程、单元和对其他人的评估以进行批判性评议,与大多数学校的文化背道而驰,而且这个过程可能会让一些人感到不舒服。因此,在发起同行评议时,我们建议对流程进行建模以帮助人们更好地理解设计标准,并乐于给予和接收反馈。同行评议协议的详细描述和促进该过程的建议,可以在《追求理解的教学设计:专业发展手册》(麦克泰格和威金斯,2004,第 242—244 页)一书中找到。

一旦开始制定课程,就要有评议,一旦课程通过,就要开始问题排除。领导者需要建立一个过程,以系统地记录教师对学生学习困难的观察,以及他们对解决这些问题的建议。在许多情况下,这种问题排除工作可以委托给课程委员会主席和团队领导者负责,但学术领导者必须要确保工作能够很好地、有条不紊地完成。

工作职能 3:与结果相关的职责(差距分析)

对之前所描述的课程和评估工作的后续跟进取决于对结果的关注。换句话说,如果课程代表了学校教育的重要"投入",那么学习的"产出"是什么呢? 首先,学术领导者需要确保每一位教育工作者都明白,他们的工作就是通过**识别和努力弥合**使命与现实之间、学习原则和教师实践之间、预期的学习结果与学生实际表现之间**不可避免的差距**,从而朝着使命和目标迈进。因此,改革的首要任务是学术领导者要创造和规范实践、策略和体系,使**坦诚**且主动解决问题的举措制度化,并且确保教师们"认领"消除差距中的问题。

在践行使命的过程中,我们要诚实地面对所采取举措的效果,这是持续关注并确保改革最终取得成效的关键。过程中的调整比最初的蓝图更重要。我们再次强调吉姆·柯林斯(Jim Collins,2001)的发现:

我们并未发现有任何证据可以表明,优秀的公司比一般公司拥有更多或更好的信息。一个都没有。这两类公司几乎都能获得良好的信息。那么,关键不在于更好的信息,而在于将信息转化为无法忽视的信息。(第79页)(原文加重强调)

在之前的章节中,我们已经讨论了对各种来源的结果(包括统考、本校关键评估和学生作品样例)进行定期检查的重要性。我们提供了此类分析的例子和研究报告。现在,我们需要为差距分析开辟另一个富有成效(尚未充分利用的)的领域,即来自学生、家长、校友和相关机构的客户对哪些举措有效、哪些无效的反馈。

以反馈为中心进行改革

学术领导者必须通过设计完成改革。基于"设计"的改革意味着所采取的行动是经过深思熟虑的,专注于清晰合理的最终结果。仅仅是劝诫、要求和希望并不能完成改革。死板地执行早已制定的计划也不会取得成功。因此,改革需要两种矛盾的因素共存:(1)坚定不移地致力于核心准则;(2)根据反馈不断改变方向、方法和人事安排。

当然,在混乱的变化中保持专注和深思熟虑的唯一方法就是持续关注核心准则。这就是为什么明晰使命、理解的本质以及明确的学习标准是如此重要。否则,决策可能是冲动的、没有根据的。那样的话,改革就不是基于设计的,而是凭感觉、外行指导的或者强制性的。

但是,没有任何规划能预见到未来需要的一切。我们同意富兰(Fullan, 2001)的观点:"改变是无法管理的。它可以被理解,但不能被控制"(第33页)。因此,领导者必须确保任何学术改革计划都包括一项调整计划。换句话说,必须制定新的结构和政策,要求并鼓励通过获取和使用反馈来不断审查教育决策。长期以来,教育工作者一直与目标相关的反馈相脱离。学术工作必须是结构化的,以确保通过一个内置的调整计划来进行更审慎、坚定和有效的自我评估和自我调整。正如吉姆·柯林斯(2001)在《从优秀到卓越》(*Good to Great*)这本书中所言:

追求伟大的愿景并没有什么错。毕竟,那些从优秀走向卓越的公司也开始致力于创造伟大。但与普通公司不同的是,这些从优秀走向卓越的公司不断用残酷的现实来完善通往伟大的道路。(第71页)

传统教育和学校改革失败的原因之一是人们根深蒂固的信念:如果我们只是让好人努力做好事,一切都会进展良好。然而事实并非如此,正如我们在第六章指出的那样:"在教学中,卓越的领导力是一种持续不断且深思熟虑的自我修正的功能,在坚定不移地寻求反馈的同时关注清晰一致的目标,从而处理残酷的现实。"

如果今天的学校明确、一贯地聚焦于共同的使命和与这个使命相关的关键成果,那么就没有必要将学校称为一个"学习型组织"。事实上,在过去25年里,学校变革仍在继续而且还将一直继续,因为许多学校远不能**面对不可忽视的信息**。这些信息有两种,分别是关于学生学习深度和学习投入度的反馈,反馈表明许多历史悠久的学校行动和政策是功能失调的,与使命背道而驰。

许多学生感到无聊、沮丧,并且被学校逼得觉得自己很蠢。如果是这样的话,学校就无法达到它的目的。因此,最好的学校不会忽视这些事实。一个聚焦使命的学校会想要理解为什么学生们感到无聊或觉得自己很蠢,并采取行动纠正与使命不符的行为。这看起来很难吗? 在辛辛那提外围的印度山学区(Indian Hill Schools)已经做到了这一点——他们在学区网站上发布了一系列表现数据以及来自客户和老师的反馈! (详见网站:www. ih. K-12. oh. us/Improvement％20Week/Improvement％20Week％202005_files/frame. htm。)

收集学生和家长的反馈对于学校进行必要的改进是非常有用的。那为什么我们不经常去寻求这些反馈呢? 恐惧是其中一个主要原因,但优秀的艺术家、演员和运动员在反馈中茁壮成长,并不感到害怕,为什么老师就害怕呢? 学术领导者需要找出并解决这个问题:如果教师抗拒学习(当他们在收集反馈意见时或之后的行动中畏惧不前,他们就是在抗拒学习),学校还怎么能成为学习型组织呢? 事实上,我们首先要了解为什么教师不经常寻求和使用来自学生和家长的反馈。是害怕结果吗? 是不知道如何收集有用的数据吗? 是担心丧失教师权威,给学生和家长让渡了太多的权力吗? 我们需要了解并解决这个令人尴尬的问题。

为什么尴尬？因为当我们对酒店、飞机或医生办公室的服务感到不满或有急迫的问题时，我们都希望自己的意见能被听到。因此，这是一种不真实的、糟糕的学习模式，它向世界发出信号，教师不需要接受来自客户（指学生和家长）的反馈。"但有时客户有埋怨情绪，或不理解，或……"我们并没有说客户就是对的。我们也没有说反馈就一定是正确的。反馈，就像任何其他数据一样，需要分析和评估。正如德鲁克（Drucker，1990）所说，*180*

> 要想取得成果，就要向客户推销。（德鲁克把客户定义为"能说不的人！"）这需要我所说的市场责任，即认真对待客户。不要说，我们知道什么对他们有益。但要问，他们认可的价值是什么？我如何去实现它们？（第55—56页）

互联网给客户反馈带来了一些重大变化，领导者们最好让教职工做好应对变化的准备。像 Rate My teacher. com 这个网站就有几百万的学生帖。其中一位作者指出，几乎所有他曾经共事过的老师都在网上被公开评价。不是给网站或公众反馈背书，而是根据他与这些老师共事的经验及听取了十来届学生对他们经历的评论，他几乎赞同每一条评论。那些恶劣的评论个例不过是异常值。数据总有异常值，但趋势才是重要的。如果我们寻求反馈并就意见一致的反馈采取行动，我们就会赢得学生更大的尊重。因此，学术领导者必须温和而坚定地确保政策落实到位，促使教师寻求反馈并就可信反馈采取行动，并向团队/部门会议的其他教师报告他们的发现。

更通俗点说，让教师必须（而非可做可不做）收集关于愿景和现实差距的数据和反馈，提出缩小差距的行动研究并报告这样做的意图，是学术领导者的本职工作。更具体地说，学校的各个学科组和年级组都应该回答如下问题：哪些工作在数学、写作、外语和其他学科中起作用？哪些不起作用？你打算怎么办？你的行动研究结果如何？因此，部门主管和团队领导的主要职责是管理结果导向的定期评审，然后研究、开发和改进计划。换句话说，聘用、监督和评估教师领导者的主要关注点，就是看他是否具有和其所领导的教师们一起开展行动研究，并使用行动研究的结果提升学生表现的能力。

工作职责 4：与人事有关的职责

在基于设计的学校变革中，教育领导者的一个基本工作就是澄清对他们指导下的人员的工作期望，并根据与使命相关的、注重结果的标准提供必要的培训、督导和评估。这就是部门主管和团队领导所要扮演的角色。

在第五章和第六章中，我们分别描述了教师在教学和非教学角色下的工作职责。现在我们来研究这些职责对学校领导者的影响。

招聘和安置

可以说，领导者对组织最重要的影响之一就是雇佣和解雇决策。事实上，大多数教育工作者都知道，在某种情况下，聘上一个不合适的教师（或迫切需要填补空缺的教学职位）会导致多年的低效表现，随之而来的是学生学习动机的丧失和学习的失败。像《首先，打破所有的规则》(*First，Break all te Rules*，1999)这本书的作者白金汉和科夫曼（Buckingham 和 Coffman，1999）、以及柯林斯（Collins，2001）和富兰（Fullan，2001）这样的组织变革者，也认为"让合适的人上车，并坐在合适的座位上"是至关重要的（这是柯林斯的话，2001 年，第 41 页）。不幸的是，在许多公立学校，由于任期规定和工会保护主义，导致更为糟糕的教师聘用问题。在这种情况下，无能的教师可以留在任上或者每隔几年就转到其他学校，导致同样的问题在其他学校里重现。

在招聘过程中，形式服从于职能。我们已经注意到，如果学校没有对本书所列要素进行清晰明确的阐述，聚焦使命的招聘就不太可能发生。我们换个角度论证：当学校有清晰的使命、经过协商的学习原则、明确的职责描述以及健全的课程/评估体系，对教学岗和行政岗的候选人评估时就会更加突出重点，从而使受雇教师的技能、理念和期望更好地与使命相匹配。

这种方法有效性的证据来自新泽西州的一个大学区。他们在对监督和评估过程全面检查后，建立了一套以丹尼尔森的教学框架（Danielson，1996，2007）为基础的注重结果的新体系，十几名教师辞职了，其中大多数是管理者们多年以来一直想辞退的教师。

同样,在招聘方面,领导者必须等待合适的人选来填补关键职位,而不是只看文凭。纽约长岛坎德伍德中学的校长安迪·格林(Andy Greene)已经制定了一份非常有启发性的面试方法,以发现那些想要成为教师的人是否理解从目标出发的逆向设计的概念。

安迪·格林和他的同事们要求教师候选人选择一个他们要讲的主题(比如七年级历史课中的"工业化",或者数学中的"分数和小数"),并就他们希望学生掌握的大概念进行"发声思维"。安迪说,这经常会让那些缺乏经验的老师们陷入困境,因为他们会说希望学生获得"做事情的能力",但他们只是列出了一些离散的技能。"除此之外,学生们还应该获得什么样的大概念或者领悟?"正如安迪所言,"我们很肯定教师候选人不会有一个完美的答案。但没关系,因为我们真正要听的是他们自己思考的情况以及他们对本学科的了解程度。"

讨论完大概念,接着讨论评估。安迪问教师候选人:"如果你要教这个单元,你会通过评估了解什么?"老师们首先想到的问题是他们将使用什么样的教学形式。安迪接着问他们:"你可以让学生写一篇文章,但是你要通过那篇文章了解什么?"。然后安迪让他们谈谈学生的文章精致或者稚嫩的区别——"稚嫩不是说错误,而是文笔看起来比较幼稚或过于简单。那是什么样子的"?然后教师候选人继续被问道:"为了让孩子们的文章不那么幼稚,你会怎么做呢?你会如何指导那些不够精致的文章呢?"

最后,候选人被要求对不可避免的差异性进行思考。安迪等人给了他们一个班级情况简介:"你们班有 25 个孩子,3 到 4 个是资源教室的学生①,1 个是主流的独立自主的学生,15 个是普通的学生,5 个是非常有天赋的学生。你会怎么做,让更多的孩子们受到更公平的、更个性化的、更能获得成就感的对待呢?"

安迪还有另外一个有趣的策略来考察教师候选人的大局观。有时,他会问他们:"你首先教什么,为什么?"然后他会得到一张张由学科组长交上来的索引卡,卡上注明了教师候选人所教课程的主题。所以安迪让教师候选人把主题索

---

① 译者注:资源教室(resource room)的孩子们类似于我们所说的后进生或学习困难的学生。他们一部分的时间会在普通班级中学习课程,一部分的时间在资源教室内接受资源教师的辅导。

引卡按顺序列好给他，并问他们会从哪个主题开始教及为什么。安迪想了解教师候选人是怎么想的，让他们为自己的回答辩护，于是又问道："你为什么选择那样的顺序？"说到这里，安迪笑了笑，说知道我们在想什么，"我们的面试确实很难！但是这无论对教师候选人，还是对我们学校，都有好处"。

我们鼓励所有负责招聘教师的领导者仔细审查现有的遴选规则，并做出必要的改变，以选择更好的、与学校使命和需求相匹配的教师。

事实上，大部分读者都在多数岗位已被占满的环境中工作。因此，将合适的人放在合适的地方，成为一个重要的领导特权。通常情况下，这种人员定岗决定不太适用于传统的教学角色分配，而更适用于非教学角色的分配。例如，谁应该在课程审查委员会任职？谁最适合"试用"一套新的教科书？谁会乐意开展学生满意度调查？选择合适的人选担任以上角色可能决定着变革的成败。

在学校惯性或官僚惰性共同阻碍教育变革的情况下，聪明的领导者创立了新的角色、职责描述和攻关小组。例如，一位学区课程协调员为新课程工作的同行评议建立了配套的学部小组（中学阶段）和年级小组（小学阶段）。例如，一个三年级的小组审议了四年级的课程地图（反之亦然）；中学音乐教师审议了由视觉艺术部开发的单元计划（反之亦然）。这种结构化的协作可以提高课程产品的质量，同时促进员工合作和专业联系。

专业发展

在学习型组织中，雇佣合适的人并把他们安排在合适的职位是必要的，但仅仅这样还不够。持续的专业学习和员工的继续发展使教师和管理者能够及时了解最新研究和最佳实践。为此，优秀的学术领导者会让教职工理解持续学习是他们工作的一部分，并且精心安排各种各样的机会来进行持续的、嵌入工作的、结果导向的专业发展。当然，我们这里说的专业发展**并不是**大多数教育工作者所熟悉的一刀切的专家讲座，而是指其主题和体系应取决于弥合目标和结果之间差距的需要。例如，**如果**来自统考的成绩数据和学生写作的样例显示学生的创造性写作比议论文写作好，并且**如果**教写作的教师表示需要帮助以便更好地教议论文写作，**那么**就需要有针对性的培训和支持。

职初教师需要得到特别的关注，特别是他们经常被分配到最具挑战性的班级和学校。精明的教育领导者会考虑通过认真设计的入门课程和教练指导来支持新教师的职初工作。图表7.1中给出了一个构思良好的、综合性的新教师入职培训案例。

除了正式的专业发展和入门课程外，优秀的学术领导者还会积极利用现有时间帮助教师了解当前教学和学习的信息。请浏览下面这个来自安迪·格林校长的例子，安迪校长会定期选择一组基于研究的教学实践类期刊文章，并将这些文章发给每一名教职工，要求每人阅读一篇指定文章并在即将召开的教职工会议上汇报。在会议期间，通过"拼图"过程完成对文章的总结和讨论（校长的备忘录见图表7.2所示）。因此，安迪校长的教师们有机会将以上过程作为日常工作的一部分，去探索新的理念并讨论他们的实践意义。

图表7.1　教师入职培训案例

入职课程

伊利诺伊州，欣斯代尔(Hinsdale)镇高中86区

　　在伊利诺伊州的一个学区，教师入职的头四年是没有终身教职的。在这段时间内，欣斯代尔镇高中86区的教师参加了为期四年的"入职"工作坊。这一入职过程的目标是使所有教师具备基本技能，以便有效地促进学生的学习。（具有终身教职的教师也可以选择参加这些工作坊，将之作为个人专业成长计划的一部分。）

1—4年

　　教学改进过程： 每位教师在获得终身职位之前至少要参加12个观察周期。观察前、观察中和观察后的过程由教师开发的一系列专业实践的特点所指导。在他们的第三年和第四年，这些教师与他们的部门主席共同制定一个与入职课程相对应的个人专业成长计划。

第1年

　　督导： 每个新到该学区的教师都会被分配一个学科导师，并且如果可能的话，这个导师就来自他们所在的学科组。每个导师也要接受培训，师徒之间的关系是由课程引导的。

　　工作坊： 第一年，教师专业发展的重点是面向罗伯特·马尔扎诺(Robert Marzano)[1]确定的研究型教学实践。这批教师花了5天半的时间(38个小时)参加工作坊，了解经过30年研究形成的对有效教学和课堂管理的策略经验。老师们分享他们在课堂上融入这些策略的经验教训。

第2年

　　工作坊： 第二年，教师专业发展的重点是理解和应用由杰伊·麦克泰格(Jay McTighe)和格兰特·威金斯(Grant Wiggins)设计的逆向设计课程开发框架（见《追求理解的教学设计(ASCD)》）。这批教师用4天(28个小时)时间参加工作坊，了解这个单元的设计框架，并设计了一个他们在这一学年要教授的单元。在他们开展单元的过程中，只要有时间，这些教师们就会在团队中一起讨论实践进展。

第3年

　　工作坊： 第三年，教师专业发展的重点是了解和应用斯宾塞·卡根(Spencer Kagan)[2]所阐述的合作学习结构。这批教师用3天(21小时)时间参加工作坊，了解这个学习管理系统。教师们使用这些技术并给出反馈。

第 4 年
工作坊：第四年,教师专业发展的重点是理解和应用行动研究或课程研究的专业成长结构。教师接受专家辅导员的指导,然后在其学科内容领域内组成团队,并在教师辅导员的监督下完成一项行动研究或课程研究项目。

来源：① Marzano, R., Pickering, D., and Pollock, J. (2004). Classroom Instruction That Works: Research-Based Strategies for Increasing Student Achievement. Alexandria, VA: Association for Supervision and Curriculum Development.
② Kagan, S. Cooperative Learning. Source: Hinsdale Township High School District 86, Hinsdale, Illinois. 经许可转载.

学校的正规结构可以很容易地容纳这样的活动而不需要额外的资源。可以设想,在学期内,一所学校或一个学区的所有教师都可以参加 3~4 次这样的教师活动。此外,专业学习社区日益活跃,进一步促进了持续的"学会学习"活动、行动研究以及听评课活动。

185

图表 7.2　教职工会议备忘录

备忘录
致：全体教师
来自：安迪·格林校长
日期：2005 年 2 月 1 日
下次全体教师的教研活动将于 2 月 28 日(星期一)在"翼 500"活动教室举行。在这次会议上,我想做点不同的事。每个教师在活动前都会收到一篇文章(所指定的文章会随后附上),请提前阅读。后面列出了与此文章相关的一些基本问题,请各位在阅读后思考。
之所以举办这次活动,主要基于两层原因：第一,我们的使命/愿景要求我们成为"终身学习者",拥有"共同价值观"。第二,下一学年 3—8 年级的全州统考的要求已然出台,此时我们非常有必要将自己的想法表达出来——我们如何看待自己的工作等等,如何即能坚持"好"的教学,又能帮助学生做好备考(我相信这些目标并不矛盾)。
在此次活动中,全校教师将每 6—7 人分成一组,每个人都将在小组中汇报各自阅读的文章。每个小组派一名代表汇报关于如下共同主题的讨论情况。
请一定记得将各自指定阅读的文章带到会场
● 你看到哪些关键的词/短语？
● 这篇文章的主要内容是什么？
● 你获得了什么样的启示？
● 你有什么想法？
● 文章中所包含的信息对你的工作有什么影响？
● 你对目前的想法有什么问题/担忧吗？
● 文章中的信息如何与全州统考这个现实相匹配？
在小组中,还可以讨论其他共同关注的主题。
我期待着各位的分享。

来源：安迪·格林,校长,纽约迪克斯山,坎德伍德中学。经许可转载。

聘用合适的人、明确职责描述并提供持续的专业发展是一回事,确保很好完成工作则完全是另一回事。在改革的早期阶段尤其如此,因为根深蒂固的态度和舒适的习惯可能会导致教师忽视其作为教练的义务——促进学生理解和迁移表现。学校变革的具体情况如何,优秀的学术领导者通过正式和非正式的方法定期评估教师的表现,并通过提供有益的反馈意见来提高教职工的工作成效。

在正式的工作评估方面,我们全力支持朝着"**学习督导**"这一趋势发展。以学习为中心的督导不是专注于教师的行为和习惯,而是专注于教学的预期结果——即学习者有目的的参与以及理解和迁移的证据。这种定位强调对结果(包括学生在统考和本校关键评估中的表现)的关注,同时减少对教师的敷衍观察。事实上,考虑到变革型领导责任巨大、时间宝贵,我们对要求校长、副校长、教学督导每年一到两次正式去听每位老师的课的好处表示怀疑。另外,我们相信,用本书中提到的方式去"管理结果"可以会带来更多好处。当然,如果学习结果和其他证据信号出现问题,那么管理者有义务认真观察教师的行为。但是,如果学习结果是积极的或者在持续改善,我们认为领导者的时间和精力应能够更有效地花在本章所描述的其他职责上。(当然,对刚刚入职的教师还是需要进行频繁观察的,他们通常需要更多的指导和支持,直到他们的能力得到证明。)

当合同中要求正式观察时,我们建议这种听课应由一套基于使命的标准、经过协商的学习原则、课程目标以及基于数据的需求指导。例如,在宾夕法尼亚州的新希望-索勒伯里(New Hope-Solebury)学区,一个由教师和管理者组成的委员会有一套通用的"指导课堂观察和辅导"的指标(见图表7.3),这套指标与地区范围内采用"追求理解的教学设计"一书有关。

图表7.3　指导课堂观察和辅导的指标示例   *187*

基于理解的课堂的可观察指标
大概念和基本问题是学生工作的核心
● 教师可以解释大概念、基本问题和州立标准之间的联系。
● 大概念和(或)基本问题会在课堂上发布并经常提及。
● 学生们在整个课程中不断重新审视和理解大概念与基本问题。

> **课堂教学和评估实践反映了 WHERETO 元素**
> - 学生被告知大概念、基本问题、表现性要求和评估标准。
> - 采用了吸引人的举措来激发学生学习大概念和追求基本问题的动机和兴趣。
> - 学生们探索与大概念和基本问题相关的知识和技能。
> - 学生们在表现性任务和其他评估方面努力取得成功。
> - 经常使用多种评估(包括自我评估)提供关于学生理解的反馈,改进学生工作并衡量成绩。
> - 大量的课堂时间花在探究和反思上。
> - 在教学中采用了多种明显关注差异化的方式(例如,灵活的分组,关注学习风格,学生选择评估等)。
>
> **学生通过六个方面探索并展现理解**
> - 评估(不一定全部)要求学生解释、阐明、应用、洞察、神入、自知。
> - 教学策略(不一定全部)要求学生解释、阐明、应用、洞察、神入、自知。
> - 学生定期解释和证明他们的工作。
>
> **真实的表现经常用于应用知识、探索和展现理解**
> - 表现性任务和其他应用知识的评估是学习/评估过程中不可或缺的一部分。
> - 经常使用量规和范例/示例,并与学生共享。
> - 教师经常监测学生的真实工作,并提供反馈帮助学生改进工作。
>
> **教师强调交互式教学策略,在此基础上使用一系列教学技巧**
> - 教师扮演学习的指导者和促进者。
> - 教师创造情境,让学生提出问题,制定解决问题的策略,并相互沟通。
> - 学生们被期待去解释他们的答案,并展示他们是如何得出结论的。
>
> **教师可以解释何为达标**
> - 通过对大概念和基本问题、评估和教学实践的分析,可以看到达标证据。
> - 在支持教学实践的课程地图中可以找到达标证据。

来源:宾夕法尼亚州,新希望镇,新希望-索勒伯里学区。经许可转载。

除了正式评估之外,领导者还可以在学校里四处走动、去听去看,从而监控学校的学习情况。金·马歇尔(Kim Marshall,2005)是一所城市学校的资深小学校长,他建立了一个非常有效的系统,他称之为"5×5"承诺。每一天,他都一定要走访五间不同的教室,每间教室待五分钟。走访的目的是和老师们明确过 *188* 的,是帮助他们观察课堂和学生的情况,而**不是**去评估教师的。走访结束后,他通过私下单独联系或者采用便签的形式告知被造访班级的老师他所观察到的一些积极的东西。当他看到问题时,他会温和地指出他观察到的情况,并提供有用的反馈和指导。作为一个以学习为重点的学校领导者,他认为这个"5×5"的体系是一种更有效利用时间的方式,而不是学区所要求的、流于形式的年度评估。

通过正式和非正式的方式评估结果(而非过程),有助于领导者了解教师的各种优势,并提供所需的专业发展和其他支持。必要时,定期评估还意味着有必要让不合适的人离开舒适的位子,或者最糟糕的情况——为了达到更好的学习效果而让其离职。

工作功能 5：与体系、政策、资源相关的职责

如果这本书中的思想能够实现并随着时间的推移而保持下去,那是因为学术领导者将所需的体系放在适当的位置,以确保这些想法的可行性和可持续性。这里所说的"体系"究竟指什么? 指的是能使学校运转良好的政策、决策和管理机制、组织惯例、工作计划、激励机制及资源,这和谁是领导、谁是教师没有关系。坦率地说,当恰当的体系到位时,学校的成功或方向不再取决于个人:一个重要的人可以离开,但学校仍将有效地实现它的使命。换句话说,良好的体系是我们"并非针对个人,而是……"的体现,这是在前几章中阐述的哲学。

我们认为学术领导者的**至关重要**的工作是建立新的(并重振旧的)体系和政策,以支持先前描述的课程/评估/差距分析系统,并提供必要的激励措施和资源来支持这些工作的不断完善——对于此,相信一直在看这本书,并和它一同思考的读者们不会感到惊讶。说到基于设计的学校教育,尽管我们可以写出很多不同的体系和政策来,但我们将主要聚焦两个问题:(1)智慧地利用时间(学校中最宝贵的东西)来支持使命和以理解为基础的目标;(2)建立和支持**以成果为基础**的团队和部门小组。

学校变革的主要资源不是钱,而是时间。我们到处听到同样的哀叹:老师们抱怨没有时间合作设计课程与评估、评阅学生的作业、讨论结果,并规划更好的方式促进学习。确实,这项工作需要有足够的时间**通过设计**去完成这些任务。最优化地利用时间,确保其与使命和目标相关的优先事项相匹配,这一点影响重大,甚至比学术领导者对教师实践与观念转变所带来的影响更大。

寻找新的时间让工作团队面对面讨论,这当然是一个挑战,它需要创造性思维和行政管理技巧(因为在大多数情况下,找"新"时间意味着要占用"旧"时间)。基于一些学校的实践情况,我们在这里提供一些建议。请注意,这些想法中有多少不仅涉及到时间的新用法,还涉及人的新用法。

189

● 有一半的教师会在每月一次的预定日期内顶替所有教师的工作；课时加倍并且由"特设"教师设计大组活动。

● 教师每月花1个小时进行"结果导向"的行动，这些行动根据当前教师/部门/团队会议和入职时间的需要而定。

● 学校每月教学推迟一天开始，或提前一天结束。

● 每周给每个年级/学科组分配两小时，研究由其他团队、管理员、资源教师、实习教师或代课教师提供的信息。

● 将五天的暑期工作写入合同，每年都有一个增加的工作日，为期五年。

● 每周一增加两小时的非合同员工时间，这些时间可以用来换三天假期。

● 每个部门的每个年级雇用一名永久性代课教师。

● 每月安排两次，每次半天，用来调整学年计划（学生不用参加）；在其他教学日内增加五分钟补上这个被占用的时间。

● 教师们在午餐时间、个性化时间或预定的会议期间见面。

● 特别的小组学习项目（如冒险项目）的提供者每年会为教师们安排三个半天的脱产时间（release time）①。

● 在正规教师的脱产时间内，由流动性代课教师（按天雇佣）为各年级/部门代课。

当我们以注重结果的、逆向设计的方式去思考有关时间的问题时，应该考虑前面提到的问题：鉴于我们的使命和目标，如何更好地利用大家集中在一起的时间？目前的时间使用情况能否最有效地完成工作？我们需要多少"新"时间来完成确定的任务？有趣的是，大多数学校每年都有大约24小时来安排教职工和团队会议，而且这不包括大多数学区为专业发展项目分配的两到四天的时间。实际上，大多数学校每年都有超过40个小时的时间用于课程与评估设计，以及对学生成就的合作研究。

190　　　总之，问题不在于如何找到大量的"更多"时间或其他资源。相反，我们需要更合理地利用我们已有的时间。合理利用时间意味着，仅仅为课程工作和差距

---

① 译者注：release time，也可叫 released time。是指把老师们聚集起来，让他们暂时从教学中解放出来去参加研修或学习等，类似我们国内的教师短期研修。

分析制定一份新的时间表是不够的。我们亲眼目睹了一些团队，每天花长达一小时的时间制定团队计划，到年底时却只完成了计划中的极少部分。这并不是说团队的工作毫无意义，或者浪费了时间。只是说，本书讨论的那种"规划"一般不会仅仅因为有了更多的时间就会发生。相反，领导者必须要做的事情是以表现为基础、以产品为中心地利用时间——使用"规划时间"或"教职工会议时间"来不断明确所寻求的结果。

正如柯维（Covey，1989）在《高效能人士的七个习惯》一书中所指出的，许多人（无论是在工作中还是个人生活中）都对"紧急"和"重要"之间的区别感到困惑，而忽视了重要的事情。（请注意，柯维认为"预防、规划、关系构建"是"重要但不紧急"象限的核心。）我们认为，教育工作者要更好地关注重要问题的一个重要途径是通过界定清晰的表现目标和产品目标来让他们充分利用时间。换句话说，为了换取"更多"时间，教职工还必须赞成与时间使用有关的表现目标和产品目标。

让我们来看一个例子。考虑到需要确保对学习成果（差距分析）和行动研究的持续检查成为教职工工作的核心，各部门和年级组将安排如下工作：

> 你的主要工作是以团队的形式去分析、研究和提高你所主抓班级的学生表现。在学年内，你将持续监测学生的成绩和在使命和标准方面的进展，提出研究和干预措施，并将研究结果报告给他人。哪些干预起作用了，哪些干预没有起作用？我们应该怎样做才能取得更大的成功？你每年需要向其他教职工做两次书面报告，将你的发现和最新研究结果与大家分享，包括当前的成就模式、哪些举措起作用了、哪些举措没起作用、你的行动计划。此外，为了更好地实现团队目标，你也可以对学校层面需要做的改变提出建议（例如，课程、评估、教学、资源利用、日程安排等方面）。

这样的指令不仅需要时间，还可能需要建立新的体系（如特设委员会，每个委员会重点聚焦一个学科弱项）或者对熟悉的体系进行重组（使部门会议和年级会议的重点放在分析学生工作和成就结果上，并建议在课程/评估系统和教学中进行必要的改变）。这可能就像每月教职工会议上分析结果并分享改进意见一样简单,主要通过邮件提前发布通知和会议议程摘要来主导此类会议。大体原则非常清楚:用马歇尔·麦克卢汉的话来说,"会议就是信息"。当会议变得更注重结果而不是面面俱到时,领导者已经开始将资源和体系的使用(会议时间)制度化,以更有效地支持使命实现。

下面是关于可用时间使用期望(产品导向)的其他例子:

● 到 10 月份,每位教师将根据与使命有关的表现问题,与一名或多名同事建立个人学习计划和行动研究项目。

● 到了春季,每个年级组将会设计一个面向家长和学生的问卷并展开调查,基于调查结果采取行动,并在 3 月的教职工会议上向全体教师报告。

● 到年底,高中每个教研组都将发布一份关于学生表现的书面报告,突出强项和弱项,并提出改进薄弱项的行动计划。

● 每学期结束时,每个年级组都将共同完成对学生工作的评估,探索关于工作质量的分歧,并建立一套教师评价体系,确保跨年级、跨学科的教师评估的一致性。

这样的产品目标更有可能缩小预期结果与当前表现之间的差距。

分析愿景与现实之间的差距,是学术领导者工作的重中之重。为了确保这项工作,还需要发展哪些体系呢?以下是一些想法。

对于中学来说,除了传统学科组之外,还可以围绕与使命和州立标准有关的关键跨学科目标另外设立一些部门或委员会,例如,有效沟通、批判性思考、问题解决、终身学习等。这些委员会的工作将是研究本校的评估和课程,以便更有效地嵌入这些目标,并分析这些目标评估的结果,并提出改进建议。[这与本书第一章讨论的阿尔维拉大学(Alverno College)的模式类似,每位教师都服务于两个常设委员会——一个与部门相关的委员会,一个与能力相关的委员会。]

许多人对我们说,在学校评定委员会来访前的自我完善工作是我们正在提倡的一个很好的例子,然而这项工作每五到六年才会进行一次,且通常只是为了取悦来访的评定委员会。为什么不把为重新评定学校而设立的特设委员会制度化呢?

192　　如前所述,很少有教师能够全面分析州立标准对当地课程和评估的要求。而这个分析工作应该每年在各年级组和学科组都进行一次。

应该要求每个教师团队对课程/年级/学校的毕业生进行调查,了解他们对下一阶段的准备情况。此外,教师应该了解并汇报对之前学生的评估要求以及学生们达到要求的情况。

请注意这些例子中蕴含的基本原则:这样的委员会工作将需要教职工积极参与,并将制定行动报告作为每位教职工工作的一部分。这与当前系统是不同的,在当前系统下,这种"以结果为导向"的工作是一种可选项,而现在我们要将其作为一项工作职责。

工作职责 6:与文化相关的职责

学术领导者最持久的影响之一是努力建立和维持合作和开放的探索文化和氛围;也就是说,让学校成为一个**模范**的学习型组织。虽然关于学校**文化**和其重要性已经写了很多,但我们提出一个基于结果的观点,也是本书一直要体现的观点。

例如,迪尔和彼德森(Deal 和 Peterson,1999,第 116 页)已确定了一个积极的学校文化的一般标准:

- 聚焦学生和教师学习的使命
- 对历史和目标的深刻认识
- 关于"合作、表现和改进"的核心价值观,使每个人获得能力、成就、学识
- 关于学生和教师学习和成长潜力的积极信念和假设
- 利用知识、经验和研究改进实践的强有力的专业共同体
- 促进积极交流的非正式网络
- 平衡持续性与变化性的共享领导力
- 强化核心文化价值的程序和仪式
- 关于歌颂成功和表彰勇气的故事
- 象征快乐和自豪的物理环境
- 在"尊重和关爱每个人"上达成广泛共识

尽管这是一个很好的清单,但要小心以免混淆因果关系。其中许多元素是有效文化的相关因素而不是原因。换句话说,健康的文化反映了这些特征;这并

不意味着在不健康的文化中将这些元素制度化就能形成一种健康的、有效的注重结果的文化。例如,如果没有一个使命驱动的重点,"象征快乐和自豪的物理环境"和"尊重和关爱每个人的共识"没有多大意义。换言之,如果有以上特征,学校可能是一个很好的工作场所,但这些特征未必一定会带来更有效的学习。目前,有许多**传统意义上**成功的学校符合迪尔和彼德森的标准[参见《塑造学校文化》(*Shaping School Culture*)一书],但未能实现我们在本书中所阐述的愿景。

因此,我们认为学术领导者的工作是确保学校的文化是聚焦使命的。这就需要以下文化规范不仅要最终反映在学校结构中,还要反映在日常组织生活的社会行为和关系行为中:

- 关注长期的、与使命相关的目标(而不是"我只需要把课讲完")
- 基于结果的方法(而不仅仅是良好的意愿和努力的工作)
- 经常从多个来源寻求反馈(而不是对不同来源的反馈视而不见)
- 从预期结果出发"逆向"设计(而不是直接跳到解决方案和行动上)
- 长期目标导向(而不是追求速效对策)
- 工作、产品和结果的透明度(而不是面对参观,或者是在展示教师/学生工作时感到不安)
- 重视探究和对新方法的开放性(而不是"我们一直都这样做")
- 协作式风格(而不是教师单打独斗)
- 将调整视为一种生活方式(而不是"我们制定好了一个计划,必须遵循")

挑战在于如何把教职工放在如上所述的环境中,这样他们才能看到它的好处。换句话说,我们的目标不应该是改变人们的价值观、信念和态度,而是改变他们与工作相关的行为,随后态度会更容易变好。

成为一个学习型组织

让教职工开始思考和感受这种方式需要一个长期的策略,要让学校成为一个真正的学习型组织或者"专业学习共同体",达成如近期文献所称的那种健康负责的制度文化。舍费尔(Schaefer,1967)在 40 年前提出了这个观点:

这不仅是我们对新知识的需求，也是我们对教师智力健康的责任，这表明学校应该成为探究的中心……学校仅仅聚焦职责分工实际上会禁锢而不是释放教师思想的全部力量。（第2页）

只有当学术领导者示范、邀请并最终要求教师了解在常规和正式基础上的学习，我们提出的许多任务才可能完成。这种基于常规和正式基础上的学习，不仅是工作期望的正式组成部分，也通过非正式的手段（如建立仪式、惯例和经验，不断邀请和期待人们学习）帮助完成任务。学术领导者的一项重要工作就是明确学校必须是一个模范的学习型组织，并使之成为典范。参见森格等（2000）、杜福尔和埃克尔（DuFour 和 Eaker，1998）、刘易斯（Lewis，2002）和达林-哈蒙德（Darling-Hammond，1997）相关信息。

但在这里，和生活中的其他重要领域一样，以身作则是非常必要的。在改革过程中，学术领导者必须做深度探索和学习的示范。不要急于下结论或迅速采取行动，而必须向教职工们展示：在行动之前，一定要认真诊断，并保持对多种可能解决方案的开放性。意思是：学术领导者的工作不是给出解决方案，而是提出问题，要求各方对问题进行深入分析，从而得出解决方案。

太多学术领导者仓促行事去解决教师们甚至没察觉的问题。因此，我们常常听到老师们问："我们为什么要做课程地图，这与基于理解的设计有什么关系呢？"即便我们看到了其中的关系，但只要老师没看到，那就等于没有关系。如果教师们没自己意识到学生表现和课程框架的缺点，那他们永远也不会明白我们为什么选择这样的应对方案（如课程地图和追求理解的教学设计）。这个问题与教学中学生不理解的情况比较像：比起想办法让教职工理解改革，领导者们往往急不可耐或过于天真，只会将改革的细节告知或灌输给教师们。

优秀的学术领导者就像最好的老师，反对灌输，因为他们明白，让教师真正理解改革的必要性并提出具体解决方案的智慧是至关重要的。他们要确保教师**在理解的基础上达成一致判断**。因此，学术领导人的挑战是让教师共有所有的诊断结论，以便任何后续应对方案都看起来自然且习以为常。换句话说，学术领导者必须确保他们自己以及教师真正**学习到**：

我们必须善于学习。也就是说,我们不仅要能够改变我们的机构,还要能够适应不断变化的形势和要求;我们必须创造和发展学习型机构,使之成为能够实现自身持续变革的系统。(Schön,1983,第 28 页)

极力劝导和信息轰炸并不能达到这种理解,就如同不断给学生施压并灌输给他们大量内容,想以此让他们掌握课程意义并明智地应用它们一样。因此,需要新的体系和支持政策,以确保教师熟悉和习惯新的工作角色和职责。

变革很少会持续到变革者换届,无数关于学校教育和学校变革的著作中都提到这一事实。因此,"可持续性"最能体现学校领导者的长期迁移目标(旨在通过设计开展学校教育)的成效。

本章所讨论的所有领导要素都涉及到可持续性。按我们书中所描述的方式组织的学校要长期生存发展,需要明确学校的使命;源自使命的课程和评估体系;强调差距分析的结果着眼点;支持使命的招聘、督导和培训;使使命得以落实的体系和政策;以及能够增强使命驱动力的文化。

学术领导者的工作不是亲自去做以上所有工作,也不是仅仅知道如何去做,而是要确保完成这些工作。我们不要求超人型的领导者或专制的管理者。校长或首席教师在学校变革过程中一言堂或一肩挑的日子已经一去不复返了。我们所期望的是,学术领导者要了解哪些工作要做,并想出让教师参与有助于他们完成上述工作的方法。

第二部分

基于设计的学校教育规划

第八章 如何将逆向设计应用于学校变革?

如果给我六个小时的时间去砍倒一棵树,我会用前四个小时将斧头磨利。 *199*
— 亚伯拉罕·林肯(Abraham Lincoln)

在前面的章节中,我们概述了与学校使命和学习原则相关的关键思想,描述了关注结果的课程将是什么样的,接下来讨论了关键角色的影响及其岗位职责。从本章开始,我们将探索一个规划过程,以弥合当前现实与体现使命的期望成就之间的差距。我们应该如何处理学校变革的过程,以实现学校的长期目标? 应该采取什么样的战略引导行动走向成功?

各行各业(包括教育部门)的精英人士,不仅对自己想要完成的目标有清晰的认识,而且还会**战略性地**思考实现目标的路径。遗憾的是,由于大部分教育工作者非常忙碌,而且传统规划往往侧重于短期行为,战略常被忽视。由于措施多样、需求多元、危机紧迫等方面的影响,学校很难采取深思熟虑的策略,而取而代之的往往是应时的、下意识的反应或冲动。即使没有直接的压力,行动导向的教育者也倾向于确定好一个目标就迅速开始行动,通常没有机制来批判行动的有效性,或在必要时对其进行调整。虽然战略性思考可能使学校变革的步伐减小,但我们相信它能使我们的精力集中、行动聚焦。制定策略本身就是将某些目的转化为有计划、有决心的行动。"'我们的目标'这种表述最终必须变成'为达到目标我们需要这么做。在这个具体的时间段我们需要这么做。这是谁的责任。'"德鲁克(Drucker,1990,第142页)。

在教职工中开展工作时,我们会采用各种战术来维护战略以实现长期目标, *200* 如为了提高教师对高质量单元计划的理解所采用的组织**追求理解的教学设计**学习小组战术。在组织学习小组时的一个具体行动可能是,根据个人才华与成员们的认可程度,任命某个人为小组组长。这项具体行动可能是失败的,但组织学习小组这个战术最终可能会取得成功;组织学习小组这个战术可能不会改变大部分教职工所使用的方法,但这种战略可能是合理的。因为,这种战略是让人们对当前的习惯不满意,并且意识到有与使命和责任密切相关的更好习惯。

因此,正如在军事、体育或商务谈判中区分战略、战术和具体行动一样,这种区分在学校变革中也是非常重要的。因为学校领导者常常面临着"短期战术"的诱惑,比如:成立专业学习社区,开展真实评估,构建课程地图等,但却没有一个总体战略来证明这些战术选择是合理的,或者是允许领导者们去判断该战术是否有利于实现学校变革的长期目标。我们认为,近几十年来学校变革的失败并不是因为所采用的战术本身存在缺陷,而是因为这些战术没有符合学校实际的、连续的、长期的战略做基础,没有根据战略来有效地规划、选择和协调这些战术,也没有根据战略和目标迅速而果断地应对。

变革的战略与战术

战略(strategy)这个词源于军事领域(希腊语中意为军事将领),它现在更广泛地应用于体育、政治和企业规划——这些都是更为文明的战争形式。如果其军事内涵令人不快,那就把注意力放在《牛津英语词典》中更广泛的定义上:"开展更大的运动和行动的艺术。"**战略**与**战术**(tactics)不同,战略是"战斗中处理力量的艺术"。德鲁克(Drucker,1990)在谈到非营利性组织变革时,采用这些术语的心态发生了改变,这很有启发意义:

> 我曾经反对使用"战略"一词,这太像是军队用语了。但我慢慢地改变了。这是因为在很多……非营利组织中,规划只是一项智力活动。规划完后,就将规划束之高阁,放在那儿再不去碰,每个人都自我感觉良好:我们已经做完规划了。但除非规划变为实际行动,否则你就是什么也没做。而战略则是聚焦于行动的……它不是你希望如何,而是你如何行动。(第59页)

战略告诉我们如何组织教职工,如何利用资源,并在面临所有具体决策点和眼前障碍时采取何种行动。从一个广泛的战略产出"游戏规划",包括那些驱使我们朝着预期的长期目标前进的**战术**(如基于《追求理解的教学设计》的教师胜任力培训,能够反映与使命相关目标的评分与报告系统)。最后,我们基于战略和战术采取具体行动。

那么与学校改革相关的战略又是什么呢?它应该要回答这样一个问题:为了实现使命这一长期成果,决定短期改革决策的最佳原则是什么?一个战略必须具备的首要条件是避免人们迷失在细节或是不可避免的挫折中。例如,在本书中,我们认为,在学校变革中践行使命的一个关键战略是编写不同的课程,以便使每个人都能理解和迁移知识。如果遵循着这一战略,学校的每个人都能更好地理解他们的工作,理解他们的日常工作和职责是如何与长期目标相适应的。该战略还可以被简单而泛化地定义为:**基于使命及其内涵,根除与其不一致性和不符合逻辑的习惯。**

因此,战略并不是一个抽象的概念,而是以一种积极的、持续的方式来牢记使命并使之成为现实。正如德鲁克(Drucker,1990)所说,"有句老话说,良好的意愿不移山,推土机才移山。在非营利组织管理中,使命和规划——如果这就是全部行动的话——就只是良好的意愿,战略则是推土机。他们能够将你想做的事情转化为实际的成就……它们会告诉你需要通过哪些资源和人力来获得结果"(第59页)。战略是一种具体的、公开的承诺,以协调一致的方式组织政治、物质和人力资本,以实现我们自己所承担的义务。

这有一个简单的有关足球训练的例子,用以说明战略和战术的区别:足球在中学及以上年段中通常是得分较低的比赛项目,而在少数的几个进球得分中,许多都是由于球员防守上的失误所造成的。所以作为一个青少年足球教练,我的战略就是**专注防守**。从孩子们的角度来看,这一战略可总结为:**通过外围攻势和互相掩护来最大限度地减少防守失误。**基于对这一战略的考虑,我们练习时放在防守上的时间多于进攻,努力确保每个防守队员在场上都有替补,理解自己的站位以最大限度抑制对方渗透,知道如何做假动作诱导对方球员犯规,并且迅速果断地把球踢出最危险区域。该战略要求队中一些最好和最快的球员是被用于防守,而不是进攻。从战术上讲,这一战略要求在后场至少安放四名球员,他们总是与场中心隔绝,并且心甘情愿地放弃一些边线进攻的机会。由于比赛变化太多太快,不可能编写更详细的方案,所以这一整套"专注防守"的思想,以及其他一些与放慢进攻有关的战术和举措,就是我们方法的核心要点。在训练过程中,控制分组中的练习和反馈加强了比赛状态下的战术和总体战略;我们很少去做那些不切实际的而又孤立的边线练习。虽然战略是稳定的,但比赛计划从来都不是一成不变的,正是靠这些计划去灵活地协调哪些是应该去做的,哪些是不应该去做的。我们的球队取得了成功——尽管放弃了几个进球的机会,但最终还是获得联赛冠军,并且第二年又蝉联了。这样的成就非常令人讶异,因为联盟中那些最有天赋的球员并不在我们球队中。

我们可从这个例子中引申出四个可迁移的要点:(1)总是有一个优先战略,从中可以得出所有的个人决策和具体行动走向——一个强大而清晰透明的战略,足以指导每个人的想法;(2)始终要去发挥自己的优势将最优秀的人才置于最重要的位置,并根据自己的目标和战略来边缘化自己的弱势;(3)明确管理控制的权利在球员(如教职工、工人、学习者)手中,而这些参与者必须被鼓励和教育,以便知道如何根据反馈和若干战略原则来"规划调整方案";(4)最大限度减少无益练习(如简单化的活动,脱离使命的活动等),并最大化类似比赛的情境(例如,与使命相关的持续挑战和问题解决),以便球员们学习在真实情境中运用他们的技能和战略思维。总而言之,如果没有一个合理且被充分理解的战略就**不可能**赢得胜利,并且球员(而非教练)要有能力去践行战略。由于在实现目标的道路上难免会出现很多意外、障碍、困难和资源不足等情况,所以在理解战略是如何使长期目标切实可行的基础上,人事安排必须做好随时调整的准备,而不是盲目地执行。

实现使命的战略性原则

我们在前面的章节中曾指出,应该像构思建筑一样去思考学校教育。愿景是必要的,但还不够。蓝图是将愿景转化为可能性和战略性(即重点突出,有效和协调)行动的必要文件。变革过程也是如此。我们建议不要轻率地采取武断的行动和战术,而是要提出了一个系统规划和连续一致的战略。我们建议无论具体情况如何,任何学校变革都必须建立在三个原则之上:(1)通过仔细分析使命需求,从使命和项目目标出发进行逆向计划;(2)应对愿景与现实之间的差距并缩小它;(3)**从一开始**就制定调整方案的计划。让我们简单地讨论下每个原则,然后再更为详尽地展开。

从"达成的使命"来逆向规划。与战略的定义相同,这项原则只是一个常识。制定一个战略是从胜利(即达成使命),从变革的成功状态来逆向思考,同时考虑到我们目前的状况和资源(包括人力和物力)。如果逆向设计能很好地适用于课程设计,那么它应该也适用于学校变革的规划。毕竟,不管内容如何,逆向设计都是良好规划和行动的普适方法。的确,这本书遵循了逆向设计的逻辑。回顾一下,首先我们讨论了学校使命的本质,然后描述了课程和评估体系,因为如果没有一套连贯的计划行动,我们的目标是无法实现的。接下来,我们考虑了教师和学术领导者的职责描述,如果没有明确的使命和致力于践行使命的课程,那么有效教学和有效领导仅仅只是一些毫无意义的短语,而且还会陷入无止境的分歧。

同样,教育变革的成功在于我们对目标有清晰的认识,并有一个机制来评估我们长期目标的进展情况。我们必须非常谨慎地制定一个明确的愿景和检验"使命达成"的指标,以指导我们去制定一个连贯和有效的变革行动计划。

应对并不断地努力缩小愿景与现实之间的差距。变革的动力来自于内在动机,这个动机就是你当前所处位置与预期目标之间的差距。变革过程的重点在于为教职工提供挑战,开发达成使命的模型,开发相应的指标并基于这些指标来收集比对预期结果的可靠和有用的信息。接着,变革的目的始终就是缩小愿景与现实之间的差距。这些信息准确且诚实地说明了我们在究竟在哪些地方与我们所想要完成的事业背道而驰,然而,许多教育工作者实际上却是拒绝面对这些信息。任何变革战略都必须确保其机制和激励措施,人们应当自愿甚至是热情地去寻找和探索差距,这是每个人在学校经历中的一部分。鉴于改变习惯是困难的,我们必须为成年人和学生提供适当的激励。

计划调整并建立适当的系统,以便尽早并长效地主动获取和使用反馈,及时进行有效地调整。教育工作者无法预测未来,也无法预测在变革过程中会遇到怎样的障碍。因此,建立学校教育改革委员会,以便根据即时反馈来调整计划——这必须被视为重要行动而不是示弱的表现。要有这样的意识,那就是我们的初始计划**极可能**是不够充分的,我们**极可能**会遇到意想不到的麻烦——我们将这种思路称为谦逊公理(humility axiom)。我们需要的不只是一个伟大的初始计划,更需要一个能够及时并有效调整的计划。

该调整计划从变革一开始就要开展。甚至在我们制定战略规划之前,就需要大量的数据,来检查我们中哪些人是准备好的、有意愿的且有能力的,以及面向学生成就的真实需求和潜在可能是什么。

接下来,我们再仔细地讨论以上三个原则,以制定一个可行且成功的学校变革战略。

²⁰⁴ 在学校变革中应用逆向设计

正如我们在描述课程框架时所指出的,逆向教学设计要求教师和课程委员会在规划时要考虑以下三个阶段。

阶段 1——确定预期结果。学生应该知道什么,理解什么,能够做什么,什么内容值得理解,需要什么样的"持久性理解"……总之,使命需要我们在学生学习中完成什么。在第 1 阶段,我们考虑迁移和其他学习目标。我们以"所要达到的理解"和"基本问题"的形式来明确一些优先次序,这种形式应该成为学习者的思维习惯。我们来制定知识和技能目标,通过考虑我们的职责和实现与使命相关的可迁移目标的先决条件。设计流程中的第 1 阶段需要明确学习内容的优先次序,并将其表述为成就。

阶段 2——确定合适的评估证据。我们如何知道学生是否已经达到了预期结果?哪些证据能够证明学生的理解和掌握程度?逆向设计鼓励设计者在设计特定的课程和活动**之前**,"像评估员一样思考"。因此,我们需要**事先**考虑所需的评估证据,以验证是否已经完成第 1 阶段所预期的学习结果。

阶段 3——设计学习体验和教学。如果学生要有效地开展学习并达到预期结果,他们需要哪些具体的知识和技能?哪些活动、怎样顺序和哪些资源最适合实现我们的目标?当有了明确的预期结果和合适的评估证据之后,目前我们需要考虑是最适当的教学活动。我们的目标是使我们的教学更**具有吸引力和有效性**,同时需要始终牢记最终目标。

在学校变革方面,逆向设计的逻辑与上述三个阶段相同,只是对变革规划的内容进行了一些细微改动。

阶段1——确定预期结果。 在第1阶段,改革推动者根据长期使命和学科目标来确定特定变革的目标。他们确定了与长期目标相关的更为具体的短期目标。他们需要提出以下几个问题:我们希望教职工理解什么,真正地"拥有"什么? 如果想要实现预期目标,教职员工必须面对和解决哪些基本问题? 为了有效地实施预期改革,需要哪些新知识和技能?

阶段2——确定合适的评估证据。 在第2阶段,提醒改革者在设计具体的行动计划**之前**首先要"像评估者一样思考"。逆向设计中的逆向意味着我们要仔细考虑我们需要的评估证据来证明我们已经取得预期结果。

这种方法与我们一直在考虑的评价和评估的惯例不同,因为我们往往是行动计划完成的时候才会去做评价的事情。逆向设计并不是在临近结束时才来创建评估计划,而是要求我们从一开始就根据与我们目标相关的证据和指标来制定反馈计划。这是至关重要的,因为我们需要在整个过程中明智地调整计划,以实现我们的目标。只有考虑到了明确和适当的证据,我们才能衡量进展,并知道何时需要修改行动。如果等到最后才来"看看它是如何(或者是否在)工作"就太迟了,任何有经验的教练或课外活动的赞助人都能证明这一点。

因此,改革者需要询问评估员这些问题:如何知道我们已经取得了预期结果? 如果我们成功了,我们将会看到什么? 我们能接受的员工理解和掌握的依据是什么? 我们从一开始就需要哪些数据来设定一个与我们的目标相关的基准——衡量目标与现实之间的差距? 我们将如何跟踪进展? 我们通过什么样的反馈系统及时调整计划以达到目标? 这些问题及其答案不仅仅是制定明智计划的关键,也是阐明我们对预期目标和学习原则的理解的关键。

阶段3——规划实现目标的行动。 有了明确的预期结果和表明目标实现的合适证据后,现在才是规划行动的时候。在逆向设计的这一阶段,必须考虑以下几个关键问题:为了有效地实现目标并取得预期结果,什么样的专业发展活动和支持将为教职工提供所需的知识和技能? 谁负责各种行动? 我们将遵循什么时间表? 需要哪些资源来实现目标? 整体计划是否一致? 重要的是要注意,关于选择策略和行动、活动顺序、资源等具体计划的细节,应该是在我们确定了预期结果和具体评估证据,并在我们收集了基准数据**之后**才能得出合理的计划。

为了帮助领导者把逆向设计应用到学校和学区的规划中,我们依据课程规划逆向设计模板,制定了一个学校变革的模板(见图表8.1)。该模板包含着需要考虑的每个逆向设计元素的问题。

图表8.1 学校变革的逆向设计模板

阶段1——预期结果	
目标: 我们这次变革的愿景是什么?我们希望通过这一行动来实现什么?	
理解: 对于这些目标,教师、管理者、家长、决策者和其他人应持有怎样的理解和态度?	**基本问题:** 关于教学、学习、成果和变化的哪些基本问题会指导我们的改进行动?
知识: 教师、管理者、政策制定者、家长和学生需要什么样的知识和技能才能使愿景成为现实?	
第2阶段——评估证据	
直接证据: 什么可以算做是成功的证据? 短期和长期进展的关键可观测指标有哪些?	**间接证据:** 还应该收集哪些其他数据(例如:成绩差距;教职人员的理解、态度和做法;组织能力)?
第3阶段——行动计划	
我们将采取哪些短期和长期的行动来实现我们的目标(在课程、评估、指导、专业发展、政策、资源分配和工作评估中)? 什么样的战略可以帮助我们达到预期结果? 由谁来负责?需要什么资源?	

什么使逆向设计"逆向"?

虽然逆向设计对于规划大有裨益,但学校和学区并不总是完全遵照该逻辑来运作。然而,如果改革者没有遵循逆向设计的规则,可能会导致我们在《追求理解的教学设计》(Wiggins 和 McTighe,2005)中所提到的教师计划的"双重罪"。第一宗罪就是可能被贴上"活动导向"的标签——专业活动将不会达到与目标相关的结果。我们在专业发展日和相关会议上常会发现这个问题,教职人员尽职尽责参与，但却没有明确的长期目标或有针对性的后续行动。（因为这样的事情屡次发生，所以我们总是听到老员工吐槽说："又是一阵风，刮刮就过去了。"）

第二宗罪与"灌输教学法"相类似，即教职人员对"新政策、新举措或计划"仅仅是"知情"，而不必采取行动，也不会被追究责任。他们只是被告知"这是我们正在做的事情"，而没有帮助其理解一项举措或计划方案的必要性、合理性或长期影响。（教师经常对他们不完全理解的强制性措施做出最低限度的合规行为或消极抵抗，这也不是什么令人奇怪的事情吧。）

学校变革过程中一个相关问题可归结为结果和过程之间的混淆。我们经常 207 看到勤勤恳恳的委员会成员们在首次询问"我们的目标是什么？""期望的结果是什么？""这个答案如何影响过程？"**之前，**花费很多时间来讨论如何做出决策、如何进行调查、如何听取所有选民的意见。总之，在没有对最终目标达成一致之前，把精力集中在过程的"逆向"上。这就像要求建筑承包商在没有蓝图的情况下制定一个工作计划。

关于这一问题，这里有一个大型的例子。在 20 世纪 80 年代末和 90 年代初期，一些州做出了为所有学校就建设基础网站的硬性决策——但关于学校利用这些网站做什么却没有给出明确指导！最近，道格拉斯·里维斯（Douglas Reeves，2006）对这个学校改进计划进行了研究，发现了该计划所需的形式复杂度与学生成就之间存在**反比关系！**里维斯（Reeves）对这一发现的评论回应了我们自己的警告："计划可能是有效和必要的，但是当用计划来取代目的时，整个计划就会被误导（p. ix）。"我们所倡导的逆向设计方法正是为了避免这些潜在的问题。

一个典型的例子

纽约市教育委员会第 9 学区是由 100 多所学校组成的，为曼哈顿区和布朗克斯市的 10 万多名学生提供服务。学区领导认识到逆向设计的价值，并鼓励教师使用 UbD 过程进行教学规划。除了课堂使用以外，该设计过程已被证明对领导规划也是有价值的。该学区采用学校变革的逆向设计模板，作为学校行政人员用于制定年度学校目标的框架。在第一年使用逆向设计制定学校目标之后，

第9学区局长助理总监艾伦·迪希特（Alan Dichter）博士观察到，

> ［逆向设计］这一方法有助于养成我们希望在计划和评估中发展的习惯，特别是确保我们想做的事和我们所做的事之间存在联系。虽然这看起来很简单，但经验告诉我们不是那么回事。

除了在学校层面使用逆向设计之外，学区办公室的工作人员还使用该模板的另一个版本来规划学区内的教师专业发展。这种逆向设计的多层次使用加强了整个系统的有效性。教师们将看到他们的学校管理者们身体力行，学校管理人员将看到他们的学区领导者正在使用相同的计划过程。

208 缩小愿景与现实之间的差距

正如我们在整本书中所贯穿的，一项根本性的变革战略依赖于不断地评估和采取行动，以缩小愿景与现实之间的差距。如果没有愿景，为什么要改变呢？如果没有差距存在，为什么要改变呢？如果这个差距对我个人而言不感兴趣或不可信的，为什么要改变呢？我们认为改变，尤其是习惯的改变，是要求很高的，也是相当困难的。因此，坚持下去的理由必须是令人信服的，而且其支持系统必须要到位，以保持我们的激情和积极性。

但正如我们前面所说的，很少有教育者愿意正视自己的行为与信念之间的差异。许多人还会抵制或否认差异的存在。因此，有些人认为只要教师们知道可以为孩子们做得更好就会有足够的动力去改变学校教育的习惯，这些人的想法是很天真的。关于人类动机的相关研究表明，其实情况正好相反：因为改变习惯是痛苦和困难的，可能还会伴有倒退和抵抗的情况，我们必须确保通过一个良好的激励机制，来挖掘每一种内在和外在的动机。至少，我们必须思考现行学校教育方法中存在的种种**抑制因素**。

计划调整

除了逆向设计外，具有战略性思维的改革者还需要定期评估缩小愿景和现实之间差距的进展情况，并在必要时调整计划。这些相关的原则要求我们从一开始就制定与目标相关的证据和指标的反馈计划。这是至关重要的，因为我们要在实现目标的整个过程中做出明智的计划调整。只有通过持续的评估证据，我们才能衡量进展，知道何时需要修正行动。

这种持续评估和调整的观点当然不是本书的原创。事实上，沃特·休哈特（Walter Shewhart，1934）早在 20 世纪 30 年代就提出了计划（Plan）；执行（Do）；研究（Study）；行动（Act）的 PDSA 循环。今天，休哈特（Shewhart）循环被认为是对戴明（Deming）等人推广的大多数当代质量控制和持续改进方法的先驱。PDSA 循环是一种简单而强大（有点反直觉）的想法，正呈现了逆向设计的逻辑。在第 3 阶段（研究阶段），我们研究第 2 阶段（执行阶段）所采取行动的影响，以验证它们是否达到预期的效果，并且确保我们仍在前进。如果没有达到的话，我们就会修改计划中的行动——即我们会进行中途修正。

体育教练很自然地会在每场比赛和整个赛季中使用这个循环。除了在赛季前深思熟虑的战术手册之外，他们还会根据赛季结果为每个对手量身定制比赛计划。尽管有了最精心设计的比赛计划，在真实的比赛过程中，调整也是不可避免的。教练做出了计划，但为了应对不可避免且不可预测的问题，仍要不断调整计划。比赛的成功取决于深思熟虑的计划和及时有效的调整。 *209*

因此，课程改革领导人需要帮助教职工不断地评估预期结果。针对**目标的早期且经常的反馈必须成为行动指南**。不是因为我们"不得不"做，而是因为这是避免自欺欺人、停滞不前及缺乏成就等问题以达成使命的最佳途径。

那么，我们如何运用这些原则指导变革计划呢？针对这个问题，我们接下来将转而探讨逆向设计三个阶段所要采取的具体战术和行动。

第九章　学校变革的预期结果是什么？

以终为始的意思就是你在开始时就要明确自己的最终目的。这意味你知道要去哪儿，因而能够更好地理解你现在所在的位置，这样也就能使得你的脚步总是朝着正确的方向迈进。

——史蒂芬·柯维（Stephen Covey）《高效能人士的七个习惯》（*The Seven Habits of Highly Effective People*）

在学校变革的第 1 阶段，我们要分析并阐述使命的内涵，重点放在使命所意味着的**愿景**描述、**目标**设定，以及若干目标的基础理论。我们考虑教师和其他教学相关群体（如决策者、家长、学生）将需要理解并接受与之相关的理由和行动。我们还提出了一些**基本问题**，用以激发人们对所倡导的变革的思考和反思（并让我们继续关注一些关键的"残酷事实"），这些问题是我们在提议向前推进变革时需要不断考虑的。最后，我们要确定教职工能够成功执行行动计划所需的具体知识和技能。让我们一起来更为详细地来探讨这些元素。

使命相关的变革目标

第 1 阶段的重点是确定变革目标，这些目标是有效的、可行的，并对达成学校使命有高度影响。确定这样的目标需要三种不同的分析，以确定和指导改革过程中的目标设置——分析可以围绕以下三个问题展开：

- 使命意味着什么？
- 州立标准意味着怎样的中级目标和职责？
- 与使命相关最迫切的需求、不足和机会有哪些？

奇怪的是，我们几乎没有看到教职工们变革之前和变革过程中特地花时间去阐述这些问题。例如，让人难以理解的是，我们发现大多数学校没有要求教师们仔细阅读他们所必须遵守的标准（特别是根据这些标准，学校应该如何进行评估），也没有要求他们缩小关键标准上的表现差距。更古怪的是，我们发现很少有学校和学区为他们自己及家长和学生提供关于学生如何才能达到这些标准方面的报告系统。这样一来，就没办法调整内部和外部报告系统，对我们所要遵守的标准提供反馈意见，这是被习惯束缚的学校教育的另一个标志。

我们来思考以下两个历史和数学的州立标准：

九—十二年级的教育经历是确保学生能够：

- 通过对宪法原则的理解解释历史和当代冲突。
- 通过地方、州和国家政府各自的角色分析历史和当代冲突。
- 解释美国宪法的设计是如何平衡和制约政府各部门权力的。

所有学生都将通过理解数学思想的相互关系以及数学和数学建模在其他学科和生活中所发挥的作用，把数学与其他学习联系起来。

究竟这些标准要求的校本评估是什么样的，据此校本课程该如何编写和教学呢？应如何在课程框架和各学科的任务说明中合理地落实这些标准呢？根据这些标准，应该如何设置中级目标？这些目标将如何适用于我们的大型战略计划？很少有学校能够针对这些至关重要的问题给出充分的回答。

更普遍的是，如何确定学校变革的特定方向，需要领导者对**最高杠杆**和**关键使命**的变化进行初步调查。以下问题可以帮助我们确定哪里是最富有成效的变革领域：

- 提高学生成就的最大潜在空间在哪里？
- 我们的愿景与现实之间最明显和最确切的差距在哪里？
- 在学生表现薄弱的那些方面，我们在学校内部是否有范例性的教学方案，是否对最佳实践的构成达成了一些共识？
- 对表现不佳的教师，我们从哪里可以获得令人信服的数据，从而使他们能够很快地欣然接受挑战？

当然,变革的最初目标是建立共识,即愿景是共同的,差距是真实的,问题是具有高优先级且值得被解决的。

如果在不能很好回答上述问题的情况下公开宣布一项重大变革为时尚早。

愿景

正如前面几章所提到的那样,我们需要确定当我们达成了使命、实现了变革目标将会看到什么——换句话说,就是我们的愿景。任何变革者,无论是在教室里工作的教师个体还是与所有教职工一起工作的大学区助理督学,都必须要制定一个强大愿景,即如果使命完成了,学习将会是什么样的,如果倡导的变革完成了,学校教育将会是什么样的。这个愿景会为使命、学习原则和课程框架的真正意图提供细节和灵感。它还为我们摆脱现状提供强大的激励。它还使我们有可能确定需要收集的最适合的证据,并在第 2 阶段为我们自己提供反馈意见。

再者,我们所说的愿景,不是一个异想天开而又不可能实现的梦想。相反,愿景应该是我们在改革成功后能够看到的景象。我们的愿景(以及由此产生的任何目标)既不是痴心妄想的,也不是随心所欲的。这一愿景有助于学校共同体的所有成员认识到,目标既有价值又可行,而且不管学校或学区目前看起来有多好,愿景与现实之间总是存在差距的;这也有助于他们更有可能致力于缩小差距。只有教职工们了解到愿景**可以**是什么样以及**应该**是什么样之后,**改变**才有可能发生,否则他们没有义务去加强学习并改进实践。愿景与现实的差距为制度创新和个人改变这些艰难的工作提供了重要的内在激励。

那么,一个至关重要的领导力挑战就是,要确保即使是最因循守旧的教师也能意识到,要为学习和学校教育增加价值,**总是**需要做更多的工作——事实上,这样做确实有必要性。正如我们在前几章所指出的那样,只有教师们真正地根据结果认可愿景并承认本校教育有所缺失的现实,他们才可能有动力去做出重大改变。

因此,在第 1 阶段我们需要通过使命建立一个明确的、具体的、引人注目的愿景,以及明确的或者隐含的本校学生所欠缺表现的客观考察。然后根据愿景及差距分析,指导制定更具体的目标和有针对性的行动来实现这些目标。这就是关键战略。

举个例子,让我们考虑一个与第四章讨论的学习原则相关的愿景,即把学习迁移作为一个关键目标。如果对学习迁移的关注能够真正地被予以尊重,我们将会看到:

● 绝大多数校本评估基于真实表现,学生通过这种评估展示出自己的理 *213*解——也就是对知识和技能迁移的能力。

● 教职工会议和专业发展日依据计划开展,致力于分析评估结果和学生作品,从而有助于改善这些结果。

● 教研部门和年级组围绕关键知识迁移的不足展开行为研究(如课例研究)。

● 提供差异化专业发展,旨在支持教师们解决学生的薄弱环节。

● 分级和报告系统,记录基于标准的成就,奖励高标准的进展,并描述学习者的工作习惯或思维习惯。

愿景的细节比其含义和效果更重要:这是学习原则被尊重的具体(虽然是想象的)表现。这些要素是具体的、可信的,不仅能为后续变革和现状评估提供更明确的目标,而且是更好促进变革的动力。

现在让我们来更细致地应用逆向设计战略,思考第 1 阶段(即预期结果)及实现它们的相关战术。

目标

目标是可行且适当的中间层级的目的。它从我们的现状分析中得出,并指向我们所追求的使命和特定愿景。

针对目标的内容标准和评估对于愿景和现实之间的差距分析发挥着重要作用——因此,在制定目标时,学校首先要结合学习原则仔细了解标准要求,然后再与当前的成果和实践相比对,会发现很多重要的改进目标。强调更好地学习标准,以此来构建最初的愿景和差距分析,这一方法当然没错。

然而,我们仍要反复强调的是,愿景和随之而产生的目标**需要超越**标准,因为标准是达成使命的手段,而不是使命的精髓。例如,一个学区的使命可能是发展具有终身学习能力、身体健康和有职责担当的公民。而体育与健康教育的标准可能更侧重于特定学科的知识和技能（比如：有关营养、运动技能的相关事实行为），与之相伴随的标准化测试可能更侧重于在大规模情况下容易评估的内容。

建议和提示

对于任何需要设立目标的学校或学区，我们都建议其所设立的目标应符合如下五项基本标准：

- 明显有助于提高学生的学业成就（直接或间接）。

- 反映既定的学习原则。

- 基于可信的成就数据（如考试成绩、学生作品质量、课堂观察）对需求做出回应。

- 可评测——即能够向教师提供有用的、丰富的、"可操作的"反馈。

- 参考改革愿景，要求采取我们能想象到的最高杠杆行动。

图表9.1中的图表展示了不同目标示例的对比，有的符合以上标准，有的则

存在问题。请注意，那些好的目标陈述可以明确表达设立目标所依据的基本理论。事实上，任何行动计划都应基于两点，一是与使命相关的基本原理，另一是使命与现实之间的关键差距。明确这些是非常重要的，因为在教育领域，改革者们往往会直接跳到解决方案去，既不会用细致的诊断，也不会用基础的理论来说明为什么在那么多备选方案中选择这一种。

图表9.1　有效的目标与有问题的目标

目标	有效	有问题	注释
提高全体教职工的精神面貌		√	太宽泛；与学生学习没有直接联系；不清楚要评估什么。
所有教职工都应参加了"研课"团队；团队将根据他们对最需改进环节的分析，以及如何设计和指导教学的方法，来确定并实施具体的教学改进方案，以促进学习。	√		具体；明确地将重点放在促进学习上；可评测。

目标	有效	有问题	注释
增加课外活动参与率。 实施"任务完成"清单和程序。		√	虽然具体、可评测，但不是建立在成绩数据或与学生学习密切相关的基础上的。
在所有学科中增强差异化教学和评估策略，使之达到"满意"级别，以解决阅读中的性别差异状况（这是从"让所有学习者获得成功"这一使命所导出的目标）。	√		具体、着眼于促进学习；可通过对教师设计的调查，也可以通过学生的反馈来进行评估。

除了以上综合建议外，这里还有三个关于目标设定的小贴士：

● **提防有关州立标准的"金发姑娘"问题。**正如我们前面所讨论的，一些改革目标过于泛化，例如，"提高成就"；或过于狭隘，关注的是与使命相关度不高的子技能，例如，"三年级学生在每周拼写测试中达到 85 或更高的分数"。"恰到好处"的目标应该是介于两者之间，聚焦重大成就也可评测。

● **注意区分目标（预期的学业成就）和举措（实现目标的行动）。**例如，"我们将在高中部设立 4×4 矩阵课表"，这可能是一个重要的举措，但没有支持这一举措的基础理论——因为该举措与学习相关的目标之间没有明确的关联。事实上，如果不改变教学和评估方法，只是改变学习时间表**不大可能**取得重大成就。换句话说，这个所谓的目标并不是真正的目标，尽管它听起来像是一个目标，因为没有呈现将它作为目标的合理性，这样的目标陈述是毫无意义的。任何一个有价值的目标，都要既回答"为什么"这个问题，又要与使命相关的产出相关联。

● **提防目标中随意设置数字标准。**比方说，我们的目标是在本校的考试中达到 80％的合格率，这就是根据一个随意的成功标准来确定我们的目标。一方面，为什么目标不是达到 100％的合格率呢？另一方面，如果实际结果是 80％我们是否真的会感到满意，如果实际结果是 81％，我们是否会激动无比，而如果它是 79％，我们的欢喜就泡汤了吗？事实上，测量中的误差幅度往往会大于分数之间的差异！这种毫无根据的使用数字标准，就好像是在评价一篇历史论文时，认为优秀的论文要有四个及以上的脚注，而一份差一点儿的论文只有两个及以下的脚注。情况并不是这样，评价的重点应该在于所引用材料的**质量**。没错，目标确实应该是用"可测量"的术语来表述,但不能任意引用数字标准。[这就是为什么现代质量控制之父戴明(Deming),将"消除数字标准"作为一个关键原则。]

要想修正之前的目标表述("我们将在高中部设立 4×4 矩阵课表"),其中的一个方法是考虑其基本问题。例如,"我们如何最有效地分配现行时间来帮助更多的学生实现重要的学习目标? 不同的学习时间表如何根据学生的学习原则来支撑学习成就?"所以我们修正后的目标可能是这样的:

216

> 目标:明年启用新课表,旨在帮助学生更深入地学习,并因而更好地迁移他们的学习。

虽然与最初的表述相比,现在的表述更不具体(具体行动应该在第 3 阶段才提出),但却更加直接地说明了将要进行的改革的目的,避免了在没有明确结果的情况下就开始仓促地采取行动。基于这个目标,我们可以制定一个更为具体的子目标:

> 在 5 月 12 日之前,有两个可供参考的,基于研究的不同课表,由教职工们讨论并投票表决。

关注最接近使命和需求的目标

正如关注学生写作中的文字错误比关注修辞质量更容易,在改革中更容易关注那些具体的但相对次要的目标。就像我们所说的战略一样,成功的关键是把宝贵的时间明智地花在与你的长期目标、需求和资源相关的最高杠杆行动上。但要做到这一点,需要你在分析了与使命相关的需求和机遇之后才能实现。但是呢,学校领导往往做不到这一点。

我们来设想一个与课程地图相关的常见场景。一位校长确信学校的课程需要改进,她认为这样做会提高学生的表现。因为她走进每位教师的课堂,发现并不是所有教师都将注意力集中在同样的课程重点上。所以她设定了一个目标,一个预期结果:所有教师都要详细规划这一学年的课程。目标陈述是这样说的:"到今年年底,完成整个课程地图的重新绘制,我们将会发现所有的差距和错位,并且我们将会制定详细的计划去解决这些问题。"然后教师们花费一学年的时间,以确保每一堂课、每个单元以及整门课程在横向和纵向上(即在学科领域和年级范围内)得以对标。教师们努力工作来完成他们的课程地图(尽管有时会在私下抱怨所做的工作是否值得)。在年底,校长和教职人员会评估课程地图的一致性。他们认为可在不同学科主题间进行切换的计划,能够保证教学内容在更大范围的整合。许多教师认为课程地图是有用的,因为它使得他们更加了解教学楼里的其他人正在做什么,因此认为这是成功的!

且慢。确切来说,究竟与使命相关的预期结果是什么? 为了回答这个问题,我们需要回答另一个问题:为什么要使用绘制课程地图作为实现目标的**关键举措**呢? 因此,先让我们更为详细地来陈述变革目标,并提出一个与学生长期学业成就相关的目标:"到今年年底,课程将得到充分的调整,**以使**学生的学习体验更加的连贯和专注,**以使**他们在与关键表现性目标相关的评估中的表现得到显著提高。"嗯,在规划过程中,校长的直觉没有一次是经过验证的,以证明优先考虑课程地图的合理性。一开始并没有收集到任何证据证明不连贯的课程体系是显著提高学生成绩的主要障碍,所以这位校长是在真正理解问题之前,就已经跳跃到了解决方案。不仅如此,在实施这个策略之前,她也没有衡量过该策略的有效性。

也许更高杠杆效力的目标本可以提高本校评估的质量。但可悲的是! 这些课程地图所显示的,就像那些全国各地的大多数课程地图一样,并没有予以绘制课程地图的过程更多的思考;教师只是在他们的单元和课程的评估专栏中简单地列出"小测验"或"项目",并没有告诉大家他们将收集什么样的证据,也没有说明他们将如何评价学生作品。最后,在这一过程中,尽管绘制课程地图这件事情把当年的专业发展时间都占用了,但教师们却并没有对学生当前和由此产生的表现进行思考。在开始绘制课程地图时,教师没有检查学生的起点表现数据;在课程地图绘制结束后,教师也没有检查学生作业作品质量是否因之得以改善。

遗憾的是,尽管教职人员设计了更为透彻和连贯的课程地图,**很有可能**学生的表现并不会有明显的改善。由于没有更细致的诊断功能,课程地图本身并**不是**与使命相关的高影响力行动,**除非**课程是明显分散、难懂且冗余的。即使课程设计确实有问题,也并不能清楚地说明成年人聚在一起(而与孩子和学生们的工作相分离)工作,比起他们直接分析学生表现结果和确定需要的干预措施,会产生更好地效果。

在学校变革中常常存在这种令人沮丧的问题。教育工作者们常常跳到与提高学生表现并没有什么关联的解决方案上面。为什么会是这样一个脆弱的联系呢？因为与使命与标准相关的目标（即产出）本来是提高学生的表现。而当改革的努力完全指向成年人时，我们可以预测，最终结果将不足以证明所投入的时间和其他资源是合理的。这就是为什么我们建议根据当前的成果对目标进行初步分析，然后再考虑用最高杠杆效力的行动来缩小差距。总之，在开处方**之前**需要仔细的诊断。

永远不要忘记这样一个原则：**学生**才是关键工作者，学生才是必须达成使命的人，而不是教师。因此，在许多情况下，学生的作业作品及其质量可能才是要分析的关键输出和具有最高杠杆效力的领域。改革者应思考主要目标和缺陷，然后将有限的时间花在能够最直接地改善学生学习和表现质量的目标上。那么，在当前的情境下可以设立怎样的目标呢？这里有几个示例：

- 课程可能是合乎逻辑的，但教师评分却不是，这是个大问题。**所以，每位教师在为学生评分时，都要坚持以州立标准和学校使命为基础，应用集体商定的评价标准。**

- 由于学生对作业作品质量的看法至关重要，**我们将培训学生根据州立标准和学区目标可靠地完成对学友作品的评分，采用的培训方法和教师们接受高级培训和全州写作评估的培训一样。**

- 评估本身的不合逻辑和不一致很有可能比课程本身不一致但评估合乎逻辑来得更为糟糕。**因此，我们会监督和提高评估质量，以确保校本评估是落实州立标准和学校使命的有效措施。**

以上这些目标可能比课程地图具有更高的杠杆效力，因为它们更直接地针对学生的表现质量。

理解

在第 1 阶段的这一部分，领导们要考虑教职工和其他人员（如决策者、家长、学生）需要什么样的理解，以便有意识、有责任地实施改进计划。正如在课堂上开展追求理解的教学一样,关键在于通过设计来帮助教师认识到变革的必要性和所提出的新方向的价值。

学校、学区和州级的领导者通常能理解教育变革的必要性,并预见到它对当前教育实践的影响。然而,教职工未必看过数据,或者说他们未必能意识到变革的必要性。教职工和其他人员对于自己学校变革的**原因**和**意义**的误解会破坏很多出于良好意愿且颇有必要的举措。这样的情况不是见到太多了吗?教师们不理解变革,在变革过程中行动不给力,只是在规定范围内展示最低限度的合规行为,或者消极对抗变革举措。因此,优秀的领导者会认识到要使教职工接受变革实践(例如,使用评价量规)或结构性调整(例如,改变课表),需要在变革**之前**培养他们对变革的理解。事实上,在我们的工作场景中,教育改革者们的急躁往往会导致他们略过诊断差距现状和明晰目标的环节,直接跳到一个解决方案上——例如:一套新教科书系列,一个修订后的课表,一个"热门的"培训,一种新的教案模板。

现在我们能够更好地理解为什么要用表 9.1 的 UbD 模板作为规划工具基础,以及为什么要强调理解。只有在某种程度上让教师通过"设计"来帮助**他们自己理解**变革的必要性、愿景的适切性以及致力变革的意义,才能最终实现愿景。换言之,我们帮助教职工自己达到理解才会收获一个更清晰的愿景,而不是把变革的目标和价值当成不言而喻的信息灌输给他们。因此,和指导学生获得理解一样,领导者必须把教师视为受尊重的学习者,帮助他们追求理解,而不仅仅是告知或管理他们。

请注意,我们并不是说领导者不能引领或是不能提出关键愿景,也不是说愿景只能从教师的共识中产生(这样就没有行政领导者,只有管理者)。上述两种极端的观点都是有缺陷的,都无法奏效,因为这两种观点都假定愿景产生的过程中,政治比愿景本身更重要。我们说的是,**无论**是谁提出一个愿景,或者是对变革的呼吁,大家都必须基于理解达成共识,即所提出的方向是有意义的,并且有这样一个愿景(无论它的提出者是谁)是减少行政斗争的唯一方式,因为我们围绕着一个有价值的结果在努力,不仅仅是在寻求政治盟友——正如我们在谈到客观学习原则的重要性时所指出的那样,客观地、去个人化地对待讨论。

理解六侧面

教职工对使命、愿景和目标的深入理解是持久变革的关键。鉴于此,建议领导者们应用《追求理解的教学设计》(Wiggins 和 McTighe,2005)一书中的理解六侧面来加强教师们的理解。事实上,理解六侧面的表述对帮助教职工理解变革提出了实用方向:

- 教职工应该如何**解释**使命、愿景和改革目标?

- 在确定愿景和现实之间的差距时,教职工应能够就哪些信息和数据进行**阐释**?

- 与学生在一起的时候,应用哪些工具能够帮助教师有效地**指导学习**?

- 为了更好地理解和接受变革,教职工需要从哪些方面**改变自己的**观点?

- 如果要更好地达成使命,我们需要对彼此、对学习者、对家长、对董事会成员有什么样的**同理心**?

- 什么样的**自我理解**对于走出阻碍变革的舒适区和认知盲点至关重要?

这些问题对教师专业发展有着直接的影响:教师需要采取什么样的学习方法以达到理解? 如何确保教师专业发展活动是聚焦结果,而非告知或技巧层面的?

220　　**可预见的误解**

经验丰富的教师会意识到学生对某些话题往往持有可预见的误解(例如:当你在除一个分数时,你就会得到一个更小的数字)。这种预见使得他们能够通过教学设计来应对这样的误解。由于新知识是建立在先前知识基础之上的,如果在教学中不能解决这些误解,就会导致知识缺口和后续的学习问题。

同样地,经验丰富的领导者也能意识到,教职工和其他人员(比如,家长和校董会成员)有可能对学习原则有误解(例如:"只有学生掌握了所有的基础知识,才能知道如何运用所学知识?")或是对所提出的变革目标有误解(例如:"如果我们不按照正态分布曲线来进行评分,我们就不能保证其严谨性?")。图表 9.2 展示了一些潜在的教师误解的例子。

如果改革者未能预见和正视这些误解,可能会导致教职工不努力、不用心,甚至彻底抵制变革的情况。(在接下来的章节中,我们将讨论一个切实可行的战略,以应对可以预见到的教师和其他人员的误解和担忧。)

图表 9.2　潜在的教师误解的例子

学习原则	潜在的误解
理解是不能直接被给出的;必须通过设计使学习者自己看到理解的力量。	所以我想这意味着学生们必须自己去"发现"所有的东西,而老师们也不应该讲解知识。
当因材施教时,教学是最有效的。	所以现在你希望我对每一个学生都进行个性化教学,包括那些非母语学生、特殊学生、天赋学生?
学校变革	潜在的误解
课程团队将对州立标准进行"解压缩",以确定每门课程中要解决的大概念和基本问题。	这就是我的学术自由。我再也不用回应那些机会教育①。
各部门和年级组的教师应达成共识将一组核心的表现性(迁移)任务和通用型量规说明作为评估的一部分。	州立考试主要使用多项选择题,那我们为什么不使用同样的评估方式来评估我们的学生呢?

建立联系

221

　　在当今这个"超负荷运转的"世界里,理解的一个重要方面就是帮助教师从一开始就明白并反复地了解各种行动和项目是如何联系在一起的。宾夕法尼亚州纽霍普镇的教育主管和课程主任在几年前刚上任时就认识到了这一点。他们希望把"追求理解的教学设计"作为课程改革的框架,以解决本学区普遍的以"活动导向"和"灌输导向"的教学。与此同时,他们想要了解该学区其他有效的项目和行动(包括在他们实施变革之前的计划和举措),看看这些项目和行动与 UbD 之间的联系。

　　作为一种沟通手段(并试图尽量减少"又来了! 换个花样又来了!"的感叹),他们为整个学区的教职工构建了一个可视化图示(见图表 9.3)。该图描绘的是,将"追求理解的教学设计"作为基本元素,支持五个主要学区行动:课程地图;马扎罗的"提高学生成绩的教学策略"(Marzano 等,2001);来自国家学校评

---

① 译者注:机会教育是利用一种情况发生的机会,趁机施行教育,这样的教育效果给人留下最深刻影响。

估研究项目（National Study of School Evaluation）中数据驱动的学校变革；夏洛特·丹尼尔森为教师提出的，作为教师观察基础的教学框架（Danielson，1996，2007）；责任心教室（Responsive Classroom），这是一个在该学区应用广泛并取得成功的项目。这幅可视化图示标志了全体教职工和教育委员会需要注意的三个重点：

- 这些行动是该学区长期开展的主要行动。
- 这些行动是相互联系、相互支持的，并指向有意义学习的总体目标。
- 我们不会因为"赶热点"，就什么新潮流都去尝试。

第三点尤其适用于那些曾经"红极一时"的专业发展项目，在改革没有得到充分支持的情况下，又采用新花样冲淡已有项目的学校和学区。

图表 9.3 项目和计划之间的联系

来源：宾夕法尼亚州新希望——索利伯里学区。经许可后改编

无论你是否对这种特殊的可视化表征（或者就是确定的改革要素）产生共鸣，我们都建议你去考虑这种战略，因为它更明确地表明了项目优先级并说明了各个项目之间如何关联以实现更大目标的。当然，这一战略应该存在灵活性，即让教职工就"各种项目和行动是如何组合在一起的"提出自己的观点。

基本问题

帮助教职工理解变革必要性的一个重要途径就是根据问题来架构变革。设想一下：如果一个特定的变革行动或项目代表的是"答案"或"解决方案"，那么它要回答的是什么问题，解决的又是什么问题呢？当把基本问题应用于课程设计时，它的目的的在于"揭示"内容——即激发学生对重要概念的思考和反思。当把基本问题应用于学校教育时，它也有一个类似的目的——即让**教职工**思考改革的必要性，并对现行的习惯做法和未经审查的规范进行即时反思。

下面是一个小学校长有效使用基本问题的例子。

223

近几年来，这位校长一直在鼓励学校里的教师在教学中融入基本问题。因此，在大多数课堂上都张贴了一些基本问题，以支持学生围绕重要概念来进行思考和学习。随着这些实践的开展，校长进一步认为，除了面对学生应用基本问题外，面对教师也应该这样做，在教师的专业发展中应用基本问题也同样是有益的。为了达到这个目的，他在新学年一开始的教师动员大会上提出了以下基本问题："别人怎么知道我们真的是一所基于标准的学校？"这个问题引发了热烈的讨论，并唤起了一些具体的想法。其中一个想法就是，在卡片上打印重要的内容标准，并将这些卡片张贴在走廊上。因此，当人们在学校里走来走去时，他们会注意到这些被突出显示的标准文本。有了这个讨论做铺垫，校长后面再组织教师们对当前课程和评估符合标准的程度进行公开对话就变得既合乎逻辑而又可被接受。

基本问题的特点之一就是它可以（而且也应该）被反复思考。事实上，校长要求教师在这学期的专业发展日上能够重新回答这个问题。他敦促大家思考以下问题："我们已经将关键标准张贴在教学楼的走廊上了，人们可以在参观学校的时候看到它们。但是，人们怎么知道我们正在按照标准进行**教学**（或者我们的学生是否真的在**学习**这些标准呢？"这是对一开始提出的基本问题进行了延伸，借此产生了新的想法,并且其中有一个新的想法经讨论后达成了一致意见。在接下来的一个月里,每一个年级组和"专业"老师都会选择几个学生作品的示例,来说明这些作品是在学习了哪个或哪几个标准后产生的。这些示例将由团队成员共同选择,并在即将召开的教职工会议上进行展示。

几周过后,教师们分享了他们收集到的学生作品范例,并与其他教师进行了激烈的讨论。在会议上又有几个问题被提了出来:"哪些内容构成了面向标准的学习,我们是否在团队内部和团队之间达成了共识?""这件作品到底有多好?例如,对于三年级的阅读和五年级的写作,'足够好'究竟是有多好?"这些问题引发了进一步的讨论,讨论涉及到标准的含义、证明学习这些标准所需的证据,以及适应不同年级水平的表现性要求。

这个故事说明了教师们共同应用基本问题所蕴含的潜力。在这个故事中,一个简单的问题:"别人怎么知道我们真的是一所基于标准的学校?"引发了教师们整整一年的反思,针对他们的工作效率以及改进结果所需的调整等。这不正是教育中的专业精神吗?

224　　　我们为那些对应用基本问题感兴趣的改革者们提供了其他例子,这些例子是与教育变革的各个方面相关的(图表 9.4)。领导者和教师们一起使用这些问题,会反映出他们对学习的关键原则的理解:

理解是学习者对思想力量的认识。理解不能被直接给予;它们必须经由设计使学习者自己看到理解的力量。

这一原则是在提醒我们,领导者不能简单地向教师告知所预期的改革或将采取的行动;如果是要想实现有意义的且持久的变革,他们必须花时间让教师们理解教育变革的意义。

知识和技能

第 1 阶段中的知识和技能部分详述了教职工们**需要知道什么,并说明要做些什么**才能够有效地实施有针对性的变革或计划。确定这些需求通常需要对教职工进行某种类型的诊断评估,这些诊断评估将作为规划教师专业发展内容的基础。请注意,这种逆向设计的思维方式代表了一种与沿用了多年的专业发展完全不同的方法。以前方法是这样的——一个学校或学区教育委员会决定一个"方向"，由学校办公室人员出席会议并根据喜好选择这个方向下的主题，再邀请一位受欢迎的演讲者在指定日期来做报告。

在本章中，我们探讨了第1阶段的关键要素——基于愿景与现实之间的差距分析，确定学校或学区的**目标**，确定教师和其他人所需要的**理解**，制定与变革相关的**基本问题**，并明确必要的**知识和技能**。通过关注第1阶段的这些要素，领导者们确立了聚焦行动和实现预期结果所需要的明确性和目的性。接下来，我们将在第十章进行到逆向设计的关键阶段，在这个阶段，我们将要考虑为收集第1阶段预期结果所需证据的评估类型。

行动建议

● 为你的学区、学校或团队确定一个宽泛的目标或表现性问题。使用学校改革模板的第1阶段(图表8.1)来进一步明晰改革的预期结果、教职工需达到的理解、基本问题，以及相关的必备知识和技能。

图表 9.4　教育工作者的基本问题 *225*

愿景和信念 ● 我们(我们的团队、学校、学区、社区)在多大程度上共享一个愿景？ ● 关于教与学，我们都有怎样的教育理念？答案意味着什么？ ● 什么样的学习假设能够指导我们教学实践和评估？我们的政策、重点和行动在多大程度上反映了这些教育理念？ ● 我们怎样才能更好地实现我们的教育理念呢？ **标准** ● 别人怎么知道我们真的是一个"基于标准的"学校/学区？别人怎么知道我们是一个学习型组织？如何更好地完成我们的使命？ ● 课堂、学校和学区的观测指标是什么？ ● 我们在多大程度上言行一致，使用与使命相关的标准和指标来指导工作(例如，课程、评估、教学、专业发展、教职工评价)？ **课程** ● 如何规划课程才能克服灌输教学的不良习惯，更好地达成使命？教科书在多大程度上是作为资源(而非教学大纲)在发挥作用？ ● 我们的课程在多大程度上是连贯一致的？ ● 我们的课程在多大程度上强调并产出了**理解**，又在多大程度上不知不觉地阻碍了对学习的理解？

评估
- 我们做得怎么样？需要什么证据来回答这个问题？
- 我们怎么知道学生们真正理解了"大概念"呢？
- 我们是否评估我们所看重的一切（或者仅仅评估了那些最容易被测试和分级的内容）？
- 有没有什么重要的东西因为我们没有评估它而变得岌岌可危？
- 我们的评估如何更好地促进学习,而不是简单地去测试它？

教学
- 我们的教学在多大程度上是吸引人且有效的？
- 当前的教学在多大程度上反映了研究和最佳实践？
- 我们在多大程度上让学生做中学？"做"的时间占了多少比例？
- 我们是否有效地顾及到所有的学生？各种各样的学生吗？谁不学习,为什么？

专业发展
- 我们的专业发展实践在多大程度上反映了面向成人学习的研究？
- 我们的教职工如何看待专业发展？
- 在多大程度上,我们的专业发展实践是"成果导向"的？
- 我们的专业发展是否有适当的差异性？

改革过程
- 我们对教育改革有什么看法？在多大程度上达成了共识？
- 各种各样的行动在多大程度上被视为是相互联系和连贯的（而不是被视为单一事件或可有可无）？
- 我们如何更智慧、更有效地工作？

政策、结构、文化
- 我们的政策、结构和文化在多大程度上反映了我们的学习理念？
- 我们如何进行重组以增强学习？
- 我们的政策传达了什么信息？
- 我们的教师评估程序是有效的吗？
- 我们在多大程度上拥有持续改进的文化？
- 哪些现有因素支持这一改革？哪些因素是在抵制改革的？
- 我们的领导者如何得到他们需要改进的真实反馈？
- 我们的评分和报告系统在多大程度上能够进行清晰、诚实地沟通？
- 是否将资源（如时间、金钱、设施、技术）最优化地应用于促进学习？
- 你想让你的孩子来我们学校吗？为什么？

226

- 根据本章提出的五个标准,审查现有的学校或学区目标。根据需求来修改目标表述以更好地符合标准。

- 为你的学区、学校或团队确定目标或表现问题。制定一个或多个与目标或问题相关的基本问题,与教师讨论,帮助他们厘清需求,并生成解决问题的思路。

● 制定一个可视化图表,说明当前的项目和主要行动是如何联系起来以支持更大的使命的。或者,让每一个教职工(教师和管理者)运用**他们**自己的展示方式,说明当前项目和重大举措之间是如何连接的,表明**他们**是如何看待这些连接的(或者为何缺少连接)。分享和讨论不同的展示方式及其影响。

第十章　我们应该收集什么样的证据？

反馈是成功者最重要的养分来源。

——肯·布兰查德（Ken Blanchard）

非营利性机构不仅仅是提供一项服务。它的最终目的是使用户能够成为实干家而不是简单的产品使用者。它通过提供一项服务来改变一个人。在这个意义上，一所学校是完全不同于宝洁公司的。非营利性机构创造了习惯、愿景、承诺……它试图成为服务接受者的一部分，而不仅仅是服务提供者。只有这样该机构才会取得相应的成果，否则仅仅只有好的意愿。

——彼得·德鲁克（Peter Drucker）

在逆向设计的第 2 阶段，我们把注意力从教育的预期结果和改革目标，转向"像评估员一样思考"。那么，我们需要通过什么样的证据来确定已经实现了使命和特定目标呢？相应举措的成功实施将会是什么样的呢？我们又该怎样知道自己已经取得了预期结果呢？在改革实施的过程中，哪些路标将有助于我们评估自己的进展情况呢？这些都是领导者在第 2 阶段需要考虑的问题，然后才是重点关注行动规划（第 3 阶段）。

利用 UBD 模板开展教学设计时，我们提醒教师如果没有完成前两个设计阶段，就不要急于设计学习活动与体验。同样，我们也提醒教育改革者应避免此类仓促行为。逆向设计方法旨在延缓人类"急"的本能反应，避免在还没有"准备"好的时候就"开火!"，确保我们做好充分准备并"瞄准"正确的目标。在构思解决方案之前，优秀的问题解决者会花些时间仔细斟酌存在的问题。同样地，在制定出详细的行动计划之前，优秀的改革者不仅会花时间来明确目标，还会思考所需的评估证据以及初始数据。因为最初的计划在实施过程中不可避免地会发生改变,所以这种评估方法尤为重要。因而,提前构思自我评估、自我调整过程,是任何改革取得成功的关键因素。

为何我们需要花时间去"像评估员一样思考"呢?——尤其是在很多改革工作需要评估之前。这是因为通过第2阶段中的评估问题会带来两个好处。第一个好处是,确定必要的证据有助于提升和明晰目标。其中一方面是,不仅需要制定一份一般性的成果陈述(例如"我们希望使教学更有吸引力"),另一方面是需要明确规定我们期望中的"有吸引力的教学"是怎样的,以及我们将如何以可信和有效的方式来衡量投入程度。此时,评估就能够显示它的作用了。当我们认同可观测指标与我们希望的一致时,或者认同我们能用量化指标去衡量成功时,抽象目标或整体目标就有实际意义了。正如上文所提到的,定期检查项目的实施进度并根据结果不断调整计划是很重要的,而这就与第二个好处密切相关。因此,明确所需要的评估证据不仅能支持总结性评价,也能指导我们对行为进行初步评估和持续评估。正如优秀教练会根据赛季前的球员情况调整他们的训练和比赛规划,然后,再根据不同练习的成效进行相应调整一样,成熟的领导者会不断进行自我评估、自我监控并且调整自己的行动计划,时刻将最终目标铭记于心。

以教师理解为目标。如果我们能够朝着正确的方向深入理解学习原则,那么我们能不断从具体的学习反馈中获得什么呢?短语"正确的方向"说明了这种思维方式为何是重要的:如果你徒步旅行在森林里,试图要到一个遥远而偏僻的地方,单凭一个计划你无法到达自己想去的地方,你需要不断依据指南针和地形图获得持续地反馈,以判断自己当前的位置与目的地之间的差距。当你的目标是确保教师理解时,你的地形图和指南针会是什么呢?徒步旅行的起点会是哪里呢?为了确保自己正朝着目的地方向前进,你会经常检查哪些指标和标记呢?这是第2阶段必须要仔细考虑的问题。

请参考以下"效能核心"(the Center for What Works)组织的改革指导方针。"效能核心"是一个非盈利组织,旨在帮助其他非营利组织提升表现(详情请见www. whatworks. org)。改革的前三个阶段都是基于评估的:

1. 做好充分的准备
评估组织的准备情况: 你的组织应该做好准备并且致力于改进。

确定你们需要改进的任务：从组织内部和组织外部考虑，是什么推动了组织内部变革的需要。

致力于不断改善质量：对基准的持续性承诺必须要来自于董事会、教职工、社区。

创建一个基准团队：如果可能的话，组建一个教师团队来管理基准测试过程。

制定一份基准计划：包括目的、领域/范围、组织管理和可交付成果。

2. 分析有待改进的地方

确定需要改进的地方：选择改进组织内能影响组织成功的因素。首先，聚焦于四个主要的影响因素：管理有效性、可持续性、共同体参与程度及项目表现。选择一个影响领域，并形成一个特定目标，这就是该领域的影响性目标。

确定关键成果领域：关键成果能够确保该组织实现其影响性目标，影响性目标和关键成果领域共同构成一个成功等式。

明确对表现的评价方法：表现性评价通常是定量的，并说明你离目标的实现还有多远。

3. 评价表现

衡量正确的事情：争取具体的、可测量的、可解释的、以结果为导向的和有时限要求的测量指标［改编自美国战略管理协会（the American Strategic Management Institute）］。

收集基准数据：确定你所在组织的原有数据有哪些，进一步确定这些数据的可靠性，并依据这些数据来设置基线。

为什么要从一开始就思考收集反馈数据的方法呢，一个关键原因是我们通常不太清楚自己"徒步旅行"的真正意义究竟是什么。尽管在评估和采取行动之前明确我们的目标是合乎逻辑的，但实际上我们通常是在开展过程中逐渐清楚自己目的的。就像建筑师的设计蓝图通常会根据客户和承包商的及时反馈来进行调整修改，甚至在混凝土地基被浇筑好之前都会如此。就算在施工过程中，再次修改设计蓝图也是很常见的，尤其是出现了物理障碍和不可预料的情况时。这一情况在教育领域尤为明显：随着我们对使命需求的认识逐渐清晰，在回顾中我们会发现先前的一些举措不再适用。因此，我们必须要有意识地寻求及时和频繁地反馈（第 2 阶段），并始终依据这些反馈来调整计划（第 3 阶段）——但有时这会受到现实（有时是不幸的）和那些未能提前预料到的困境的遏制。

关键使命的证据

20 多年前，彼得斯和华特曼（Peters 和 Waterman，1982）在《追求卓越》（*In Search of Excellence*）一书中指出，"很久以前，组织理论家马森·海尔瑞（Mason Haire）曾经说过'能衡量，始能执行'，他认为哪怕只是简单地为某件事情赋予了一种评价方法，工作也就开始执行了。因为这种评价方法会将管理的注意力集中在这一领域。"（第 268 页）

我们完全认同这一点，尤其是考虑到传统的学生评估与学校使命需求相互脱节的时候。**无论**外部机构每年如何通过国家或州级统考来评价组织表现，若我们不对基于使命的目标和学生的深度理解进行评估，学校都很难有所改善。学校若想有所改善，必须得这样做，而且也只能这样做。正如我们反复强调的那样，教育工作者把国家的检查功能和组织为达到目的所采用的更直接、更有力和更可靠的措施混为一谈时，他们就会犯下致命的错误。我们一定要设计能够测量学校最重视的那部分的评估体系，而不仅仅是模仿当地政府问责制的肤浅方式！

230

考虑"相册"，而非"快照"

要像评估员一样去思考，也就意味着需要提供一系列的证据来证明我们的付出取得了成功。实际上，有效的评估会综合使用各种有效信息——这就好比是一本相册，而不是一张快照。由于每一项评估措施都会存在一定的测量误差，因而要综合使用多种测量方式来减少这些误差。

在伊利诺斯州，当地的圣查尔斯社区学校开发了自己的评估系统。下图呈现了该评估系统的各个组成部分，它有效综合了多种评估方式，是"评估相册"的一个典型案例(如图表 10.1 所示)。由于该学区的领导者逐渐认识到,每年的标准化测试只能提供该学区的一部分学习情况的"快照",便向当地的教育委员会提交了一份计划,以便通过收集其他数据、依据学区目标来更全面地了解学生的表现。请注意,该校的评估模块包括核心学科的表现性评估和学生学习档案袋评估,以揭示学生的学习理解能力、知识迁移能力和思维习惯的证据。只进行**标准化测试**,我们是无法获得这些证据的。

图表 10.1　学习者的学习指标

来源:改编自伊利诺伊州圣查尔斯市的圣查尔斯社区学校的社区单元学校 303 区,经许可使用。

要实现有效的评估,需要将测量措施与目标相匹配,以便从中得出有效的推论。当预期结果是某些事实信息的知识时,评估适合采用客观性测验或测试的形式。然而,当我们的使命和计划目标是要求意义构建并能够在新的情境中有效运用学习内容时,仅仅采用多选题进行测试是不够的。在此,我们强调的目标是要能提供的那些由理解六侧面所揭示的证据,那些与学习理解和学习迁移相关的证据,在此不做赘述。其中,理解六侧面主要包括解释、阐明、应用、洞察、神入和自知。[若想进一步了解各种用来收集有效、可靠证据的评估方法,请参考《追求理解的教学设计》(Wiggins 和 McTighe,2005)]。

需要警惕：评估容易测量的而非至关重要的内容

由于在测量的过程中，教育机构和教育工作者们都可能会在无意间根据测量的容易度来选取数据，而没有根据其重要性来选取数据，因此，我们建议在综合使用多种测量方式时要小心谨慎。以下是一个关于世界环保问题的案例，很好地诠释了此类问题：

> 50年来，大自然保护协会(the Nature Conservancy)一直在践行一项明确的使命："通过保护世界各地稀有物种的栖息地，来保护动物和植物的多样性。"很长时间以来，该保护协会都关注"栖息地的保护"。每年，该协会会统计筹集到的慈善捐款金额和它所保护的土地英亩数。这些测量值通常被称为"收入和土地"，它们很明确也很容易去追踪。年复一年，受保护的土地数量呈指数形式增长，——他们在1999年保护了6600万英亩的土地（就像筹集资金那样），年收入是7.75亿美元。
>
> 尽管取得了明显的成功，但是该保护组织的管理人员开始逐渐意识到，"收入和土地"并没有充分地评估该组织在完成使命过程中的实际进展情况。毕竟，该保护协会的目标不是购买土地或筹集资金，而是为了保护地球上生物的多样性。按照此标准，该保护协会每年所取得的进展情况都不是很好。事实上，在保护区里物种的数量正在减少，而这些物种的灭绝速度和6500万年前恐龙大灭绝期间的速度几乎一样快。（改编自索希尔和威廉森，Sawhill和Williamson，2001，第100—101页）

这种情况在学校里可能更糟。学校和学区内最常用的评价措施要么太过于间接（比如出勤率），要么太不及时，并且不能精确体现学习成绩的细微增益（比如州统考成绩）。这些评价措施既不能充分解决学校长远发展中的关键问题，又没有为我们提供与学习目标相关的强力反馈。尽管如此，许多老师也还是会犯此类错误：只设计简单的小测验，统计出总分以及平均分，并据此给出成绩。实际上，课程目标要支持学生发生学习迁移，而不是让学生们去记忆所学习的知识、技能。并且，只计算"平均分"并不能说明他们在追求长期目标过程中所取得的进展是否一致。

通过明确测量措施来阐明目标

正如前面我们所提到的那样,要像评估员一样去思考,以阐明(或者修改)第 1 阶段中所形成的目标,这一点是至关重要的。那么,在实践过程中又该如何做呢?让我们再来回顾一下,第九章中所描述的那个对课程地图过度热情的案例。在这个案例里,校长在未收集有关学生学习表现和教师课堂教学的信息之前,就直接跳至解决方案——绘制课程地图。这位校长仅仅通过走访各个班级就注意到一个问题,教师之间好像没有遵循共同的课程目标和课表。那么,一个改良的预评估将如何改进她的教学目标,并最终提升教学改革成效的呢?

第一步可能是在短时间内(例如十月份)制定试验性课程地图,去看看这个问题是否和这位校长所担心的一样糟糕。[海蒂·海斯·雅各布斯(Heidi Hayes Jacobs)和其他课程地图支持者都建议这样做。]第二步,需要对教职工、学生和家长进行快速调查,该调查结果揭示了大家对计划中的冗余和差距的一些担忧。基于这两项分析结果,校长和骨干教学人员将能更好地评估整个课程地图的重要性。事实上,这项调查很可能已经确定了其他更紧迫的问题,且这些问题与学生表现也是相关的。

我们可以展开进一步分析并思考:这一问题到底是什么?如何才能依据长期学习目标,明确、彻底地**诊断**出所存在的问题呢?基于此,请参考以下这些替代的问题陈述:

- 问题:不同的教师在教"相同"教学单元时会强调不同的内容,所以学生们会因教师不同而表现得参差不齐。

- 问题:教师的计划忽略了跨学科之间的整合和衔接(例如,语言艺术的阅读与社会研究内容不匹配),因此学生在学习迁移时的表现会不可避免地减弱。

- 问题:教师们对课程框架不熟悉,因此其教学设计和评估常常与教学目标不符。

- 问题:目前所编写的课程并没有充分地将每个人的工作重点放在优先学习的事项上,所以在单元计划中,长期目标没有得到充分体现。

233 请注意,以上问题的陈述不仅反映了截然不同的问题,而且需要采用不同的

预评估,以便更好地验证假设,并指导行动计划的重点。为了在年底前获得更为有效的结果,需要花几周时间来收集信息和明确目标。

教师和学生反馈的价值

在这个案例中,我们建议要将调查教职工、学生和家长作为评估的一部分。我们始终很困惑为什么很少有改革会从用户那里收集、分析调查结果? 以下是笔者摘自先前一位同事的真实案例,这位同事在一所高中学校任教。每个星期五,他都会要求学生们回答呈现在一张四乘六英寸的索引卡上的问题。主要包括两个方面,一方面会问"你认为本周什么是合适的、有效的? 为什么?"另一方面会问"你认为本周什么是不合适的、无效的? 为什么?"他很快就会知道答案,并在周一公布学习者有共识的回答,并根据反馈,对他的教学大纲或教学方法做出一些看起来最为明智的修订。

下面是一位中学数学老师提供的一组答案,他要求学生们提供与上面这个例子类似的反馈:

- **有效的事**:当你讲授完一个概念之后,举个实例。

- **无效的事**:当你给我们提供两种方法来解决同一难题时。——很令人困惑!

- **有效的事**:当你在黑板上给出实例并花时间解释的时候。

- **无效的事**:当你没有时间解释的时候,以及当我们被某些事情难住却不能问其他人任何问题的时候。

- **有效的事**:当你在黑板上提供一个案例并画出相应图形的时候。

- **无效的事**:让我们在脑海中进行数学计算,因为我总是需要写出来或画出来以解决问题。

- **有效的事**:当我们在课堂上核对问题的答案并且你重新对其进行讲解时。

- **无效的事**:当你非常反感我们在课上私下聊天时,其实我们聊的就是数学!

- **有效的事**:当你给出很好的例子并回答了我们的问题时。

- **无效的事**:依赖教科书。教学不是很明确,存在太多同类问题,并且有时书本后面答案的辅助作用不大。

现在请设想一下，是否存在类似的由监管人员负责的，主要面向课程、专业发展和教职工会议开展的调查。我们预测通过员工调查所获得的信息可能会促成积极的改变。

234   在图表 10.2 中，我们提出了一组更全面的证据来源，并且这些证据来源是按照一定类别归类的。当然，领导者应该确定哪些方法是适用于特定使命和具体改革目标的。

请注意在学校改革模板（详见第八章的图表 8.1）中，我们将第 2 阶段分为直接证据和间接证据两部分。其中，使用"直接"证据，意味着我们要对长期学习和学生成绩（学校改进的终极目标）进行评估；"间接"证据是指目标体系所呈现的证据，例如教职工实践的改变。例如，我们可能希望更多使用差异化教学策略，以解决学生在学习风格、学习兴趣以及学习背景经验等方面的差异性。该目标的证据可能包括，对教师使用差异化教学策略效果和课程观察的调查。这样的证据将被归列为间接证据，因为它侧重于**教学的手段**（教师行为）而不是**教学的目标**（强化学生的学习）。

当前的教育改革及相关评估通常会过多关注多样化的教学手段，分别为：教学结构（如课段式课表）、教学项目［如"成就每一位学生"（Success for All）］、专业发展（如阅读研习）、课程（如课程地图）和教学实践（如合作学习）。当然，这样的改革能够促进学校不断完善，但不能把他们误认为是最终目的。如果我们不够谨慎，这些举措可能会自说自话，而在实际上会逐渐偏离更宏大的使命。让 90% 的员工参加关于"课堂上有效措施（What Works in Classrooms）"的阅读研习，如果研习所得能够学以致用，能够提高学生的学习成就，并且这些成就也能够通过收集相应证据来证实。那么，这样的

235   专业发展才可称为成功。现如今，为了避免将教学的方法和教学的目标相混淆，教育领导者必须不断提醒教职工：我们的预期结果是改善学生的学习。

图表 10.2　考虑多个数据源

	定量	定性
外部	● 州级统考 ＿＿＿＿＿＿＿ ● 国家统考 ＿＿＿＿＿＿＿ ＿＿＿＿＿＿＿	● 组织群体调查（例如：家长、商界领袖、社区成员） ● 学校认证评估 ● 面向访客的结构化观察（例如：重要朋友、大学搭档）
内部	● 学校组织的考试 ● 关键表现性任务 ● 学生作品 ● 成绩分布 ● 毕业率/退学率 ● 其他：＿＿＿＿＿＿	● 对学生的调查 ● 对教师调查 ● 对管理人员的调查 ● 对社区调查 ● 结构化观察（例如，听课） ● 其他：＿＿＿＿＿＿

可观测的成功指标

除了可量化的成绩数据外，某些与使命相关的改革目标也要求有更加质性的证据。一种简单易行的方法涉及确定的"可观察指标"。换句话说，当我们参观那些成功贯彻了改革理念的课堂、学校和学区时，我们期待能在这些地方看到和听到什么呢？图表 10.3 提供了识别和使用这些指标的一种有用模式。这一特定案例是针对某所学校的，该学校试图利用《追求理解的教学设计》的框架来支持教师行动计划（即围绕国家标准应用逆向设计）以及教授和评估标准中所包含的大概念。

请注意该图的格式。在图的左边一栏，展示了依据第 1 阶段的预期结果所确定的具体可观察指标。在图的右边一栏，列出了我们希望发生改变的相反做法（或现状）的指标。图表的中心是一个连续统计，使我们能够预估我们自己的当前位置，并指导我们实施行动计划（第 3 阶段）。然后，我们可以使用相同的持续统计来监测整个过程中的进展情况。

这种持续统计可以更为详细。事实上，一些学校和学区已经制定了更精细的发展性评价量规或创新结构，以支持教职工进行更具一致性的评估。虽然这个例子只强调了一种特定的课程改革（UbD），但其模式和过程同样适用于任何学校或学区的改革计划。

对改革所处的情景进行评估

在采取改革行动之前，精明的领导者认识到对可能影响学校改革成效的因素进行评估是很重要的。接下来的部分，我们将介绍三个实用的评估工具，分别用于评估教职员工、评估背景因素以及用来发现可预见的问题。

（1）评估教职员工

阐明预期结果（第1阶段）和确定成功证据（第2阶段），是学校改革计划的"前端"部分。但是，教育领导者也必须考虑那些最终参与实施行动计划的人员。如前所述，我们建议所有的教学变革都要从准备评估开始。为此，我们提供了一个框架，领导者可以利用它来评估教职工对推行改革的**准备情况**，他们对实施改革的**意愿**，以及他们成功推行改革的**能力**。在实践中，领导者们估算矩阵中每一类别工作人员的百分比（图表 10.4）。其中，该矩阵中共有九个类别。

图表 10.3　可观测指标的连续统计

追求理解的教学设计的元素：评估自己的学校	
根据以下的 UbD 改革元素，使用该连续统计来分析自己所在学校的课堂实践。	
1. 学习活动明确对标了既定的内容标准。　■■■■■ ■■■■■	1. 学习活动通常不涉及既定的内容标准。
2. 教科书是许多标准教学中使用的资源之一。　■■■■■ ■■■■■	2. 教科书作为主要的教学资源。（教科书发挥教学大纲的作用）
3. 教学和评估聚焦于探索大概念和基本问题。　■■■■■ ■■■■■	3. 教学主要包括讲解内容、开展活动，和/或为进行重要的标准化测试做准备。
4. 通过应用理解六侧面的复杂表现性任务来评估学生对内容标准中蕴含的大概念的理解。　■■■■■ ■■■■■	4. 评估主要包括事实性知识和离散技能的小测验和测试。
5. 教师对学生作品/学生表现的评估是基于已有的标准、表现标准及模型。　■■■■■ ■■■■■	5. 学生们不知道（无法解释）自己的作品将如何被评估。他们通常表现不出来示范性的行为模式。

追求理解的教学设计的元素：评估自己的学校		
6. 学生定期基于已有标准对自己的学习情况进行自我评估。	■■■■■ ■■■■■	6. 学生不会基于已有的标准定期对自己的学习情况进行自我评估。
7. 教师经常会提出开放式问题，这些问题没有明显的正确答案。这些问题旨在指导和深化学习探究和学习理解。	■■■■■ ■■■■■	7. 大多数教师的问题都是封闭式的、引导性问题，指向学生应该学习的知识。
8. 学生们会定期根据持续（形成性）评估中所获得的反馈来反思和调整自己的学业作品。	■■■■■ ■■■■■	8. 不会定期使用形成性评估。学生很少有机会根据具体的反馈来反思和调整自己的学习。

　　这些评级可能是通过对教职工的调查、观察或者是基于先前行为模式的预测来确定的。当这些评级比较主观时，我们建议尽可能由领导团队（例如校长和副校长）而非个人完成教师评估，这可以提高该评估的可靠性。一旦在矩阵中进行了记录，领导者们就会思考这些记录意味着什么，并将它们考虑进规划之中。例如，同一个绝大多数教职工都**准备就绪**且也**意愿**改变但**还没有能力**的学校相比，一个绝大多数教职工都**准备就绪**且**有能力**但**意愿不高的**学校，面临着截然不同的领导挑战。在第二种情况下，我们或许会从少部分思想开明的主动参与者入手，而不是一开始就尝试应对多数不愿意参与的人。在第一种情况下，我们会聚焦于专业发展，以支持那些有必备知识、技能且有意愿的教师。

　　我们相信读者将会认识到使用该矩阵来对教师进行评估的另一个好处——即它为规划员工**差异化**发展奠定了基础。正如优秀的教师会因材施教，战略型领导者也应懂得，那些千篇一律的传统教师发展模式对结果导向的学校改进可能会适得其反。依据教师需求来定制培训项目（基于预期结果和欠缺的表现），支持专业发展的资源可以得到最高效的使用。

图表 10.4　教职员工的评估表

说明：添加 9 个类别中每一类别员工的比例。

	准备就绪	有意愿	有能力
非常			
还没有			
不太可能			

就像我们主张与课程目标相关的纵向型量规一样,我们也主张与学校变革类似的量规。幸运的是,我们不必在这里重新开发这些量规。以关注为本的采纳模型(Concerns-Based Adoption Model,简称CBAM)是一个著名的、得到研究验证的长期测量系统。我们推荐采用CBAM,从态度和能力两方面来评估改革的进展(参见Hord,Rutherford,Huling-Austin和Hall,1987)。

评估背景因素

学校改革不可能完全与预期的一样。事实上,许多因素会影响我们的行动过程。力场分析(the Force-Field Analysis)是一种大家熟悉的、有用的组织变化分析工具,可以用来评估各种因素在多大程度能推动计划的变革,以及确定那些可能存在的不利条件。图表10.5是一个包含几类教育项目的力场分析框架。当然,行标签可以根据学校、学区或机构的特定情况进行定制。图表10.6是一个学区打算将"追求理解的教学设计"作为课程改革框架,以及与此相关的支持因素和阻力因素的例子。

战略型领导者通过调整自己的改革实践,来充分利用支持因素,与此同时明确那些不得不要面对的阻力因素,以避免改革失败。这种做法将帮助教师们发现,过去的计划和项目与当前的计划和项目间存在切实可行的联系。纵观阻力方面,明智的领导者会谨慎区分那些超出自己能力控制范围的因素(例如国家问责要求),和他们可以直接施加影响的因素(例如教学分组实践),并据此找准自己的力量和资源。

图表 10.5　评估改革的条件:力场分析

说明:使用该矩阵来评估支持计划改革的力量和抵制改革的力量

	支持(＋)	反对(一)
课程		
评估		
教学		
专业发展		
资源		
政策		
其他		

图表 10.6　一份完成了力场分析的表格样例

	支持（＋）	反对（一）
课程	● 已完成所有内容的课程地图。 ● 采用新的"基于问题"的数学丛书，并强调概念理解。	● 本校课程没有经过适当的"质量控制"流程。 ● 没有同行评审经历。
评估	● 有些教师有使用表现性任务和量规的经历。 ● 在初级语言艺术和中级视觉艺术中已使用了档案袋。	● 教育委员会和社区关注州统考成绩（其他证据得不到应有的重视）。 ● "答题卡类型"的测试在高中占据主导地位。
教学	● 写作过程普遍使用同行评审手段，并经过多次修订。 ● 把 5E 学习环作为科学课程的教学框架。	● 小学有许多"基于活动"的教学。 ● 中学是"灌输式教学"取向的。
专业发展	● 一些教师通过美国科学研究学会（RESA）参与了行动研究的试点项目。 ● 在一所小学里成立了主动学习小组。	● 在职期间的专业发展都是短期行为。 ● 大多数教师持有"这不过是走走过场"的态度。
资源	● 有一些支持改革活动的资金来源，如 2050 卓越项目。 ● 每所学校都安装联网的电脑。	● 暑期没有开展设计工作的预算。 ● 教师评估过程没有聚焦"预期结果"。
政策	● 国家要求各学区制定多项措施，以评估本校的内容标准。	● 没有动机激励个体和团队通过协作方式进行实验、共享想法和互评。 ● 不要求公开设计。
其他		

预测可能存在的误解或担忧

　　有经验的教师能够预测到那些对学习者有难度的课程（例如分数除法）。他们知道，一些学生在进入课堂时，心中就对某些概念怀有一些可预见的错误认识（比如"更重的物体会先着陆"）。当教师具备这些可预测的知识时，便能够积极主动应对此类问题所产生的内容领域。有经验的教育领导者也具有类似的能力——即能够识别出可预见的错误观念（例如"我们不能这样做；我们必须为统考做好充分的准备"），或者教师对于新项目或者新举措的担忧（比如"这太花时间了")。因此,对于领导者来说,尝试着去预测改革可能面临的误解或反对意见是很有意义的,并且要做好积极应对"你说得都对,但是……"这类问题的准备。

例如,当引入"追求理解的教学设计"和"差异化教学"这两项重要行动时,领导者们可能会听到以下种种担忧:

- 这太花时间了。我需要掌握的内容太多了。
- 我的学生太多了,怎么能够个性化对待每位学生呢?
- 对所有人都应用相同的标准,这怎么能体现差异化呢?
- 这太苛刻了。我不可能对我所教的所有内容都这么做。
- 开发课程不是我的职责。再说,我们已经有教科书了啊。
- 我们要对学生在统考中的表现负责。因为,有些孩子真的就是没法通过这些考试。
- 我没有受过优秀或特殊的教育培训。
- 你说的我都已经做到了。(换句话说,"不要打扰我")
- 这是今年的新花样啊。(换句话说,"不过是一阵风,终会过去的。")

这种影响是显而易见的:由于几乎所有的教育变革都可能引起教职工、家长和政策制定者的担忧,因而教育领导者会努力预测这些担忧并经过深思熟虑准备好应对措施。如果未能成功预见到潜在的反对意见,可能会导致一些尴尬时刻。比如,当教职工或教育委员会成员提出难题时,如果领导者对于这些难题没有令人信服的答案,此时就会引发尴尬。这种战略就是——通过设计来凸显"像评估员一样思考"的重要性的另一个案例。

行动建议

- 制定一套与改革愿景相关的具体、可观察的指标(例如,学生在各科目中应用批判性思维)。使用该指标评估当前的实施水平,然后制定计划以提高指标的发生率。
- 与年级组、学科组或学校发展团队进行合作,分析两项或者多项措施的评

241

估结果（如州统考成绩和学生在关键评估方面的表现），并找出需要改进的特定领域。

- 让教师们尝试在学生中使用"有效的事和无效的事"的反馈收集方法，来确定主题和技能的成效。然后，在年级组或学科组会议中，共同探讨所发现的教学模式及其对教学实践的影响。

- 在全面实施计划或改革举措之前，与管理者和教师领导团队展开合作，与员工一起使用"关注为本采纳模型"（Concerns-Based Adoption Model）。根据使用结果对员工进行概要分析，并得出适当的后续步骤。（关于 CBAM 的具体信息，请参见 Hord 等，1987）

- 制定并开展对学生、家长和教职工的调查，以获取他们对改革的必要性、政策的有效性、分配资源的优先选择或任何与提高学生成就有关的质性数据。最后讨论调查结果和对接下来行动的影响。

- 在制定实施具体项目或改革举措的计划之前（详见图表 10.4），应与由管理人员和教师所组成的领导小组进行合作，共同分析部门教职人员的准备情况、意愿程度和能力水平。讨论这些结果对改革计划的影响。

- 对正在进行的改革进展进行中期评估。依据评估结果来确定具体的修订计划。

- 在实施具体计划或改革举措之前，与一组由管理人员和教师所组成的领导小组进行协作，进行**力场分析**（详见图表 10.5）。并且，根据其对行动计划的影响来讨论实施结果。

- 编制和分发常见问题解答文档（FAQ），以便在改革一开始就能解决掉可预测的问题和误解。

第十一章　我们应该采取什么行动？

只要我能构思出更好的东西……我就要努力实现它或为它的实现扫清道路，否则我会很不舒服。

——乔治·萧伯纳（George Bernard Shaw）

在前面的章节中，我们概述了关于学校使命、课程改革、学习原则以及与职责相关的新政策和体系的关键思想。我们总结了一个规划过程，旨在弥合当前现实和体现学校使命和学习原则的愿景之间的差距。我们讨论了明确目标和评估证据是如何有助于框定改革过程的，只有这样做才能确保我们的行动忠实于长期目标，并使改革取得成功的可能性**更**大。那么，接下来问题就是：我们应该如何制定具体的行动计划以使改革取得成功的可能性**最**大？

在课程设计中第3阶段要做的事情，也是改革要做的事情。在课程设计中，第3阶段是致力于设计学生所需的学习体验和教学，以便有针对性地提升学生的知识、技能和理解力（在第1阶段确定），并提供学习证据（在第2阶段确定），包括将知识迁移到新情景的证据。同样的逻辑也适用于设计学校教育——明确预期结果（第1阶段）和需要的评估证据（第2阶段），指导实施有针对性改革所需的重点行动计划（第3阶段）。

显然，在本校所采取的具体行动将是高度情境化的——具体到学校的目标、需求、分析和文化。尽管如此，我们可以仍在战术上为规划学校改革行动提供一套通用的八项指导方针。

学校改革行动规划指南

1. **在"开处方"前进行诊断。**任何所倡导的行动(新的政策、结构、计划)都必须被视为对当前成果和长期目标的自然和适当的回应。正如我们所说的,在问题还未被教职工理解和认可之前,有太多的改革者会直接跳到解决方案上。*243*所以无论是决定引进一个项目还是采纳别人的方法,都应该是在最后才做决定。

因此,在没有更好地理解问题之前,不要简单地采用《追求理解的教学设计》一书或者本书提出的课程框架。在没有根据当前表现和需求所提供的可靠信息来证明某种关注的合理性之前,不要作出特定的诊断。简言之,在实施诊断并且理解它的含义之前,不要开处方。

2. **要有能力有兴趣。**你的预评估无疑会显示,并不是每一个教职工都有能力、有意愿,并且能够响应学校改革的号召,走出舒适区,对熟悉的习惯做出重大改变。引用一个开拓性的比喻,一些教职工是兴奋而勇敢的拓荒者,而另一些则是胆小而消极的定居者。

因此,遵循吉姆·柯林斯广受好评的著作《从优秀到卓越》(Jim Collins,2001)中的明智忠告,要把正确的人放在正确的位置上。指导培养有能力、有才华和有热情的同事推动必要的改革。如果有必要,创造新的岗位和结构,让正确的人扮演正确的角色。

以下是一个关于学校改革引领者的相关理解:每一个组织都有一小群对同事有影响力的人。(回想一下那个著名的广告语:"当赫顿(E. F. Hutton)①开口说话时,人们总是洗耳恭听。")

因此,要确保改革进程的领导权掌握在受尊敬的教职工(即学校或学区的"E. F Huttons")手中,而不是那些愿意或拥有"职权"的人手中。

3. **仔细规划不可避免的、面对"你说得都对,但是……"这种问题的回应。**要考虑那些对拟推行改革的可预见的误解或反对意见。许多行动都是由于未能预见到可能的担忧(无论它们是合理的问题还是毫无根据的担忧)以及无力回应

---

① 译者注:爱德华·弗朗西斯赫顿,美国金融大亨,E. F. Hutton&Co 的创始人之一。

反对意见,而被迫偏离轨道的。

因此,领导小组要开会讨论,对可能的"你说得都对,但是……"类的问题要共同制定可信和一致的答复。采用对话方式呈现常见且可预见的问题及其解决方案,并将其发布出来,可以先把它发布到学校和学区网站的常见问答部分。

4. 正确的激励机制。尽管学校在改革成功时自然会有成就感,但推进改革比维持现状要困难得多。因此,改革必须提供来自内部和外部的激励支持。内在动机来源于参与者的感受,如他们成为创新团队的一员时的感受,以及他们接受资源后成功地实现并维持了所期待的改变时的感受。外部奖励包括自由时间、助手支持、津贴和支持参加专业会议的差旅费等。不管提供的激励类型如何,都要确保它们是**注重成果的**。太多的改革行动往往为初期的努力和热情提供了过多的支持,却没有为取得成果的必要举措提供足够支持。

244**因此,**请遵循戴明的建议:把驱走恐惧作为激励因素。["驱走恐惧心理"是戴明质量管理十四法中的一条(Deming,1982,p. 24ff.)①]。确保所提供的大部分奖励是基于最终交付有质量的作品,根据产品/表现标准来判断——而不仅是"花费时间"或者是教职工的"坐班时间"。

5. 在努力改变时尽量减少干扰。首先,在"改造"期间也要让"家"宜居。在教育改革中常见的一个比喻是:"我们试图在飞行时重建飞机。"这个比喻恰如其分地描述了在改变学校的同时还要继续维持学校现状所存在的压力及其不可能性。但我们认为,描述变化与稳定之间最佳平衡的更合适的比喻莫过于改造住宅的想法,再一次援引建筑隐喻。不仅要继续日常生活,同时工人也需要开展装修工作。因此,我们的计划必须努力减少干扰,即使在周围的改变发生时也是如此。控制紧张局面的关键是确保有一个预期计划来应对干扰,而不仅仅是一个愿景规划。规划者不仅需要"像建筑师一样思考",还需要"像承包商一样思考",因为承包商必须为居住在房屋内的客户完成整个改造过程。

因此,请尽可能地让变化亲民。学校领导必须谨慎应对,不要由于热衷于翻

---

① 译者注:戴明质量管理十四法的全称是《领导职责的十四条》。这是戴明先生针对美国企业领导提出来的。从美国各刊物所载原文看,无论是次序还是用语,都各有差异。这可能是因为在十多年的长时间里,戴明本人在不同场合有不同的强调的缘故。其中有一条,强调要在组织内有一个新风气,消除员工不敢提问题、提建议的恐惧心理。

修和重建,而破坏学校有效运行。事实上,成功的改革需要一种战略,即在预想的变化中尽量减少干扰,并在意外发生时(它们肯定会发生的)迅速调整常规计划。

6. **实践和示范你所宣扬的内容。**优秀的领导者为教师塑造理想的榜样。例如,一位校长要求教师在为学生规划学习单元时使用逆向设计三阶段,那么就可以在自己规划教职工会议或委员会工作时使用相同的方法。当你要求人们做的事情非常清楚时,人们就能更好地集中精力。(还记得"行胜于言"这句格言吗?),越多的人看到改革领导人在实践他们宣扬的东西,他们就越会觉得改革是可信和严肃的。

除了示范**过程**之外,领导者还应该提供多种基于改革的**产品**范例,例如基于理解的单元设计、课程地图、关键评估、常用评分量规、评级方案、评分协议和报告卡片等。成年人以及年轻的学习者,需要知道预期结果的内容和质量。除了范例之外,我们还建议建立一个自我评估和同行评议流程,为产出的范例提供反馈。

因此,要为你要求教师积极参与的学习做出示范,提供预期结果的实例,并有意识地寻求反馈意见以改进整个流程和产品。

7. **大处着眼,小处着手,争取早日取得胜利。**我们称之为"爱荷华州和新罕 *245* 布什尔州的初选策略"。"就像即将当选的美国总统候选人一样,如果你想在长期竞争中凝聚力量并取得成功,你需要在初选中提前取胜"。早期的胜利会带来信心和能力。相反,在最初的失误或错误后,很难重获优势。

这个想法也可以被看作"工程原型"策略。想想一个非常成功的产品制造,比如苹果 iPod。苹果公司并不只是生产了 100 万台 iPod,然后等待反馈,而是建立了一些不同的原型,并通过消费者焦点小组的小规模测试和反馈来完善它们。同样地,花费最初的一年聘用小规模教师团队设计 5 个示范性的 UbD 单元,可能会比推动所有教师(包括许多不情不愿的教师)设计 95 个粗制滥造的单元和5 个好的单元有更好的长期效益。

因此,通过小规模试点,利用你最好和最有积极性的人才开始重大改革。选择一个已经开始行动的小组做试点,聚焦每个人都认可的需要改进的表现领域。使用从试点那里获得的见解来生成案例并告知后续行动。在教师们就小规模试点的更大目标和方向的价值达成共识之前，不要扩大规模。

　　注意：本建议虽然强调了试点，但领导者还应注意避免重视试点而忽视全面实施。我们还是要把试点群体看作是先驱时代的拓荒者——进入陌生的领域冒险，并为"定居者"铺平道路。尽管我们赞颂教育先驱们的勇气和坚韧，但我们的长远目标是带领全体教职工"居住"到学校改革后的新领域。

　　8. **帮助大家更高效而不是更辛苦地工作。**"三个臭皮匠顶上一个诸葛亮"，要建立研究小组和设计团队来规划、领导和实施必要的改革。鼓励教师在设计单元时进行团队合作，评估学生的表现结果，并规划改进行动。制定结构（如修订的课表）来支持团队协作，并安排支持人员在需要的时候为团队提供额外的帮助。

　　确保在大规模变革开始**之前**建立起工具、资源和支持性基础设施。和我们在第三章中讨论的课程重新规划一样，你应该在改革"课程"的同时开发出一个故障排除指南和支持系统。也可以参考新软件程序随附的支持材料——为用户提供教程，帮助手册，常见问答（FAQ）材料和预先开发的模板等。

246　　考虑如何利用技术来帮助员工"更高效地"进行针对性改革。例如，为课程小组提供 Understanding by Design Exchange（http://ubdexchange.org）的会员资格，该网站包含数千个基于 UbD 模板开发的单元。建立"金点子"在线数据库，分享有效的策略和资源。在线发布有关改革的培训，可以 24/7 全天候访问服务。这些行动向员工表明，你真心希望在改革之旅中支持他们。

　　因此，确保制定一个促进协作的计划，应用可提高效率的技术，并为所有参与者提供有用的支持，帮助他们走出舒适区，应对挑战与变化。

将 WHERETO 作为规划组织器和检查表

　　在《追求理解的教学设计》一书中，我们建议组织者在第 3 阶段根据首字母缩略词 WHERETO（参见 Wiggins 和 McTighe，2005，第 197—198 页，以及 Wiggins 和 McTighe，2004，第 214 页）来制定学习计划。每个字母都是有效促进理解的重要元素，因此教师和课程委员会应在他们的计划中予以考虑。WHERETO 也可以作为检查教学计划的检查表，以确保教学计划中包括重要的元素。

因为我们在"基于设计的学校教育（SbD）"中使用的是与 UbD 相同的逆向设计过程，所以围绕相同的 WHERETO 元素来组织关键活动也是有意义的。以下是对适用于规划学校改革的 WHERETO 元素的考虑：

学习方向（Where）：我们的目标是什么？我们已有哪些基础？下一步是什么？帮助教师理解目标。

吸引（Hook）：通过初始行动激发或唤醒教师和其他人（例如教育委员会）的内在和外在动机。

探索（Explore）：探索新思路，使教师具备适当的知识和技能。

重新考虑（Rethink）：重新思考旧习惯和看待问题的方法。

评价（Evaluate）：不断评价，使自我评估和调整成为常态。

量身定制（Talior）：根据教师的优势、需求和兴趣量身定制工作（例如，区分不同教师的最近发展区）。

组织（Orangnize）：按照最有可能达到预期效果的序列组织工作。

我们的目标方向在**哪里**（Where）？**为什么**要达到这个目标（Why）？学校的改革措施有时会让普通员工觉得是一些不连贯的拼图。除非领导者做出协调一致的努力来表明这些举措之间的关联，否则几乎没有教职工会意识到今年的举措是如何与其他正在进行的努力相关联的（即使这些关系对变革者来说似乎是 *247* 显而易见的）。所以不要想当然地认为这些联系是显而易见的：自以为"我们通知了他们，他们就会明白"。请花时间制作一个生动的图表，来说明最近、现在和未来的工作是如何在概念上结合在一起的；第九章的图表 9.3 中所示的"建筑"图形就是一个很好的例子。在一个基本问题框架下开展工作，明确两个或多个项目是如何以相辅相成的方式来真正地满足同样需求的。简而言之，把这当作一个理解问题，而不仅仅是一个信息问题。

通过发人深省的、专业的、鼓舞人心的活动来**吸引**（Hook）和**留住**（Hold）员工。你上次看到教师真正受到学校新项目的激励是什么时候？多年以来，我们普遍看到的是相反情况：教师通常是被"传递"一项改革，而不是被提议的改革和他们将在其中扮演的有趣而有吸引力的角色所"吸引"。因此，教职人员的期望通常是非常低的——当引进任何新的冒险时，左顾右盼总比兴奋的眼光更为常见。因此，通过尝试一种引人入胜、发人深省的介绍，激发教师更深层次的兴趣、抱负和信念，不仅不会有什么损失，还会有很多收获。精明的改革领导者会在行动计划启动之前，认真思考如何吸引员工，清楚地解释**这一**举措的不同，"**这一步，是不能跳过的**"。

注意：领导们需要意识到，当我们提到"吸引"员工时，并不是指一个奢侈的开幕式。太多的改革举措有一个疯狂的开始，在启动日花费了大量金钱，但却没有任何效果，只会得到冷嘲热讽。所谓"吸引"，我们的意思是指刺激，能使员工的专业兴趣不随着时间的推移而减淡的那种刺激。

举个例子。我们定期开始培训，通过使用一种练习，让教师分析自己作为学习者的经验，从而使他们了解"追求理解的教学设计"理念。练习有三个部分：

1. 首先，我们要求参与者回忆他们作为一个学习者所经历的精心设计的学习体验，并记录下这些情景/任务/活动如此有效和吸引人的原因。

2. 参与者在小组中分享各自的答案。在每个人都分享了之后，要求他们归纳总结。不管内容如何，总结最佳设计的学习经验有什么共同点。

3. 将小组答案记录下来并分享给大家。然后我们展示其他组的回复，并记录常见模式。最常见的答案包括提到清晰的目标，有趣的挑战，使用多样的方法，动手实践，持续的评估和反馈，以及关注真正的成就或表现。

248　　这个练习的结果是，参与者最终"发现"UbD 只是体现了常识。因为答案是参与者得出的，而非我们提供的，参与者更应该"拥有"此愿景，然后我们将展示 UbD 是如何努力实现这一愿景的。

这个练习很容易被推广和迁移，例如，用"最佳老师"或"最佳评估"（任何你想要关注的问题）取代"最佳设计的学习体验"。我们把这种练习称为"愿景"吸引。

另一种类型的吸引可能被标记为"差距相关"。例如，我们可能会要求教师仔细查看学生作品样例，以便发现理解和可迁移表现的缺陷。再次强调，这个分析是关于他们自己学生的,而不是局外人的。它是教师所需的直接证据,而不是不相关的高谈阔论。

因此,需要花时间去寻找生动的样本、案例研究和数据集,以反映与愿景相关的不可避免的现实(例如,对于学科中关键思想的错误理解,导致学生未能做好家庭作业),并制定后续计划,让教职工去探索问题的严重程度和可能的解决方案。这种方法的关键是不仅可以吸引教师,而且还能帮助他们保持兴趣。当然,有一个观点是不言而喻的:我们认为这些问题需要由教师自己来掌握和解决。

探索(Explore)新想法,帮助教职员工获得改革所需的技能和资源——显然,人们需要新技能来推动有关改革。但是,很少有学校或学区投入资金、时间和人力来以一种**真正**使他们能够自信地将新技能迁移到他们**自己的**工作场景中的方式培训教师。专业发展往往停留在"知道"层面,或者依赖于"培训培训者"模式,这种模式通常会淡化经验,就像过度复制的影印件一样。事实上,许多改革并不是因为思想贫乏而失败,而是因为教师没有获得成功实施改革所需的必要技能。

任何改革都必须从以下的问题出发来逆向设计:为了让每个老师都能胜任并且舒适地完成这个任务,需要做些什么? 正如我们在整本书中所说的,不能指望传统的教师发展方式解决这个问题,培训必须是持续且嵌入工作之中的。在实践中,这意味着要确保有一个安全空间来进行大量的实践和反馈,团队支持新方法,并以提供持续的机会和激励措施来改善存在问题的技能。

重新思考(Rethink)与**修改**(Revise)。无论我们在谈论孩子还是成人,追求理解的教学中最重要的部分就是我们需要**重新思考我们所理解的东西**。我们将用两种方式来说明这一点。改革规划必须从一开始就认为重新思考和调整是贯穿始终的,因此,从一开始就要将收集反馈和调整过程纳入计划之中。但我们也强调"反思"的重要性,这是在第十二章中关于习惯的讨论中所提出的更深层次的认知和情感意义。任何重大的改革都应该使教育工作者认识到,如果要成为伟大的而不仅仅是优秀的教师,必须不断地、深刻地质疑自己的习惯。

因此,任何改革的计划都应该建立在定期的、有意识的自我反省和诚实的自我评估上——这种有意识的员工"元认知"很少以**设计的**形式出现在正式的学校设置中。我们看到老师们在认真阅读和讨论柏拉图的"洞穴寓言"和安徒生的"皇帝的新装"(这是我们在 UbD 培训中长期使用的文本)时明显被触动了,因为他们意识到自己对一些不正常的习惯是那么熟视无睹。当老师们与当前和以前的学生进行录像对话并请学生们描述学校里对他们没有用的东西时,我们看到了类似的真诚的自我反省。最后,面对残酷的事实,我们会马上提出尖锐的问题,并督促教师们思考通常在学校里没有思考过的问题。

但是"重新思考和修改"也有一个更温和的含义。毕竟,我们也曾不断地告诉学生"写作即修改",并且我们指导学生写作时也引入这样的过程,让他们体会到这一观点的力量。同样地,我们必须明确我们希望、预期的改革,并重视"草案"。没有人期望一开始出发就达到完美——卓越是通过持续渐进的改进来实现的。所以在 UbD 的改革中,我们明确指出,前三个单元应该是实践草案,而衡量我们成功的标准是在第二年或第三年,当我们回顾我们最初的草案时,再来回顾我们已经走了多远。但这样的过程需要支持性的体系、政策和激励机制,以及始终把目标牢记在心的、耐心的领导者。

当我们在进行改革的时候,请依据改革愿景来**评价**(Evaluate)我们个人和团队的成果。要求员工定期对成功的目标和愿景进行自我评估是很少见的,但这是至关重要的。自我评估和自我调节是成年人真正拥有和理解问题、诊断和解决方案的唯一途径。因此,我们认为领导者必须定期要求教师个体、团队、教研组,以及全体员工提交正式的书面和口头的自我评估和行动计划——这是很重要的,是一个学习型组织中的关键部分。

量身定制(个性化)(Tailor)改革工作,以适应教师的兴趣、经验、才能和准备程度。改革工作往往涉及大量任务,但往往会错误地假设每个人都应该被视为拥有同样的准备、意愿和能力。大多数教育工作者承认,学生在其先前的知识、兴趣和偏好的学习方法上有着明显的差别。因此,差异化教学越来越被视为一种"基本"的教学技能,可以帮助所有学生最大限度地学习。具有讽刺意味的是,我们常常看到在一些在课堂上宣扬差异化的学校和学区,并没有把同样的想法应用于成人——无论是正常的工作还是在所倡导的改革措施中。

250　　在鼓励改革者认真审视与所需变化相关的各项任务的基础之上,仔细评估教职工的准备情况、意愿和能力。通过预评估信息,领导者可以适当地调整学校专业发展、委员会任务、激励措施以及学校改革的其他方面，以解决教师多样化的需求问题，并最有效地利用现有资源。

明智地**组织(排序)**（Organize）工作。就像教师们依照教科书向前盲目推进一样，有时变革的推动者在推动行动计划时也会这样，认为没有必要重新审视改革所建立的假设和基本问题。我们建议对改革行动采取更为深入详尽的组织和排序，通过整本书中贯彻使用的逆向设计，提供反馈机会，调整计划，并鼓励员工深刻地反思。

图表 11.1 总结了我们想要的排序。请注意，在图中突出显示了一个反馈循环。事实上，正如我们所认为的那样，领导者建立程序和体系是至关重要的，可以确保收集和分析有用的反馈并及时做出调整。在整个规划过程中，给重新思考创建一些机会是有意义的，尤其是针对当前关于愿景、目标和战略的假设等进行思考。这样的分析角色可以由领导团队或代表委员会担任。无论是谁来担任，反馈收集和分析必须是精心组织的行动计划中的确定部分。

请注意，图形底部较小的**"行动—反馈—调整"**循环说明了需要另一种更基础的调整。除了根据反馈修改我们的计划以外，我们还需要重新审视我们关于愿景的基本假设，以及一旦我们投入工作，该如何最好地实现它。优秀的改革者通常会发现，要想达成使命，他们最开始的一些最基本假设——关于我们的目标是什么，什么是行之有效的，什么不可行，什么是学习或什么不是学习，什么是领导力——就必须做出改变。

换句话说，在 Excel 电子表格中看起来"合乎逻辑"的序列，仅仅是"合乎逻辑的"，就像面向大学新生的四年制课程计划一样：它是有序的，但是它是信息缺失的。它假定我们在开始一个全新的旅程之前，我们理解需要知道的和期望达到的一切。

因此，要确保改革指导委员会或其类似机构持续关注需要改变的过程和方向，以适应项目目标，并关注现实情况。

正如我们一开始所说，改革的细节是针对具体情境的。因此，我们试图在很多被忽略的改革努力中突出针对目标规划的一般性战术考量。所有这一切都遵循逆向设计的三阶段逻辑：在第 1 阶段，即预期结果阶段，要抵制那种还没对规划进行开发和验证就要开始行动的诱惑，推演出去即我们要抵制那种传统专业发展项目。取而代之的,是要应用第四章中的学习原则来开发和验证规划,并将这种开发与验证作为教师学习的方法。任何特定改革的最终目标都是拥有一个能够理解使命和自身角色的教师群体,从而使未来改革能够自然而然地从持续不断的教师对学习的研究中演变而来。那么,我们不仅要进行学校教育,还要通过**设计**来推动学校改革。

图表 11.1　组织改革工作的顺序

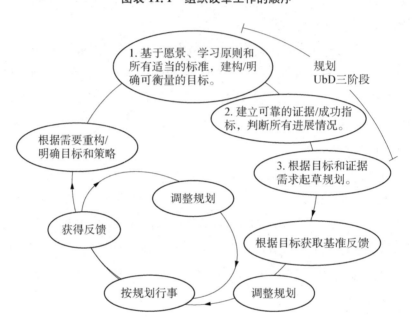

第十二章　我们必须应对什么样的习惯？
最终的警告

　　现在再来看看，如果囚犯被释放，并且已经纠正了他们的错误，接下来会很自然地发生什么。起初，当他们中的任何一个被释放并被迫突然站起来，他扭动脖子转向灯光时，他将遭受剧痛；眩光会让他难受，他将无法看到他以前所看到的阴影的真实情况；然后假设有一个人对他说，他以前看到的都是幻觉，而现在，当他逐渐靠近事物本质，他的眼睛才看到了事物更真实的存在，他也因此获得了一个更清晰的视野。他会怎么回应呢？

——选自柏拉图《理想国》中的"洞穴寓言"①

　　我们或许能从我们的习惯中知道怎么去做。

——约翰·杜威《人性与行为》

　　我们是否能够很好地解释这样一个现象：很多教师都说确实想促进学生深度理解，但在学校里就是做不成。关于这个问题，我们思考几十年了，但从某些方面来说，它仍是个谜。如果我们不能理解传统教学改革为什么**总是**失败，那么，无论规划书写得多么好，我们都不能指望改善学校教育。

---

① 译者注：柏拉图在《理想国》中设计了一个很有意思的洞穴寓言。大意是这样的：有一批人犹如囚徒，世代居住在一个洞穴之中，洞穴有条长长的通道通向外面，人们的脖子和脚被锁住不能环顾，只能面向洞壁。他们身后有一堆火在燃烧，火和囚徒之间有一些人拿着器物走动、火光将器物变动不定的影像投在囚徒前面的洞壁上。囚徒不能回头，不知道影像的原因，以为这些影子是"实在"，于是用不同的名字称呼它们并习惯了这种生活。当某一囚徒偶然挣脱枷锁回头看火时，发现以前所见是影像而非实物；当他继续努力，走出洞口时，眼睛受阳光刺激致使他什么也看不见，只是一片虚无。他不得不回到洞内，但也追悔莫及，他恨自己看清了一切，因为这给他带来了更多的痛苦。

因此，即使我们用"合乎逻辑"的方法来规划学校变革，但由于我们所说的和所做的之间存在差异，所以还必须要从长期、艰难、现实的角度来对改革做战略性思考。仅仅说我们追求理解（无论是对学生还是教师），并为了获得理解而制定规划是不够的。我们没能达成规律性共识（尽管我们声称重视它），这说明，或许我们误解了变革心理。

正如我们在书中第一部分所说的那样，我们最常提到的教育目标经常被遗漏在日复一日的教与学之中，并以学校教育的主要体系——课程、评估、评级和职责描述等方式呈现出来。这些重要的组织要素通常指向的不是理解，而是低层次的回忆和技能。说真的，我们是不知不觉中在一个削弱我们目标的世界中工作。

但这并不能完全解释我们为什么不遵从理想。尽管条件不好，但为什么我们不能教得比平时更有效呢？既然每个人都希望学校越变越好，那为什么学校没变好呢？传统观点要我们考虑教师能力不足、学生群体多元、行政管理僵化、及学校治理体系紊乱教科书与考试的有害影响。而且，几乎所有人都指出时间不够用。

然而，在我们看来，那些答案经不起推敲。在一些优秀的私立学校里，班级数量很小，也没有外部障碍，教师们都受过良好教育，并且有大量的讨论时间，但是盲目和低效的教学现象仍然存在。这种现象也出现在一些最好的大学里，在这里，教授们有绝对的自由来按照他们的意愿去教课，他们有充足的备课时间，而且教课时间并不长。这种现象也出现在那些连走廊里都挂有优秀教学模式的学校里，但优秀实践并未得到推广——甚至也往往没什么用。这种情况也存在于教师负担很轻，每天都有空闲时间的学校里。

致力于组织研究的学者（Argyris 和 Senge，等）提出，一个机构内长期存在的"障碍"，会阻止我们对问题做出有益的反应。例如，森奇（Senge，1990）定义了组织的七个"学习障碍"［此处总结引用自《第五项修炼》(The Fifth Discipline)］。

1. **本位主义**：当我们混淆我们的工作和身份时，就会发生这种情况。然后我们就会发现我们的责任"局限于职位的界限之内"，四年级的教师从来没有见过六年级的学生准备有多么不充分；科学教师也不承担布置学生写作作业和评价学生写作质量的责任。这就是所谓的任务迷失："当组织中的人们只专注于自己的职位时，他们对所有职位相互作用产生的结果几乎没有责任感。"（第18—

19 页）

2. **归罪于外**："我们每个人都有一种倾向，就是在出错时，找一个我们自己以外的人或事来责备……一些组织将这种倾向提炼成一条戒律：'你总要找外人来责备。'"（第 19 页），无论是学生、董事会成员、家长、国家或联邦机构、还是电视或者视频游戏，都是这样的。囿于我们角色的狭隘和反馈的缺失，我们最终忽视了一个事实：许多不愉快的结果都是学校自身的原因。

3. **管控的错觉**：有时"积极主动"会引发比它要解决的问题更多的问题。这也就是为什么要在彻底分析形势后再"采取行动"。森奇说："通常情况下，主动性是错觉下的反应……如果我们只是简单地变得更具侵略性地打击'那边的敌人'，我们就是在做出反应了。**真正的主动性来源于我们如何为解决自己的问题做出贡献**"（第 21 页），原作中就是这样加强调标记的。

4. **专注个别事件**："我们习惯于把生活看作是一系列的事件，而对于每一个事件，我们都认为它有一个显然的原因"（第 21 页）。然而，这些问题的真正原因并不是直接与事件联系在一起的，它通常是缓慢和渐进的过程，这些过程过于复杂，以至于无法用一个事件来解释，"如果我们要关注事件，我们所能做的最好的事情就是在事件发生前预测它，这样我们就可以做出最佳的反应了。但是我们无法学会创造解决长期存在问题的解决方案"（第 22 页）。

5. **温水煮青蛙**：森奇用了一个延伸的隐喻来进一步说明问题：如果你把一只青蛙放在沸水中，它将会立刻爬出来，但是如果把青蛙放在逐渐加热的冷水中，它会一直呆在水里，并且会因为太热而变得昏昏沉沉，直到无法从锅里爬出来。"为什么会这样呢？因为青蛙用于感知生存威胁的内部器官，是用来适应环境的突然变化的，而不是为了适应那些在很长一段时间内才能发挥作用的缓慢的、渐进的变化"（第 22 页）。因为我们正忙着应对更多眼前的重要事件，所以不太可能认识到长期存在的潜在影响和因果联系。在学校中尤其如此，因为教师和学习产生作用要经历很长时间，要比大多数老师所预期的还要长——这就像是多名服务个人的教练整个赛季都在辅助队员做训练，但却从来没有看过全队比赛一样。

6. **从经验中学习的错觉**：森奇指出，"最有效的学习是来自于直接经验的"，但是"我们每个人都有一个'学习边界'，这是我们评估成效的一种时间和空间上的视野宽度。当我们的行为超出了学习边界时，我们就无法再从直接经验中学习了"（第23页）。由于我们大多数重要的决策都涉及超出我们直接经验的因素，所以我们的关注点无法洞察这些因素。解决这一问题的传统方法是将问题分解成几个部分并且对这些部分进行分配，但是这样就会忽视其整体性，因为这些因素是被孤立处理的。所以我们说，真正的问题出在课程上，在当前的课程体系中，孩子们需要更多的"合作学习"。

7. **管理团队的迷思**：领导团队把大量时间花在争权夺利而非一同工作上，但却要给人一种"有凝聚力团队的表象"，这种表象掩盖了根本没有解决的分歧。"为了保持形象，他们努力消除分歧；持严重保留意见的人尽量避免公开发言，集体决策本身就是一种打了折扣的妥协……或者说，个人的观点将会被强加给集体。"如果存在真正的分歧，它就会迅速变得个性化，"以一种带有谴责和极端观点的方式来表达，并不能通过揭示设想和经验的内在差异，用一种团队可以从中学习的方式来表达。"造成的不幸后果是整个团体学习的失败，"阿吉瑞斯（Argyris）所谓的'熟练的无能'——是指团队中全是能使他们熟练地避开新知习得的人"（第25页）。

森奇提出的更重要的一点是，要想看到这些不可避免却通常隐藏着的力量，"系统思维"是很需要的。否则，我们就注定只是在重复它们，却并不完全理解为什么。用本书和以前书籍中的术语来说，我们必须预测自己的误解和表现缺陷——并为此做好计划，就像我们要学生做的那样。这就是我们必须要改变岗位描述，制定新政策，设计故障排除指南以及"调整计划"的原因。

关于第一个障碍，在前面章节中我们提到，教育的一个关键需求是要比现在更加去个性化——我们的学习原则，根据既定标准的课程审查，关注学习成果，以及行动研究等策略均旨在解决这个紧迫问题。否则，第二个障碍——归罪于外的情况或许会比在商业上的表现还要糟糕。事实上，这种推卸责任的行为在学校中，尤其是高中阶段的教职工中是很普遍的："要是学生能……如果家长愿意……如果那些教初中的老师们……"第三个障碍在教育领域被常被称为"先开枪后瞄准"，因为我们往往非常不愿意或者无法在提出问题解决方案之前做好细致的诊断。第四、第五和第六个障碍与学校教育十分相关，因为很少有教育工作者看到他们工作对学习者未来表现和行为有着长期影响。第七个障碍描述了各个学科教学未能拥有和履行从比教授专业知识更大的使命，而且学术领导者也未能将"促进理解"作为每个人关注的中心。学校的任何根本性改革都需要解决森奇等人所强调的这些障碍。

好习惯和坏习惯

把这些重要问题称之为"障碍"还是不够妥当，因为这只是一种委婉的说法，但隐藏了我们需要面对的一些至关重要的东西。我们所谈论的内容可以被称为坏习惯。

我们认为是时候考虑一个关于机构和个人职业转变的替代假设了。我们必须面对这样一个事实，即很多人都**说**他们想要变得更好，但是会不自觉地避免采取突破习惯的行动来做出必要的改变。尽管思考"系统"及其不可见的因果关系确实很有价值，但是我们认为人们太少将注意力放在一些可见的事情上：教学、考试、评分以及在讨论学校相关问题时一些坏习惯，这些坏习惯是可以通过一些老式的自我反省、承诺变革以及打破习惯的努力来纠正的。

因此，与教学改革和学校变革相关的问题，或许可以更好地理解为：在改善教学和学校教育方面寻找**应对自身阻力**的方法。波戈（Pogo）说过一句著名的话："我们遇到了敌人，那就是我们自己。"如果他说的是对的会怎样呢？至少，我们必须面对自己的问题，不能天真地、故作姿态地持续指责学校以外的力量，我们也必须面对过去几个世纪以来摧残多次改革尝试的关于"美好旧时光"的浪漫主义。

是的，**几个世纪**。盲目的教学和不愿面对教学行为的长期影响，这两种情况在标准化学校的教育、考试和教科书出现之前就有了——它们甚至早于工业革命和所谓的教育"工厂模式"问题。下面是夸美纽斯（Comeius）写于1632年的文字：

> 我们保证我们所提供的教育不是错误的，而是确准的，不是表面的，而是深刻的；也就是说，人应该被自己的而非别人的智慧所引导；不应该只是读懂别人的观点，或者把别人的观点记下来并重复它们，而是要洞察事物的

本质,养成真正理解并学以致用的习惯。(夸美纽斯,1632/1910,第82页)

这是斯宾塞(Spencer, 1861)写于140多年前的文字:

> 这是老生常谈了:人们在店铺或在办公室,管理财产或管理家庭,做着银行管事或者做着铁路局长,他们很少用到自己多年所学的知识——太少了,以至于他们通常都不记得那些更重要的部分了……把我们学校课程所教的东西几乎全忘了,因此我们发现,最受关注的还是与生活相关的事情。(第2页)
>
> 贯穿教育始终的是一个死记硬背的恶性系统——这是一种不折不扣的浪费。让我们看看结果……考试一旦通过,书本就被撇到一边;学过的大部分知识……很快就会被忘掉;剩下的知识大部分是惰性无效的——而应用知识的习惯还没有被培养出来;精确观察和独立思考的能力都很弱。(第30页)

在20多年前的一项关于学校教育的最详尽的研究中,古德莱德(Goodlad, 1984)描述了我们都知道但却都否认的关于课程吸引力的问题:

257
> **超过三分之一的初高中生认为能获得"非常有趣"级别的最合适学科唯有艺术、职业教育、体育和外语。**(第232页)(重点标识是后加的)
>
> 尤其令人痛心的是,只有很少学生喜欢学校里的常态课堂教学。(第233页)
>
> 学生认为自己在学习什么?我们让他们写下在学校学到的最重要的东西……大多数学生都列出了一个事实或主题。……很明显,这些回答显示出他们没有获得一些能力方面的发展。(第233—234页)

在我们自己举办的工作坊中,参与者显示出他们对于"什么能引发真正的学习"这个问题的认识盲区。我们问的问题是:"你所经历的最好的学习过程有什么特点?",我们收到过8 000多条回答。同样的答案会反复出现:明确的表现性目标,有保障的安全条件,启发性的挑战和问题,多样化和选择性,大量的反馈和调整的机会。然而当我们去考察这些参与者学校里的教学和学习情况时,通常看不到这样的实践,也感受不到教师或管理者有**紧迫感**,即对于他们来说,在理想和现实之间,在所宣称的理念和所采取的行动之间,都存在深刻的矛盾。

换句话说,尽管将愿景和现实之间的差距看作一种推动学校改革的动力,这是非常合乎逻辑和常见的,但事实证明:理解并弥合差距是极其困难的——任何学校的改革方案都必须考虑到这种情况。只是"看"到差距是不够的,因为大部分人不会"理解"它。即使是"看"到了差距,我们也不愿意理解成为我们所追求的价值和所采取的行为之间有任何不一致之处;我们会想办法摆脱它,否认它的存在。否认这些不一致,这是一种看起来避免紊乱、避免进入更糟糕状态的方法。

从心理学的角度来说,我们这是在"拒绝接受"(denial)。我们的"抵制"并不是因改变教学常规而不安所产生的对抗(尽管有时候确实是这样的)。我们的"抵制"是深层的心理意义上的"抵制":我们甚至都没有**意识到**我们在抵制,我们不太容易发现自己花了多长时间为自己观点中的问题进行辩护,我们把现状合理化了。我们看不见变革的必要性,也看不见来自自身的阻力。

那么,是什么阻碍了改革? 可能并不是缺乏把事情做好的知识和技能,而是无法看到那些禁锢我们、令我们保守的无意识的习惯。如果我们将低效的学校教育问题重新定义为是由根深蒂故的习惯所导致的,而不是由知识和技能匮乏所导致的,那将会怎么样呢? 如果**所有**长期的成功学习——无论是针对学校使命的还是终身专业发展的——都像关注获取新信息与新技术一样,关注新的行为与思维习惯养成,那将会怎么样呢?

我们认为学校教育的改革之所以很难发生,是因为**习惯和恐惧会战胜理想**。我们或许渴望理论上的改变,但是不能洞察我们的习惯是如何阻碍着改变的发生,缺乏审视根深蒂固的习惯的意志,缺乏支持习惯改变的计划。学校的改革推动者很少能够提出一个计划来改变习惯、克服恐惧,并在教师们没能力应对真正学习的尴尬局面时,为他们提供一个安全的环境。

与其他所有人一样,教师们通常也会对无意识的习惯的力量熟视无睹——在我们与他人及净友相隔离,同时又坚信自己意愿崇高时,情况会变得更糟。就像阿吉瑞斯和舍恩(Argyris 和 Schön,1974)所说的那样,当一个人被问及在某种特定情况下他会如何表现时,他通常给出的回答是他在这种情况下采取行动时所"信奉的理论"。这是他所忠于的行动理论,也是他应要求与别人交流的理论。然而,实际上支配他行为的理论是"使用中的理论"。(第6—7页)

因此,像改变个人问题那样去思考学校变革方案,或许会更好——比如,努力培养新习惯来取代坏习惯。在我们看来,熟悉的学校体系和"灌输教学法",实际上就是机构和个人习惯的体现,这使得大多数情况下,我们不顾理想是什么,而以常规和无意识的方式来做出回应。机构改革的实质就是要找出坏习惯,并对抗柯林斯(Collins,2001)所说的那些"残酷的现实"(见第七章)。

灌输式教学是一个坏习惯

就像吃垃圾食品、抽烟、挖苦人一样,"灌输式教学"也可以看作是一个坏习惯。对细枝末节的知识进行没完没了的测试是一个坏习惯;用正态分布曲线来分级也是;依靠教科书而不是有目的且连贯的教学大纲来工作也是——这个坏习惯列表可以一直写下去。

我们甚至可以说"灌输式教学"不仅仅是一个坏习惯;对许多教师来说,它是一种瘾:尽管效果不佳,但仍坚持它;尽管在教和学的各方面都没得到回报,仍积极地捍卫它。"哦,拜托! 毕竟,**我们**就是这样学过来的啊!"读者们,难道你不觉得这种表面上的防御性反应在推理上弱爆了吗? 举个例子,我们稍微修改了一个戒瘾十二步计划[①],将它应用于改变教学中的坏习惯,大家看看是否合适?

- 承认自己有问题:我们沉迷于盲目地逐页教书本。
- 我们在使命中发现了一个"更大的力量"。
- 我们公开地承诺要实现这些目标。

---

① 译者注:12 - step Programs,十二步计划,是一个互助组织,旨在从物质成瘾、行为成瘾和强迫性行为中恢复。该计划最早是20世纪30年代发展起来的,最初用以帮助嗜酒者戒瘾,后许多其他组织从此衍生出来,以解决如吸毒、强迫性赌博和暴饮暴食等各种行为。

- 我们根据这些目标执行了"无畏清单"①。

- 我们向其他教育工作者和学生们承认我们过去错误的本质。

- 我们对于工作的本质有一个"精神觉醒"：是激发学习，而不仅仅是"教"。

这里没有道德谴责的意思；回忆我们的口头禅："你说得都对，但是……"我们每个人都很容易把没有真正正当理由的行为合理化。[回忆电影《大寒》(The Big Chill)]②中的那条有趣的线索，说的是合理化比性还要重要，因为没有合理化，我们一天都过不下去。每一个教育工作者都非常努力——这是毫无争议的！但是就像温斯顿·丘吉尔(Winston Churchill)说过的："说'我们已经尽了最大努力'是没用的。你必须得把事情做成。"为了获得我们渴望的教学技能，或许首先必须面对一个残酷的事实，即皇帝经常会不穿衣服但是很自豪地游行。

无数的学校实践正在进行着，尽管**事实是，学校实践在过去几十年里明显阻碍了学习**——只要我们主动摘下或由他人帮我们摘下遮眼布，我们都会看到这个事实。看看下面这些做法吧：

- 把教科书当作教学大纲，不管学生是否学习了关键材料，都采取单一的教学"步调"。

- 不做前测，所以在教学前无法更好地了解学习者的先验知识和准备情况。

- "有把握的"（即，保密的，"可测的"）测试我们的目标（这使我们不太可能实现目标）。

- 可预见的枯燥、单调的教学方法（比如繁多的工作表和章节小结，低层次问题等）。

- 根据固定的学期或者年度计划来确定课程，而不是根据学习者要达到学习目标所需的时间来确定。

---

① 译者注：fearless inventory，是指无所畏惧的道德检查，用于自省。
② 译者注：这是劳伦斯·卡斯丹于 1983 年导演的一部片子。探讨七个大学室友从 1960 年代起的成长经历。大学毕业后，大家各奔前程，有的成为企业巨子，有的成为八卦报新闻记者，有人成为电视台星探，有的成为药商，有的则当了医生，有的成为律师，也有人成为家庭主妇。在一个朋友的葬礼上，他们再次聚首，重新审视自己的人生。

- 惩罚学生在早期尝试表现时的冒险行为，将他们所有的成绩记录在形成性评估中，并计算到最后成绩中。

- 学生的评级是由多次表现的平均值而非最近的表现来计算，结果提升幅度大的受到惩罚。

- 严格的进度指南，忽视了学习不可避免的变化性。

说得都对——但我们还是选择逃避。一般情况下，我们都承认问题存在——但是我们无法把这残酷的现实归咎于**我们**自己的课堂或学校。换句话说，和面对所有坏习惯时一样，我们是在"拒绝承认"。几个世纪以来，我们一直都知道追求理解的有吸引力和有效的学习是什么样子，但是我们并没有直面那些阻止我们前进的不合时宜的习惯。

或许，解决这个几个世纪都未能解决问题的明智方法，就是承认教师是被盲目、强大又不幸的习惯所控制了——由于缺乏合作，由于要控制一群青少年，由于缺乏持续性反馈，由于受到传统的重压……情况变得更糟糕。

教科书是坏习惯的推动者

教科书是许多坏习惯的有力推动者。它的物理重量显示了它所包含的智力重量。一本典型的教科书所提供的内容不会比一个漫无目的的信息纲要和脱离情境的练习多。它仅仅是按照"合乎逻辑"的顺序详尽地囊括内容，就像一本百科全书、词典、烹饪书或者棒球规则手册那样。但常识告诉我们，使用词典一页一页地学习英语或者通过背诵规则手册来学习如何打棒球，都是非常愚蠢的行为。浏览食谱目录并不能让你成为一个好厨师，正如浏览一个内容列表、做一些没有形成自己假设并进行验证的练习，并不能让你成为一个新锐科学家一样。教学指导者和教师必须要明确目标，并因此有目的地使用教科书。换言之，**参考**教科书是为了学习如何实现表现性目标。然而，日复一日，许多教育工作者仍然对这种常识视而不见、置之不理。

当我们以这种方式看待事情时，会发现更不幸的事情是几乎没有国家教科书是用来满足**特定**的州立标准的，更不用说**我们**学校和学区的独特使命和校本目标了。如果我们学校在学习历史方面，试图强调"具有创造力的公民"和"批判性思维"，那么将没有国家教科书可以为我们服务。此外，大多数教科书都是为了占领一个**全国性**市场，并且在实施州政府采买政策的（加利福尼亚州、得克萨斯州和佛罗里达州）三大州采用。因此，这些教科书总是力图兼顾这三大州的州立标准——却从不在意其他 47 个州。完全依赖这样的书教学，那不是很蠢吗？这样看来，依据教科书按部就班地教学就更没有意义了。

简言之，**教科书不是，也永远不会是教学大纲**。常识告诉我们，它是一种资源，就像电话簿或者计算机操作手册一样——而且是一种非常有限的资源，因为它很少为促成综合素养和学习迁移而设计。然而，各地教师都已经深陷于教授教科书的习惯中了；大部分地方课程（包括那些有"进度指南"的课程）都是为强行适应教科书而设计的；很少有地方会根据与迁移有关的、基于明确使命的目标来审查教科书；并且很少有学术机构或者项目发布关于如何对书中的各个章节进行教学的指导意见。所以说，我们沉迷于教教科书是毫不夸张的。任何锐意进取的改革计划都要面对这样的残酷现实，自觉认识到要用教科书教，而不是教教科书。有了这样的意识，我们会有更多的机会发现当前对于教科书的依赖真是既被动又消极。

真正的改革需要我们以机智得体且充满理解的支持来直面当前现实，并且形成改变习惯的计划。正如在前几章中所说的，关于学校教育更为重要的是，我们将需要面向不同角色的职责描述，需要一个不断要求新习惯的工作场所，需要提供支持体系，激励帮助教师们养成新习惯。在本章的开头部分，我们提到了一个困惑——为什么人们**知道**更好的教学方法和更好的学校教育路径，却永远做不到。通过改变习惯的方式来看待这个问题，可能就可以解释这个困惑了。

人是如何学习的——或者反过来说，人是如何抵制学习的

我们这种启发性的观点实际上是有研究支持的。关于学习、关于学生误解、关于认知疗法、关于习惯的形成和打破、关于归因理论等方面的现代文献都指向了一个类似的结论。思想和行为习惯会严重地抵制哪怕是简单的改变。机构是具有防御性的，对那些功能失调的互动和实践都视而不见。

像弗洛伊德、皮亚杰和加德纳等这些持不同理论的思想家都认为,我们主动进行意义建构的"坏"的一面是,我们倾向于抵制新的理解而坚持旧的意义——尤其是当新的意义使人们对所怀有的信仰产生怀疑的时候。我们会情不自禁的把我们目前的行为和思想习惯看作是理性决策的结果,即使它们已经被我们所信任的人、文章或者有启迪性的经验证明是"不合理的"时,我们仍会继续坚持毫无价值的意义。

而这种现代理论仅仅是2 000多年前柏拉图理论的一个变体。我们也很容易被新事物所"蒙蔽",并且暂时会急切地渴求回到熟悉且舒适的环境中。需要注意的是,被解放的思想者必须违背自己的意愿,沿着崎岖的道路向光明前进。理解不仅需要时间,也需要在面对严重怀疑和不确定性时的坚持。苏格拉底,讲述了下面这个故事,并提醒听众这个故事是一个关于教育本质的寓言:

> 然而,如果我说的是对的,那某些教育学教授就一定是错的,因为他们说他们可以把知识灌输给一个没有知识的灵魂,就像让盲人的眼睛恢复视力一样。
>
> 他回答道,他们毫无疑问会这样说。
>
> 然而,我们的论证表明,学习知识的力量与能力已经存在于那些灵魂中了;就好像身体如果不动,眼睛不能自己从黑暗转向光明,同样,灵魂如果不运转,知识的传授也不能完成。(柏拉图《理想国》)

262

所有的学习者都很容易适应熟悉的事物。回想一下电影《教师》(*Teachers*)中的著名场景,当迪图(Ditto)老师在课堂上消失时,并没有产生什么影响,学生们仍旧每天重复着例行程序,领取当天工作表,按要求完成,然后在规定时间前再把表放回到他的桌子上。或者回想一下《购物商场高中》①(*The Shopping Mall High School*, *Powell*, *Farrar* 和 *Cohen*, 1985)的一个重要信息:教师和

---

① 译者注:这本书描述美国的高中就像超级市场,学校就像推销员,忙不迭地招揽顾客,学生就像顾客,拥有最终的决定权。琳琅满目的商品则是各种各样的课程、课外活动、学生社团、兴趣小组。这是一个比喻,说美国的高中更像是一个市场,而非学校。这个比喻并不总是完全负面的,这本书检视了这种特征的来源、发展以及最终变成今天这样所带来的后果。

学生们都有一种默契,一种"条约",即使是以牺牲学习为代价,也绝不会互相挑战。

如果说一个成年人整年都呆在一个远离其他成年人的房间里,教室就可以被认为是一个"智力洞穴",这一比喻并不过分。像苏格拉底的穴居居民一样,这样的教师们不愿意看到依赖教科书的灌输教学、没完没了的工作表、盲目的学习活动所带来的问题是可以理解的,这只是苏格拉底"洞穴寓言"中关于影子的教育领域版本而已——他们不愿意看到这些事情,并不是因为他们"愚蠢"或"保守",而是因为当他们的工作受到挑战时,很难处理最初的痛苦、困惑、难耐和失控(尤其是这些事情发生在自己身上时)。是啊,如果我们拿走教科书和经典课程框架,用什么来替代呢,那不是看起来很混乱吗? 这就是改变习惯的感觉:新的、"更好的"习惯会让人感到尴尬、陌生且不实用;而旧习惯却让人感觉良好、舒服。因此,一开始我们确实有理由说(就像在寓言中说的那样),新习惯更糟糕:我们被"光明蒙蔽了双眼",而且没以前看得那么清楚了,行动也没有以前那么有效了。

做出改变

首先,问问自己如下问题:你打破了哪些习惯? 你做了什么来打破这些习惯? 有哪些个人习惯是你想打破但是最终无法实现的? 是什么使它如此困难? 别人又是如何打破这些习惯的? 我们应该如何描述成功的和不成功的习惯改变之间的区别,以及关于习惯的研究告诉了我们什么?

让我们来看看在《美国退休人员协会通讯》中(Wadman,2005)关于习惯、特别是成年人习惯的研究总结:

如何做出改变

你应该如何着手放弃一个不合时宜的习惯呢? 行为改变专家基本认同来自18岁—88岁的习惯改变者的一些建议。下面的是我们从中精炼出的一些对50岁以上人群适用的建议。

● **弄清楚你为什么要改变**。 一个内在的动机(我想要在我孙女的婚礼上跳舞)比外部的(我的医生告诉我要减肥)更可取。但在刚开始的时候,即使一些肤浅的动机也可以奏效。

● **利用生活经验带来的好处**。 列出你在改变方面所做过的尝试,以及这些尝试失败的原因。把从中悟到东西应用到习惯的改变中。比如说,如果你在过去的五十年里从来没有在八点前起过床,那么就别计划每天早上六点起床锻炼。

● **制定一份包括开始日期在内的改变坏习惯的计划**。 越详细越好。不要说,"我要减肥"。而要说,"从 2 月 1 日开始,接下来的六个月里每个月我要减掉两磅肉"。行为改变专家查尔斯·斯图尔特·普雷金(Charles Stuart Platkin)认为,制定行为改变计划的时间和精力,应和计划女儿婚礼细节的时间相同才对。

● **用新行为代替旧行为**。 锻炼是吸烟和吃东西的一个很好的替代品。即使是一个不那么高尚的替代品也比一个明显的坏习惯要好。当德纳·詹森戒烟时,她住在拉斯维加斯。她不知道用手做什么。于是接下来的几周她都在赌场里度过。她说:"我想,如果省下那么多钱,我倒不如把它都投进赌博机里好。"

● **不要让完美成为美好的敌人**。 如果尝试减肥20磅的愿望会让你瘫痪的话,那么就从小事开始吧。每天步行20分钟,每天少摄入100卡路里——那是一汤勺的蛋黄酱——对于一个正常体型的人来说,一年下来将累计减重20磅,这是贝勒(Baylor)药物学院的约翰·福瑞德①说的。

● **获得支持**。 有朋友和家人的帮助是大多数成功的行为改变的关键。让那些你亲近的人知道你打算做什么,以及这些事将如何影响你的行为。相反,远离那些有意破坏你努力的人(包括配偶!)。

● **预期的障碍**。 当面包篮子被端到餐桌上时,制定一个你要接下来做什么的计划。出去走走,点一份素食餐盘,或者让服务员在别人吃完后就立

---

① 约翰·福瑞德(John Foreyt)是著名的医学专家,对于减肥有专业研究,供职于贝勒药物学院,是该学院的营养研究主任。

马把它拿走。

- **对挫折要有所准备，不要被挫折所毁。** 在你出错后立马制定一个计划。
- **不要因失败而自责。** 比如 11 月下旬可能就不是开始一个 1200 卡路里饮食习惯的最佳时机。
- **不要停止尝试。** 西奈雪松的威尔金斯(Cedars-Sinai, Wilkins)说，大多数人在第一次尝试时都不会成功。"千万别想着放弃，因为你不知道是否在第三次，第四次还是第五次就会成功了。"

我们可以很容易地就把这篇文章应用于我们的学校变革中：

- **弄清楚你为什么要改变。** 一个内在的动机(我想体验一下看到孩子们获得"啊哈！"时的欢乐)比外部的(我们团队正在读《追求理解的教学设计》这本书)更可取。但在刚开始的时候，即使是一些肤浅的动机也可以奏效的。
- **利用生活经验带来的好处。** 列出你作为教师的所有成功和失败的教学和所尝试的方法改变。把从中悟到的东西应用到习惯的改变中。比如说，如果你多年来都没有重新编写过一个单元，那么就不要计划着去改写六个单元。
- **制定一份包括开始日期在内的改变行为的计划。** 越详细越好。不要说，"我想停止盲目的灌输教学"。而要说，"我想让电路单元在能反映理解的迁移任务方面达到最好"。
- **用一个新的行为来替代一个旧的行为。** 围绕一个关键的问题或者一个令人兴奋的问题组织一堂课，这能够很好地代替盲目的灌输教学。即使是一个不怎么有效的替代品也比一个明显的坏习惯要好：在一个单元开始时，使用一个能高度吸引人的游戏或者视频做导入，即使它与主题几乎毫无关联。
- **别让完美成为美好的敌人。** 如果试图改变**所有**单元的愿望会让你陷入瘫痪，那就从小事做起。在每个单元里做一堂专注于基本问题的课，那么到年底你将会拥有一个不同的课堂。
- **获得支持。** 有朋友和家人的帮助是大多数成功的行为改变的关键。让那些你亲近的人知道你打算做什么，以及这些事将如何影响你的行为。相反，远

264

离那些有意无意破坏你努力的人（包括和你一起闲逛的同事）。

● **预期的障碍**。 制定一个感觉进度落后时的行动计划。例如，准备本章的摘要或者大纲，跳过文章中一个不重要的小节，或者在播客中总结阅读内容供学生下载。

● **对挫折要所准备，但不要被挫折所毁**。 制定一个进度不理想时的备份计划。

● **不要因失败而自责**。 2 月下旬或许就不是开始全新课程的最佳时机。

● **不要停止尝试**。 大多数老师都无法在他们第一次尝试改变教学方法时取得成功。"千万别想着放弃，因为你不知道是否在第三次、第四次还是第五次就会成功了。"

《改变人生》(*Changing for Good*)是一本关于改变个人生活习惯的书，在书中，普洛斯卡诺、诺克罗斯和迪克莱门特（Prochaska，Norcross 和 DiClemente，1994)认为（基于大量医学对照研究数据），如果我们意识到我们在改变过程中所处的阶段，并且对该阶段做出合适的响应（基于对成功的自我改变者及其所经历阶段的研究），那么我们成功的机会就会大大地增加。他们的方法现在被认为是在过度肥胖和吸毒地区的国家工作的最佳实践。他们的研究表明：一个人的习惯改变过程中有六个反复循环的阶段：

● 前意向阶段
● 意向阶段
● 准备阶段
● 行动阶段
● 维持阶段
● 终止阶段

他们的方法成功的关键是在这些阶段到来时保持耐心，并要意识到技术是阶段性敏感的："有效的自我改变取决于在正确的时间去做正确的事情……在某一阶段非常有效的处理方式也许在另外一个阶段就是无效或者有害的"。（第59页）

例如，当处在准备阶段的人们还没做好准备时，就鼓励他们投入到重要行动中,他们成功的机会就会降低,并且有损他们想要继续下去的意愿(这在专业发展中是一个常见问题)。

　　尽管那些处在准备阶段的人承诺会采取活动,并且或许看起来已经准备好采取行动了,但他们心里未必已经没有了犹豫。他们或许仍然需要去说服自己,采取行动对他们来说也许是最好的……这最后一刻的决定是必要的且合适的。(第43页)

　　那些把行动和改变等同起来的专业人士设计了非常好的面向行动改变的程序,所以当注册率很低,或者有大量的参与者在短暂停留后退出时,他们会感到非常失望。(第44页)

　　作者还提到了两个更常见的不匹配:一是认为自我意识必须先于所有成长的自我改变者和治疗专家,他们想通过了解更多的行为来改变行为;还有那些认为无论怎样都需要行动的专家,他们试图在对改变没有认知的情况下改变行为。(第59页)。

　　这些都是不对的。对于处在前意向阶段的人来说,关键是要帮他们认识到他们对不同的和更好的做事建议存在防御性反应。因为,我们相信许多教师甚至都没有意识到他们的教学方法是有问题的,所以查看专家们对那些处在前意向阶段的人的建议会很有启发性。专家们提供了一个三道题的简单测试来帮助人们判断他们是否存在问题,并开始意识到这个问题,或者,他们是否有意识地、理性地在选择他们的行为方式:

　　你讨论过你的行为模式吗?前意向阶段的人通常会对他们的问题行为　　*266*进行辩护。你有告诉过别人要管好他们自己的事吗,或者你是否感谢他们的关心?

　　你是否充分了解自己的行为?前意向阶段的人避免了解他们作为老师的行为和方法所产生的问题。当你看到一篇与你的行为相关的文章时,你会打开翻阅吗?或者你有兴趣读它吗?……

　　你愿意为自己行为的后果(在课堂上和教学成就中所产生的效果)承担

责任吗？前意向阶段的人会对可能的后果浮想联翩并感到不舒服。你是否意识到你行为的短期和长期后果（反映在学生参与度和成就水平上的效果）……前意向阶段的人很少会为他们行为的负面后果承担责任……

你对这三个问题的回答会使你很好地意识到一个特定行为是问题还是偏好。如果你很诚实地说你不是防御性的，很深入了解自身行为的影响，并且意识到自己的行为对学生长期成效的后果和责任，那么或许你的行为是一个偏好。如果同大多数人一样，你的答案是一个及以上的否定，那么你可能就处在前意向阶段了。（第78—79页）

有趣的是，这一研究与学校改革中众所周知的关注为本采纳模式的关键思想相类似（例如，参见 Hord 等，1987）。通过强调从一开始就关注教师要求的必要性，将创新应用的评估与预期改变的人的态度分开，并通过纵向评价量规和案例研究阐明变革是长期和复杂的，霍德和他的同事们不知疲倦地工作了三十年地争论，以期对变革过程有一个更加成熟的心理学观点。他们在教育方面提供了很多方法来促进和评估长期变革。我们强烈建议读者了解这个重要的、经过多年经验验证过的研究。

不过，我们认为这种分析还需要再进一步。我们需要去解决个人尤其是**制度上的坏习惯**，这些习惯使持久变革更加难以实现。

打破制度坏习惯

教育改革通常被视为开展新项目或新实践的强制性要求。我们在这里提出另一种观点：把学校改革当作是打破根深蒂固的、有时是无意识的、不起作用的组织习惯的挑战，如：岗位描述、时间安排、管理程序以及学校政策等。我们需要创造与现行学校体系不同的，能提供不同动机、机会、惯例和奖励的新体系。我们需要创造学习型组织，来取代我们深处其中的顺从和习惯的文化。

在改造过程时，当遇到行为与理想之间的差异时，我们要有意识地、持续地询问这样一个基本问题。"我们为什么要这么做？"，这是一个很少在教职工和团队会议中被提及的问题。正如我们前面所讲的，很多不合时宜、适得其反的机构或个人实践之所以存在，都是由于我们缺乏停下来思考的习惯。相比之下，一个学习型组织致力于对行为和理想之间的不一致进行有意识地自我反省。正如阿吉瑞斯和舍恩（Argyris 和 Schön，1978）所说的，"当我们检测和纠正错误时，学习就发生了……错误就是意愿和结果之间的不匹配"。阿吉瑞斯（Argyris，1993）还指出，教育研究很少关注这些错误，以及解决这些错误的方法（第 28 页）。

巴尔和塔格（Barr 和 Tagg，1995）在一篇当前很出名的论文中写道，高等教育改革需要从他们所说的"教学范式"向"学习范式"进行转变，这正是参阅了阿吉瑞斯的思想和"将思想安放于心之所在"的需要：

> 这种重构毫无疑问是很必要的：对于高等教育，我们所期待的与它的体系所能提供的之间的差距一直就是那么大。利用查理斯·阿吉瑞斯和唐纳德·舍恩所作的区分，我们发现，信奉理论和实践理论之间的差异越来越明显，这很令人苦恼。读者们会记得，"信奉理论"是一套人们用来解释他们行为的原则；而"实践理论"则是可以从人们或他们组织的实际行为中推断出来的原则。目前，教学范式是我们的实践理论，但是大多数教育工作者的信奉理论更接近于学习范式。我们对大脑是如何运作的以及学生们是如何学习的发现越多，言行之间的差距就会越大。因此，我们中的许多人会感受到一种与信仰越来越不同的约束。为了建立 21 世纪的大学——将思想安放于心之所在，将信念重新注入行动——我们必须有意识地拒绝教学范式，并在学习范式的基础上重构我们所做的事情。（第 16 页）

因此，领导者必须和教职工一起寻找最具改变可能的内部矛盾点，这些内部矛盾要在彰显改革必要性方面具有最大的潜在影响力，同时又最不容易引起防御反应。接下来，我们将提出针对专业发展领域的改革。

专业发展的改革

典型的在职培训，像典型的教学一样，都假设通过接触新方法和新信息就会改变学习者。更糟糕的是,它默认"触碰"一点点新实践就足以引发转变了！更重要的是,几乎很少人会想着去改变这种坏习惯。告诉教职工说我们的一些培训实践有缺陷？这样做被认为是极其糟糕的。但是小心翼翼地对待它又怎么能改变习惯呢？当我们将改变看作是对打破(根深蒂固的、有时是无意识的、行不通的)习惯的挑战时,我们就能够理解为什么职业发展(或者是职前培训)常常是无效的,**而且可能以后也是这样**。没有人会对这个结论感到惊讶或懊恼——这是我们这个行业中一种常见的悲哀。

那么,我们可以从一个无可指摘的批评重新开始:无论过去多么努力,现在,我们想让学校做怎样的改变,专业发展就得以这样的模式来开展。我们必须面对的残酷现实是,如果认为我们所面对的问题是信息和技能的缺失而采用传统的培训和改变的方法,那专业发展注定会失败。根深蒂固的习惯**从来都不会被这种"培训"所打破**。如果这样的培训有效的话,学校早就改变了——就好像早就没有人抽烟或责打孩子一样。

正如我们在前几章所讲的,专业发展必须要更加关注习惯的改变、嵌入工作之中,而不仅仅是一系列事件或按计划安排的课程拼盘。必须清楚地认识到,学习本身就是教师工作的一部分,并将在工作中得到回报。必须分配好时间,以可行的增量,在有指导、有鼓励的情况下,在团队中缓慢而反复地尝试新的实践。

二十多年前,舍恩(Schön, 1983)等人认为,健康的现代组织必须为鼓励学习而设计,因为持续学习是组织充满活力和成功的关键:

> 换句话说,我们必须要善于学习。我们不仅要改变机构以应对不断变化的局势和环境;还要将机构创造和发展成为"学习系统",即能够带来机构自身持续转型的系统。(第28页)

皮特·森奇(Peter Senge, 1990)认为,学习型组织是这样一个地方:

> 在那里人们不断提升他们的能力以创造真正渴望的结果,在那里培养出新的和广阔的思维模式,在那里集体的愿望是自由的,并且人们在不断地学习如何看待整体。(第3页)

作为"教师的领导者"并不是让你去"教"人怎么去实现你的愿景,而是为了促进每个人的学习,帮助整个组织的人来发展系统的理解和共享的愿景(Senge,2003)。接受这一具有普遍意义的责任,或许是解决教师培训普遍失败的唯一良方,否则,天赋异禀的教师也会丢掉对寻求真相的坚持。"对寻求真相的坚持……意味着通过探究,坚持不懈地寻找能够根除我们限制或欺骗自己的方法"(第148页)。但是,当教师们身处一个孤立无援,经常得到消极反馈,不鼓励分享研讨和自我评估的组织中时,他们放弃对真相探询的坚持也不足为奇。

对分享研讨的价值认可是近些年来被达令-哈蒙德(Darling-Hammond),杜福尔(DuFours)等明确阐述的关于专业学习社区的现代文献的核心[见国家发展委员会(the National Staff Development Council)的网站 www. nsdc. org/ standards/learningcommunities. cfm,以及西南教育发展实验室(the Southwest Educational Development Laboratory,1997)的网站 www. sedl. org/change/ issues/issues61. html]。这正是本书第六章所提到的非教学行为中行动研究职责的重点。但也不能太天真,我们不仅要注意到森奇(Senge)关于系统相关盲点的警告,也不能忘了四十多年前谢弗(Schaefer,1967)的提醒:

> 任何变革的关键在于学校管理者是否有足够的任期保障,或者可能仅仅是要有足够的勇气公开承认学校并没有取得太大的成功……对于更多的设备、学习材料、资金、时间的需求,其实都是对同类事物"量"上的增加。要停止这样的行为,才会给变革带来重要的开始……不管是哪所学校,如果要成为教与学的研究中心,我们首先要克服的第一个障碍就是,对于承认自己所知甚少的恐惧。(第60页)

阿吉瑞斯(Argyris,1993)告诫道,组织中个人的防御行为是非常强烈的、不被注意的,而且通常是不被关注的——更糟糕的是,它们被视为是**说不得**的(要我们说,就和任何一种成瘾现象一样):

> 文献中关于如何纠正教育无效性的建议,即抽象又遥远。几乎没有任何关于如何应对刚刚所描述的防御行为及它们带来后果的建议。这些防御

行为被忽视了,而且对这种防御行为的忽视也被忽视了……正如布罗茨基(Brodsky)记录的那样,教师们常常不知道他们是多么擅长去创造防御性习惯的,不知道他们是多么擅长在想减少防御性习惯时却巧妙地调和了它们,也不知道他们是多么擅长责怪他人,还有,不知道他们是多么擅长否认上述所有内容的。(第30—32页)

在过去25年里,我们一而再、再而三地看到这种现象。更明显的是,即使教育工作者承认学生的表现有不足之处,但太多人对自己的能力与实力能否带来改变表现出缺乏自信。经验助长了许多教师所感受的宿命主义:学校的运作方式如此,几乎不会有人真的改变什么。因此,对尴尬或失败的恐惧往往过于强烈,以至于我们不敢公开承认这种恐惧。但是这种宿命主义却是改变习惯的宿敌。

总之,具有讽刺意味的是,大多数学校都是学习型组织方面**不好**的例子,因为他们非常害怕迈出至关重要的第一步,承认他们对如何引发更多更深入学习的无知,他们通常会被困在未经检查的和自我保持的**常规**中,如果有人对这种舒适的常规进行批判,马上就会引发常态性的防御反应。而且典型的工作环境助长了这一问题:个体教师往往是学习能力较弱的**学习者**,因为工作职责和标准规范只是要求他去"教",而不是以开放的态度接受持续不断的质疑和变革。

所以,如果学校不做榜样,学校领导和专业发展项目只要求个人去做事情是行不通的。专业发展必须建立在和学习相关的真正的基本问题和困惑的基础之上:如何让更多的学习者能够学习得更好?什么时候问题是他们的,什么时候是我们的?哪些做法是有效的,哪些是无效的?谁是最成功的,为什么?专业发展可以围绕着这些问题展开探索,并在行动研究和培训中展开。

因此,变革的推动者有责任成为质问者——即我们所描述的习惯挑战者和习惯破坏者——与教职工合作发展体系和情景,使我们身处其中可以以安全、被支持的状态探索解决最重要的问题和需求。这将要求领导者不仅要要求负责教师专业发展的人员,还要要求每个员工均致力于根除使命和实践之间的制度上的不一致性,并将其作为一项核心的工作职责来履行。

这也是柯维(1989)在《高效能人士的七个习惯》一书中所提起的:第一种习

惯是克服被动和指责的文化——变得积极主动。变得越来越主动和高效的关键是：

> 一是做出承诺，并信守诺言；二是确立目标，并付诸实践。即便只是承诺一件小事，只要有勇气迈出第一步，也有助于培育内心的诚信，这表示我们有足够的自制能力、勇气和实力承担更多的责任……做出承诺并信守诺言正是培养高效能习惯的根本力量。（第92页）

我们在许多学校看到的，解决被动和宿命论的唯一办法是致力于改变不起作用的东西，并通过解决好一个真正的问题（不管问题有多小）而产生的效能感。

要想校正糟糕的专业发展，最关键的方法就是要让每位教师都能够针对与 271 学生成绩相关的不良表现制定行动研究计划、开展行动，并报告进展。最初，如果我们觉得分组的方式比较合适的话，可以通过同伴协作或团队合作的方式来一起完成这项工作。随着时间的推移，信息会变得很简单：我们**必须**学习，我们**能够**学习，我们**能够**改变，我们确实**能够**让学校教育变得更好。除非我们可以在工作中体验到这种效能感，否则学校将永远无法实现其目标。

幸运的是，近年来已有一些成功的方法，比如日本的课堂研习法，行政视察，儿童学习小组，专业学习社区以及"调谐协议"①（Tuning Protocols）的使用，帮助教师们打破了个人和机构的低效习惯，工作变得更加高效。尽管在本质和过程方面有所不同，但每一种方法都体现了一些共性：一个与学习如何学习和提高表现有关的**明确**目标，一个指导行动的结构化过程，专业协作以及一个长期的方向。改变习惯并且转变学校文化需要这些积极的措施。

---

① 译者注：调谐协议最初是为美国基础学校展览项目联盟中的五所高中制定的，目的是接收反馈并微调其正在开发的学生评估系统，包括展览、工具包和设计项目。项目工作人员认识到开发新的评估形式的复杂性，因而制定了一个便利的过程，以支持教育工作者分享他们学生的工作，并与同事一起反思其中的课程。这种合作反思有助于教育者设计和完善他们的评估体系，以及支持更高质量的学生表现。自1992年试运行以来，调谐协议已在全国各地的学校中广泛应用，并有助于满足专业发展的需要。

行动建议

以下建议分列在四大步骤之中,目的是挑战现状并且养成新的制度习惯。

1. 意识到问题存在

● 建立不平衡:找出与使命和信念明确冲突的实践和政策(例如分级方法和成绩单之间的不匹配)。

● 面对最安全的"残酷现实"(比如令公众不满意的结果)。

● 使用数据(比如成就结果,学生调查)来揭示不足之处。

2. 提供一个令人信服的选择

● 收集、传播并讨论示范课程、单元、学生工作以及教学实践。

● 激励教职工共同描绘学校愿景(比如给毕业生画像,最佳设计)。

● 基于研究与数据,撰写行动报告,总结教职工基于学校使命所构思的愿景(比如,基于学校使命,让学科教学委员会制定一个关于他们学科的项目陈述和规划)。

● 面对容易阻碍改革的许多"你说得都对,但是……"类(如"你说得都对,但我们得让学生通过统考")的常见问题给出明确且令人信服的解答(FAQs)。

272 ● 不但用脑,还要用心(想一想收到往届学生发自肺腑的来信时的感受)。

● 解释当前的举措是如何支持所倡导的愿景的(而不是作为另一个附加的举措)。

3. 创建协同合作的文化来支持变革

● 通过设计主动解决

◆ 可预见的内部阻力

◆ 来自教师、学生和家长的阻力

◆ 执行过程中的衰减现象

● 制定计划,让研究团队中每个人都有任务去调查和报告有关持久成就的问题或者其他明确需求。

4. 落实体系、角色和资源来支持所需的变革

● 起草新的岗位描述(见第六章)。

- 根据需求分析、个人兴趣和教师反馈来开展差异化的专业发展。

- 为课程、单元和课程设计创建新的模板，以支持使命和项目目标。

- 为目标分配明确可用的资源。

- 确定并为教师提供工具和资源，以使工作更敏捷（比如参阅《追求理解的教学设计》；参见 http://ubdexchange.org/）。

参考文献

Adler, M. J. (1982). The Paideia proposal: An educational manifesto. New York: Macmillan.

Adler, M. J. (1984). The Paideia program: An educational syllabus. New York: Macmillan.

Alverno College. (2001a). Ability-based learning program: The biology major. Milwaukee, WI: Publisher.

Alverno College. (2001b). Ability-based learning program: The history major. Milwaukee, WI: Publisher.

American Council on the Teaching of Foreign Languages. (1998). ACTFL performance guidelines for K-12 learners. Available: www.actfl.org/

American Council on the Teaching of Foreign Languages. (2003). ACTFL integrated performance assessment manual. Available: www.actfl.org/

American Psychological Association. (1995). Learner-centered psychological principles: A framework for school redesign and reform. Washington, D.C.: APA.

Argyris, C. (1993). Knowledge for action: A guide to overcoming barriers to organizational change. San Francisco: Jossey-Bass.

Argyris, C., & Schön, D. (1974). Theory in practice: Increasing professional effectiveness. San Francisco: Jossey-Bass.

Argyris, C., & Schön, D. (1978). Organizational learning: A theory of action perspective. Reading, MA: Addison-Wesley.

Arter, J., & McTighe, J. (2001). Scoring rubrics in the classroom: Using performance criteria for assessing and improving student performance. Thousand Oaks, CA: Corwin Press.

Aseltine, J., Faryniarz, J., & Rigazio-DiGilio, A. (2006). Supervision for learning: A performance-based approach to teacher development and school improvement. Alexandria, VA: Association for Supervision and Curriculum Development.

Barendsen, R.D., et al. (Comps.). (1976). The American Revolution: Selections from secondary school history books of other nations. Washington, DC: U. S. Department of Health, Education, and Welfare.

Barr, R., & Tagg, J. (1995, November/December). From teaching to learning—A new paradigm for undergraduate education. Change, 13 – 25.

Black, P. , Harrison, C. , Lee, C. , Marshall, B. , & Wiliam, D. (2004, September). Working inside the black box: Assessment for learning in the classroom. Phi Delta Kappan, 86(1), 9 – 21.

Black, P. , & Wiliam, D. (1998, October). Inside the black box: Raising standards through classroom assessment. Phi Delta Kappan, 80(2), 139 – 148.

Bloom, B. S. , Englehart, M. D. , Furst, E. J. , Hill, W. H. , & Krathwohl, R. R. (Eds.). (1956). Taxonomy of educational objectives: The classification of educational goals: Handbook I, cognitive domain. New York: David McKay.

Blythe, T. , Allen, D. , & Powell, B. (1999). Looking together at student work. New York: Teachers College Press.

Bounds, H. M. , Rucker, S. M. , Kaase, K. , Couey, J. M. , Chapman, C. , & Guy, M. (2007). Mississippimathematics framework 2007. Mississippi Department of Education. Available: www. mde. K-12. ms. us/ACAD/ID/Curriculum/Math/pdfs/MF07(finalcorrections). pdf

Brandt, Ronald S. (1998). Powerful learning. Alexandria, VA: ASCD.

Bransford, J. D. , Brown, A. L. , & Cocking, R. R. (Eds.). (1999). How people learn: Brain, mind, experience, and school. Washington, DC: National Academy Press.

Bransford, J. D. , Brown, A. L. , & Cocking, R. R. (Eds.). (2000). How people learn: Brain, mind, experience, and school (expanded ed.). Washington, DC: National Academy Press.

Bruner, J. S. (1971). The relevance of education. New York: Norton.

Buckingham, M. , & Coffman, C. (1999). First, break all the rules: What the world's greatest managers do differently. New York: Simon & Schuster.

Burton, G. M. , Maletsky, E. M. , Bright, G. W. , Helton, S. M. , Hollis, L. Y. , Johnson, H. C. , et al. (1998). Math advantage I. New York: Harcourt Brace.

Clark, R. (2003). Building expertise: Cognitive methods for training and performance improvement(2nd ed.). Washington, DC: International Society for Performance Improvement.

Collins, J. C. (2001). Good to great: Why some companies make the leap—and others don't. New York: HarperBusiness.

Collins, J. C. (2005). Good to great and the social sectors: A monograph to accompany Good to Great. Boulder, CO: Author.

Comenius, A. (1910). "Great didactic. " In Kessinger reprint of M. W. Keating Oxford edition. Chapter XII, 2, 82. (Original work published 1632)

Commission on Public Secondary Schools. (2005). Standards for accreditation for high schools, middle/high schools, and K – 12 schools. New England Association of Schools and Colleges. Available: www. neasc. org/cpss/standards_2005. pdf

Cooper, J. , & Robinson, P. (2000). Getting started: Informal small-group strategies in large classes. In New directions for teaching and learning, no. 81 (pp. 17 – 24). San Francisco: Jossey-Bass.

Costa, A. L., & Kallick, B. (2000). Discovering and exploring habis of mind. Alexandria, VA: Association for Supervision and Curriculum Development.

Covey, S. R. (1989). The seven habits of highly effective people: Restoring the character ethic. New York: Simon & Schuster.

Danielson, C. (1996). Enhancing professional practice: A framework for teaching. Alexandria, VA: Association for Supervision and Curriculum Development.

Danielson, C. (2007). Enhancing professional practice: A framework for teaching (2nd ed.). Alexandria, VA: Association for Supervision and Curriculum Development.

Darling-Hammond, L. (1997). The right to learn: A blueprint for creating schools that work. San Francisco: Jossey-Bass.

Deal, T. E., & Peterson, K. D. (1999). Shaping school culture: The heart of school leadership. San Francisco: Jossey-Bass.

Deming, W. E. (1982). Out of the crisis. Cambridge, MA: MIT Press.

Detterman, D., & Sternberg, R. (Eds.). (1993). Transfer on trial: Intelligence, cognition and instruction. Norwood, NJ: Ablex.

Dewey, J. (1916). Democracy and education: An introduction to the philosophy of education. New York: Macmillan.

Drucker, P. (1990). Managing the non-profit organization. New York: Harper.

DuFour, R., & Eaker, R. (1998). Professional learning communities at work: Best practices for enhancing student achievement. Bloomington, IN: National Educational Service/ASCD.

Elmore, R. F. (2002, January-February). The limits of "change." Harvard Education Letter. Available: www.edletter.org/past/issues/2002-jf/limitsofchange.shtml

Elmore, R. F. (2004). School reform from the inside out: Policy, practice, and performance. Cambridge, MA: Harvard University Press.

Erickson, L. (2002). Toward concept-based curriculum and instruction: Teaching beyond the facts. Thousand Oaks, CA: Corwin Press.

Erickson, L. (2007). Concept-based curriculum and instruction for the thinking classroom. Thousand Oaks, CA: Corwin Press.

Fullan, M. (2001). Leading in a culture of change. San Francisco: Jossey-Bass.

Gardner, H. (1991). The unschooled mind. New York: Basic Books.

Gardner, H. (1999). The disciplined mind: What all students should understand. New York: Simon & Schuster.

Georgia Department of Education. (2007a). Curriculum frequently asked questions. Retrieved May 12, 2007, from www.georgiastandards.org/faqs.aspx#q4

Georgia Department of Education. (2007b). English language arts standards. Retrieved May 12, 2007, from www.georgiastandards.org/english.aspx

Gilbert, T. F. (1978). Human competence: Engineering worthy performance. New

York: McGraw-Hill.

Goodlad, J. (1984). A place called school. New York: McGraw-Hill.

Gragg, C. I. (1954). Because wisdom can't be told. In M. P. McNair (Ed.), The case method at the Harvard

Business School: Papers by present and past members of the faculty and staff. New York: McGraw-Hill.

Hirsch, E. D., Kett, J., & Trefil, J. (1988). Cultural literacy: What every American needs to know. New York: Vintage Books.

History-Social Science Curriculum Framework and Criteria Committee. (2005). History-social science framework for California public schools kindergarten through grade twelve. California Department of Education. Available: www.cde.ca.gov/re/pn/fd/documents/hist-social-sci-frame.pdf

Hord, S. M., Rutherford, W. L., Huling-Austin, L., & Hall, G. E. (1987). Taking charge of change. Alexandria, VA: Association for Supervision and Curriculum Development.

Howe, B. (Ed.). (1999). Soccer: How to play the game: The official playing and coaching manual of the United States Soccer Federation. New York: Universe Publishing.

Hunter, M. (1971). Teach for transfer. El Segundo, CA: TIP Publications.

Lewis, C. (2002). Lesson study: A handbook of teacher-led instructional change. Philadelphia: Research for Better Schools.

Light, R. (1990). The Harvard assessment seminar: Explorations with students and faculty about teaching, learning, and student life (vol. 1). Cambridge, MA: Harvard University.

Light, R. J. (2001). Making the most of college: Students speak their minds. Cambridge, MA: Harvard University Press.

Marshall, K. (2005, June). It's time to rethink teacher supervision and evaluation. Phi Delta Kappan, 86(10), 727 – 735.

Martin, M., Mullis, I., Gregory, K., Hoyle, C., & Shen, C. (2000). Effective schools in science and mathematics:

IEA's Third International Mathematics and Science Study. Boston: International Study Center, Lynch School of Education. Boston College. http://nces.ed.gov/timss/

Marzano, R. J. (2003). What works in schools: Translating research into action. Alexandria, VA: Association for Supervision and Curriculum Development.

Marzano, R. J., Pickering, D. J., & Pollock, J. E. (2001). Classroom instruction that works: Research-based strategies for improving student achievement. Alexandria, VA: Association for Supervision and Curriculum Development.

Massoud, M. R. F. (n. d.). Advances in quality improvement: Principles and framework. QA Brief. Quality Assurance Project. Available: www.reproline.jhu.edu/english/6read/6pi/pi_advances/pdf/pi_advances.pdf

Mazur, E. (1997). Peer instruction: A user's manual. Upper Saddle River, NJ: Prentice Hall.

McKeough, A., Lupart, J., & Marini, A. (1995). Teaching for transfer: Fostering generalization in learning.

Mahwah, NJ: Erlbaum.

McTighe, J., & Emberger, M. (2006, Winter). Teamwork on assessments creates powerful professional development. Journal of Staff Development, 27(1),44.

McTighe, J., & Thomas, R. (2003, February). Backward design for forward action. Educational Leadership, 60(5),52 - 55.

McTighe, J., & Wiggins, G. (2004). Understanding by design: Professional development workbook. Alexandria, VA: Association for Supervision and Curriculum Development.

Mursell, J. (1954). Successful teaching: Its psychological principles (2nd ed.). New York: McGraw-Hill.

Nater, S., & Gallimore, R. (2005). You haven't taught until they have learned: John Wooden's teaching principles and practices. Morgantown, WV: Fitness Information Technology.

New Jersey Department of Education. (2004a). Introduction. In New Jersey core curriculum content standards. Available: http://education. state. nj. us/cccs/?_intro

New Jersey Department of Education. (2004b). New Jersey core curriculum content standards for socialstudies. Available: www. nj. gov/njded/cccs/s6_ss. htm

New Jersey Mathematics Coalition. (1994, September). Mathematics to prepare our children for the 21st century: A guide for New Jersey parents. Available: http:// dimacs. rutgers. edu/nj_math_coalition/framework/standards/std_vision. html

Newmann, F.M., Bryk, A.S., & Nagaoka, J.K. (2001). Authentic intellectual work and standardized tests: Conflict or coexistence? Chicago: Consortium on Chicago School Research.

Perkins, D. (1992). Smart schools: Better thinking and learning for every child. New York: Free Press.

Perkins, D. (1993, Fall). An apple for education: Teaching and learning for understanding. American Educator, 17(3),8,28 - 35.

Peters, T. J., & Waterman, R. H. (1982). In search of excellence: Lessons from America's best-run companies. New York: Harper & Row.

Powell, A.G., Farrar, E., & Cohen, D.K. (1985). The shopping mall high school: Winners and losers in the educational marketplace. Boston: Houghton Mifflin.

Prochaska, J.O., Norcross, J.C., & DiClemente, C.C. (1994). Changing for good: The revolutionary program that explains the six stages of change and teaches you how to free yourself from bad habits. New York: Morrow.

Reeves, D. (2003). Making standards work. Englewood, CO: Advanced Learning Press.

Reeves, D. (2004). Accountability in action: A blueprint for learning organizations (2nd ed.). Englewood, CO: Advanced Learning Press.

Reeves, D. (2006). The learning leader: How to focus school improvement for better results. Alexandria, VA: Association for Supervision and Curriculum Development.

Resnick, L., Hall, M. W., & Fellows of the Institute for Learning. (2001). The principles of learning: Study tools for educators [CD]. Pittsburgh, PA: Institute for Learning, Learning Research and Development Center, University of Pittsburgh.

Rosenstein, J. G., Caldwell, J. H., & Crown, W. D. (1996, December). New Jersey mathematics curriculum framework. New Jersey Mathematics Coalition and the New Jersey Department of Education. Available: www.state.nj.us/njded/frameworks/math/math.pdf

Russell, J. (2003, September 13). On campuses, handhelds replacing raised hands. Boston Globe. Available: www.boston.com/news/nation/articles/2003/09/13/on_campuses_handhelds_replacing_raised_hands/

Sagor, R. (2000). Guiding school improvement with action research. Alexandria, VA: Association for Supervision and Curriculum Development.

Sawhill, J., & Williamson, D. (2001). Measuring what matters in nonprofits. McKinsey Quarterly, 2. Available: www.mckinseyquarterly.com/article_abstract_visitor.aspx?ar=1053

SCANS (Secretary's Commission on Achieving Necessary Skills). (1991). What work requires of schools. Washington, DC: U.S. Department of Labor.

Scarsdale High School. (n.d.). Philosophy and goals of social studies department. Available: http://scarsdale schools.K-12.ny.us/hs/social/social.html

Schaefer, R. J. (1967). The school as a center of inquiry. New York: Harper & Row.

Schlechty, P. (1997). Inventing better schools: An action plan for educational reform. San Francisco: Jossey-Bass.

Schlechty, P. (2001). Shaking up the schoolhouse: How to support and sustain educational innovation. San Francisco: Jossey-Bass.

Schlechty, P. (2002). Working on the work: An action plan for teachers, principals, and superintendents. San Francisco: Jossey-Bass.

Schmoker, M. (1996). Results: The key to continuous school improvement. Alexandria, VA: Association for Supervision and Curriculum Development.

Schmoker, M. (2003, February). First things first: Demystifying data analysis. Educational Leadership, 60(5), 22 – 24.

Schmoker, M. (2006). Results now: How we can achieve unprecedented improvements in teaching and learning. Alexandria, VA: ASCD.

Schön, D. A. (1983). The reflective practitioner: How professionals think in action. New York: Basic Books.

Senge, P. (1990). The fifth discipline: The art and practice of the learning organization. New York: Doubleday/Currency.

Senge, P. (2006). The fifth discipline: The art and practice of the learning organization (rev. & updated ed.). New York: Doubleday/Currency.

Senge, P., Cambron-McCabe, N., Lucas, T., Smith, B., Dutton, J., & Kleiner, A. (2000). Schools that learn: A fifth discipline fieldbook for educators, parents, and everyone who cares about education. New York: Doubleday.

Shepard, L. A. (1989, April). Why we need better assessments. Educational Leadership, 46(7), 4 - 9.

Shewhart, W. (1934). The economic control of quality of manufactured products. New York: Van Nostrand. Cited in Massoud, M. R. F. (n. d.), Advances in quality improvement: Principles and framework. QA Brief. Bethesda, MD: Quality Assurance Project.

Sizer, T. (1984). Horace's compromise: The dilemma of the American high school. Boston: Houghton Mifflin. Southwest Educational Development Laboratory. (1997). Professional learning communities: What are they and why are they important? Issues ... About Change, 6(1). Available: www. sedl. org/change/issues/issues61. html

Spencer, H. (1861). What knowledge is of most worth. In Education: Intellectual, moral, and physical. New York: Appleton. Reprinted by Adamant Media, 2006.

Tomlinson, C.A. (1999). The differentiated classroom: Responding to the needs of all learners. Alexandria, VA: Association for Supervision and Curriculum Development.

Tomlinson, C. A., & Eidson, C. C. (2003). Differentiation in practice: A resource guide for differentiating curriculum, grades 5 - 9. Alexandria, VA: Association for Supervision and Curriculum Development.

Tyler, R. W. (1950). Basic principles of curriculum and instruction: Syllabus for Education 360. Chicago: University of Chicago.

Wadman, M. (2005, January and February). Breaking free: Dropping bad habits after 50. AARP: The Magazine. Available: www. aarpmagazine. org/health/Articles/a2004-11-17-mag-breakingfree. html

Weimer, M. (2002). Learner-centered teaching. San Francisco: Jossey-Bass.

Wiggins, G., & McTighe, J. (2005). Understanding by design (2nd ed.). Alexandria, VA: Association for Supervision and Curriculum Development.

作者简介

格兰特·威金斯(Grant Wiggins)是新泽西市霍普维
尔区的真实教育(Authentic Education)学会(这是一个集
咨询、研究与出版为一体的组织)主席。他是哈佛大学的
博士,马里兰州安纳波利斯圣约翰学院的硕士。威金斯
在多种教育改革项目中,为学校、地区和州教育部门提供
咨询;组织会议和工作坊;并为课程改革开发印刷材料和
网络资源。他因与杰伊·麦克泰格共同撰写本书而闻

名。这本书是由 ASCD 出版的,获奖且非常成功的,关于课程的系列教材之一。
威金斯的工作得到皮尤慈善基金会、杰拉尔丁·鲁德基金会、全国科学基金,以
及州教育委员会的支持。

　　在过于的 20 年里,威金斯参与了一些本国最具影响的教育改革,包括佛蒙特
州的档案袋系统和泰德·西泽(Ted Sizer)的精英学校联盟。他在北卡罗来纳州
建立了全州范围的教育共同体,致力于教育评估改革。为特拉华州、新泽西州和
密西西比州的州教育部主持了标准解读工作。威金斯是《教育评估》(*Educative
Assessment*)和《学生表现评估》(*Assessing Student Performance*)这两本书的作者,
这两本书均是由巴斯出版社(Jossey-Bass)出版的。他在很多期刊杂志中也都发表
过文章,如《教育领导力》(*Educational Leadership*)和《联谊会》(*Phi Delta Kappan*)。

　　他的作品基于他 14 年的初中教学与教练生涯。威金斯那时教的是英语和
哲学选修课,并为学校足球代表队、越野训练、校少年棒球队和田径赛提供指导。
他还曾指导自己的孩子们完成了足球和棒球训练。威金斯还曾是哈兹宾斯
(Hazbins)摇滚乐队中的吉他手和歌手。

　　E-mail:grant@authentic. education. org

　　Understanding by Design 和 *Schooling by Design* 这两本书的支持资源可以
在 www. bigideas. org 网站上获得。

杰伊·麦克泰格(Jay McTighe)在富于变化的教育职业中积淀和发展了丰富的经验。他是马里兰州评估委员会的主任,这是一个州立的学区合作体,人们在这里共同工作以开发和分享形成性表现评估。在这个职位之前,麦克泰格参与了马里兰州教育部的学校提升工程。在这个工程中,为了提升学生的思维品质,他负责协调州际范围内开发教学策略、课程模型和评估流程的工作,并因此赢得了声誉。麦克泰格也指导过教学框架的开发、教学多媒体数据库等工作。除了在州府层面的工作,麦克泰格在马里兰州的乔治王子县也有工作经验,他曾做过那里的学校教师、资源专家和项目协调人。他也曾是马里兰州天才儿童夏季中心的主任,这个中心是由圣玛丽大学主办的、服务于本州居民的机构。

麦克泰格在一些前沿期刊和书籍中发表了多篇文章[这些期刊包括 *Educational Leadership*（ASCD）、*Developing Minds*（ASCD）、*Thinking Skills：Concepts and Techniques*（National Education Association）和 *The Developer*(National Staff Development Council)等]。他还是三本有关评估的书的合作者[*Assessing Learning in the Classroom*（NEA）、*Assessing Student Outcomes：Performance Assessment Using the Dimensions of Learning Model*（ASCD），和 *Evaluation Tools to Improve as Well as Evaluate Student Performance*(Corwin Press)]。他与格兰特·威金斯合作出版了畅销书《追求理解的教学设计》(*Understanding by Design*)系列,并最新出版了《结合内容与孩子：融合差异与追求理解的教学设计》(*Connecting Content and Kids：Integrating Differentiation and Understanding by Design*),是与卡罗尔·安·汤姆林森合作的。

麦克泰格在教师专业发展方面经验丰富,常常作为专家出现在国家、州、地区会议和工作坊中。他在一些视频节目中也是重要嘉宾和专家[如 *Performance Assessment in the Classroom*（教育视频期刊）、*Developing Performance Assessments*（ASCD）、*Understanding Understanding* 和 *Using Backward Design*]。

麦克泰格在威廉与玛丽学院获得学士学位,在马里兰大学获得硕士学位,并在约翰·霍普金斯大学完成了研究生课程。他通过位于华盛顿特区的教育领导者学会入选参与了教育政策研究计划。他是国家评估联盟成员,这个教育与民权联盟致力于改革国家、州和地方的评估政策与实践。他也完成了三年一轮值的 ASCD 出版委员会工作,并于 1994—1995 期间担任委员会主席一职。

以下方式可以联系到他:

邮箱:6581 River Run, Columbia，MD 21044 - 6066.

电话:(410)531 - 1610

E-mail:jmctighe@comcast. net